〈第二版〉
専門士課程 建築計画

福田健策＋高梨亮子[著]

学芸出版社

はじめに～「建築計画」を学ぶ人たちへ

　建築学科の基本教科として，建築計画，建築法規，建築構造，建築施工と建築製図の5教科に大別される．これらの基本教科について，はじめて建築を学ぶ人のために適した教科書が少なく，多くの専門学校の現場から，平易でわかりやすく，なお二級建築士受験の教材としても活用できるテキストが求められてきた．この本では，著者自らが教壇に立ち，また長年にわたる二級建築士受験指導の経験に基づいて，私たち自身が使いやすいテキストづくりを目指した．

　もとより，テキスト執筆という点においては経験も浅く，また十分な総合的知識をも持ち合わせないまま，日頃の教育への熱意だけが頼りの道筋となった．については，多くの関連書籍を参考に，そのまとめ方の糸口とさせていただいた．多くの先輩諸兄のご努力に対し，深甚の敬意を表するものである．とりわけ身近な教材として参考にさせていただいているテキストの著者である〈西日本工高建築連盟出版委員会〉の諸先生方には，種々のご迷惑をおかけしたにも関わらず，懇切なご教示をいただいた．さらに，個々のお名前はご容赦いただくが，図表等を転載・引用させていただいた多くの先生方もふくめて，この場をかりて御礼申し上げる．

　これから初めて建築を学ぶ諸君は，ともすれば建築学は学ぶ範囲が広範で，なおかつ高い理数系の能力を必要とするように思いがちであるが，それは大きな誤解だと思ってもらいたい．建築は日々の生活行動と密接に関連している．その生活行動を，それぞれの分野ごとに詳細な検討を加えていくことで，いままで難解と思われていた事項も理解が容易なものとなる．

　また将来，二級建築士受験を目指す諸君は，一次試験では4教科を受験した後に，二次試験の建築製図試験にのぞむことになる．近年，建築士試験は一級，二級とも非常に厳しい試験となり，合格率も一段と下がった．この本では，学科の基本解説の後に，各章ごとに過去の関連問題をのせた．この関連問題には，詳しく解答解説も加えてあるので，この部分も教材としてしっかりと活用してもらいたい．

　建築計画は，一般的に大きく分けて計画原論，計画各論，建築設備に大別される．

　計画原論は，建築物を取り巻く外部環境としての自然気象や都市気候について，また人体の生理にかかわる室内環境について学ぶ．

　計画各論は，人間工学的観点からの建築物各部の計画上の留意点および，それぞれの目的別に計画される建築物についての計画上の諸要素とその具体的検討事項について学ぶ．

　建築設備は，給排水，衛生，空調，電気設備など建築物を維持管理するのに必要な諸要素および，人間の活動に必須な各設備における具体的な事項を学ぶ．

2004年　初春
　執筆者

目 次

1 建築環境 ……………………………… 8
 1・1 風土と建築 …………………… 8
 1・2 都市環境と建築 ……………… 10

2 外部気候 ……………………………… 12
 2・1 気　温 ………………………… 12
 2・2 湿　度 ………………………… 14
 2・3 風 ……………………………… 16
 2・4 雨・雪 ………………………… 16

3 室内気候 ……………………………… 18
 3・1 温熱四要素 …………………… 18
 3・2 温熱環境の快適指標 ………… 18
  例　題 …………………………… 20

4 伝　熱 ………………………………… 22
 4・1 伝導・対流・放射 …………… 22
 4・2 熱貫流 ………………………… 22
 4・3 断　熱 ………………………… 24
 4・4 熱容量 ………………………… 24
  例　題 …………………………… 26

5 結　露 ………………………………… 28
 5・1 空気線図 ……………………… 28
 5・2 結露の防止 …………………… 28
  例　題 …………………………… 28

6 換気と通風 …………………………… 30
 6・1 空気(大気)の成分 …………… 30
 6・2 空気の汚染物質の種類 ……… 30
 6・3 換気の目的 …………………… 30
 6・4 換気方式 ……………………… 32
 6・5 換気の法的規制 ……………… 32
 6・6 通　風 ………………………… 34
  例　題 …………………………… 34

7 日照　………………………………36
- 7・1 光効果　………………………36
- 7・2 太陽の位置と時刻　……………36
- 7・3 可照・日照　……………………36

8 日影　………………………………38
- 8・1 日影曲線　………………………38
- 8・2 建物の形状と配置　……………38
- 8・3 建物開口部(窓)からの日照　……38
- 8・4 日影規制　………………………40
- 　　　例題　…………………………40

9 日射　………………………………42
- 9・1 直達日射　………………………42
- 9・2 方位別壁面の直達日射量　……42
- 9・3 日射熱　…………………………42
- 9・4 日照調整　………………………44
- 　　　例題　…………………………44

10 採光　………………………………46
- 10・1 光の単位　………………………46
- 10・2 視覚　……………………………46
- 10・3 昼光率　…………………………46
- 10・4 採光方法　………………………48
- 10・5 法的規制　………………………48
- 10・6 天空照度　………………………48
- 　　　例題　…………………………48

11 色彩　………………………………50
- 11・1 色の三属性　……………………50
- 11・2 色彩の心理的効果　……………50
- 11・3 色彩調整　………………………52
- 　　　例題　…………………………52

12 音環境　……………………………54
- 12・1 音の速さ　………………………54
- 12・2 音の三要素　……………………54
- 12・3 音の進み方　……………………54
- 12・4 音の強さのレベル　……………54
- 12・5 音の大きさのレベル　…………54
- 12・6 音の減衰　………………………56
- 12・7 遮音と吸音　……………………56
- 12・8 騒音　……………………………58
- 12・9 室内音響　………………………58
- 　　　例題　…………………………60

13 計画一般　…………………………62
- 13・1 建築計画のあらまし　…………62
- 13・2 計画の進め方　…………………62
- 13・3 構造計画　………………………66
- 13・4 設備計画　………………………66
- 13・5 避難・防災計画　………………66
- 13・6 高齢者・身体障害者のための計画
　　　　　　　　　　　　　　　………68
- 　　　例題　…………………………68

14 各部の計画　………………………70
- 14・1 高さに関する寸法　……………70
- 14・2 各室の所要床面積　……………72
- 14・3 通行空間の寸法　………………72
- 14・4 バリアフリーの寸法　…………76
- 14・5 モデュール　……………………78
- 　　　例題　…………………………78

15 構法・材料・生産　………………80
- 15・1 主体構造　………………………80
- 15・2 建築材料　………………………80
- 15・3 開口部(窓・扉)　………………82
- 15・4 建築生産　………………………82
- 　　　例題　…………………………84

16 住宅　………………………………86
- 16・1 独立住宅　………………………86
- 16・2 集合住宅　………………………90

16・3　住宅地計画 …………………94
　　　　例　　題 …………………96

17 商業施設 ………………………………98
　17・1　事　務　所 …………………98
　17・2　工場・倉庫 …………………102
　17・3　百貨店・スーパーマーケット・
　　　　一般店舗 …………………104
　17・4　劇場・映画館 …………………106
　17・5　ホテル・寄宿舎 ………………108
　17・6　駐車場・駐輪場 ………………108
　　　　例　　題 …………………110

18 社会施設 ………………………………112
　18・1　小学校・中学校 ………………112
　18・2　幼稚園・保育所 ………………116
　18・3　病院・診療所 …………………118
　18・4　老人福祉施設 …………………120
　18・5　コミュニティ施設（コミュニティ
　　　　センター・公民館・児童館）…121
　　　　例　　題 …………………121

19 文化施設 ………………………………122
　19・1　図　書　館 …………………122
　19・2　博物館・美術館 ………………126
　19・3　スポーツ施設（体育館）………128
　　　　例　　題 …………………128

20 空気調和設備 …………………………130
　20・1　暖房設備 ………………………130
　20・2　冷房設備 ………………………130
　20・3　空気調和設備 …………………132
　20・4　空調計画 ………………………132
　20・5　換気設備 ………………………134
　　　　例　　題 …………………134

21 電気設備 ………………………………136
　21・1　電気設備 ………………………136
　21・2　照明設備 ………………………144
　21・3　搬送設備 ………………………150
　　　　例　　題 …………………150

22 消火・防災設備 ………………………152
　22・1　消火設備 ………………………152
　22・2　自動火災報知設備 ……………154
　22・3　誘導灯と非常用照明 …………154
　22・4　避雷設備 ………………………156
　　　　例　　題 …………………156

23 給排水衛生設備 ………………………158
　23・1　給水設備 ………………………158
　23・2　給湯設備 ………………………160
　23・3　排水・衛生設備 ………………162
　　　　例　　題 …………………166

24 建　築　史 ……………………………168
　24・1　日本建築史 ……………………168
　24・2　西洋建築史 ……………………170
　24・3　近代建築史 ……………………172
　　　　例　　題 …………………172

解答編 …………………………………………174

〈専門士課程〉建築計画

1　建築環境

1・1　風土と建築

　建築物は，その内部空間である居住空間において，人間が安全で快適に過ごすための構築物である．

　寒冷地においては，外部からの冷気を遮断する断熱性が高く，また快適な温度を保つための保温性の高い空間を確保している．

　乾燥地にあっては，日干レンガや石のような，暖まりにくく，冷めにくい熱容量の大きな材料を使って，建物の外部環境の影響を受けにくくしている．

　また，夏場が一般的に高温多湿な地域の多い日本では，雨と通風に関して建物の各部において十分な対処がなされている．さらに日本列島は，南北に長い島国であり，北海道から沖縄まで，各地域においてそれぞれ，その地域の気候に根ざした特徴ある建築架構があり，その地域独特の建築様式を生んでいる．

- **熱容量**：熱容量とは，熱の蓄積されやすさを示す尺度で，物体の温度を単位温度（1 K）上げるために必要な熱量のことをいう．単位はkJ/K．

計量単位のSI単位化（国際単位化）

　建築を取り巻く環境は，大きく変わりつつあります．建築基準法の性能規定化への変更と時を同じくして，計量単位もSI単位化（国際単位化）されました．建築計画を学ぶうえでも単位があちこちにでてくるので，SI単位とは何なのか？　を知っておくと良いと思います．

　SI単位は，質量（密度×体積）を基本とする絶対単位系で，ひとつの量に幾つもの単位が存在するようになってしまったメートル法を再統一し，1量1単位の系統的な単位をめざした全世界で用いる国際単位系です．従来は，キログラム・トンという重量単位系が用いられていましたが，「重量」は，地球の引力によってもたらされているものであり，回転楕円体である地球上でも地域差が生じることになるため，国際基準（ISO）の採用と同じ動きのなかで，宇宙空間でも不変である質量単位系へ改められました．これをSI単位化といいます．

　SI単位のSIは，仏語：Le Systeme International d'Unites，英語：International System of Unitsの頭文字からとったものです．

　SI単位系は，7個の基本単位，2個の補助単位（平面角のrad【ラジアン】，立体角のsr【ステラジアン】），接頭語16個から構成され，これらを組み合わせて組立単位となります．しかし，基本単位だけの組み合わせでは複雑になることから，場合により組立単位に固有の名称，記号が与えられています．たとえば，力の大きさの場合，定義は$kg \cdot m/s^2$ですが，N（ニュートン）が使われます．

表1・1　SI基本単位

量	名称	記号
長さ	メートル	m
質量	キログラム	kg
時間	秒	s
電流	アンペア	A
熱	ケルビン	K
物質量	モル	mol
光度	カンデラ	cd

表1・2　接頭語

接頭語	記号	量
エクサ	E	10^{18}
ペタ	P	10^{15}
テラ	T	10^{12}
ギガ	G	10^{9}
メガ	M	10^{6}
キロ	k	10^{3}
ヘクト	h	10^{2}
デカ	da	10^{1}
デシ	d	10^{-1}
センチ	c	10^{-2}
ミリ	m	10^{-3}
マイクロ	μ	10^{-6}
ナノ	n	10^{-9}
ピコ	p	10^{-12}
フェムト	f	10^{-15}
アト	a	10^{-18}

表1・3　SI単位系と併用される単位

名称	記号	SI単位での値
分	min	1 min = 60 s
時	h	1 h = 60 min = 3600 s
日	d	1 d = 24 h = 1440 min = 86400 s
度	°	1° = (π/180) rad
分	′	1′ = (1/60)° = (π/10800) rad
秒	″	1″ = (1/60)′ = (π/648000) rad
リットル	ℓ L	1 ℓ = 1 dm³ = 10^{-3} m³
トン	t	1 t = 10^{3} kg

(a) ニジェール，サハラ砂漠にあるトゥアレッグ族の茅の住居

(b) インドネシア，スラウェシに住むトラジャ族の舟形住居

(c) イタリア，アルベロベッロにある石積み住居

図1・1　世界の住まい（写真提供は (a) (b) 本多友常氏，(c) 藤井昌宏氏）

気候風土の違いによって住宅の形や材料に差があり，それぞれが特徴を持つ．

図1・2　日本の風土伝統的住まいの特徴（浅野平八「風土の意匠」p.21より，日本大学浅野研究室卒業研究生の共同制作による）

1・2 都市環境と建築

　現代のわが国は，産業活動が大都市へ集まっていることにより，結果として建築物の多くも大都市に集中している．そのため，まず都市環境を検討することが，建築環境を考える上で重要なこととなっている．

　大都市への人口の集中により生じているヒートアイランド現象は，ますます進行しており，その防止策として様々な対策がなされようとしている．屋上緑化の推進もそのひとつである．

　さらに，室内環境の問題もまた生じている．我々が祖先から受け継いできた，日本独自の自然環境と融合した開放的な建築構造や開放的な住まい方が失われ，気密性の高い閉鎖的な建築空間となっている．

　本来の住まい方としての自然環境とうまく融合した住まい造りを，もう一度我々が取り戻すためには，パッシブ・ソーラーを積極的に取り入れつつ，うまくアクティブ・ソーラーを組み入れた建築物を，都市環境的な視点に立って考えていかなければならない．

- ヒートアイランド現象：人口の都市集中による産業活動の活発化は，都市部の気温が周辺地域の気温に比べて高いという特徴を生んでいる．温度分布図から作成した気温の等高線が，都市部を高くした島状に形成される現象．
- クールアイランド現象：緑地や内陸河川では周辺地域より大気温度が低いため，上空の熱い空気が下降してくる．ヒートアイランド現象で上昇し有害ガス化した汚染空気が，この低温域に集中降下し，樹木や緑を枯らしてしまう現象．
- 屋　上　緑　化：都市部におけるヒートアイランド現象の抑制策として，各自治体が法的規制を含めて積極的に推進している．建築物の屋根面または屋上部分に客土して植物を生育させ，表面温度の上昇を抑える手法．
- パッシブ・ソーラー：室内環境を快適な環境にするために，建築物の構造や形状，使用材料によって集熱あるいは断熱をはかり，室内環境をおだやかな形での快適空間につくりかえる手法．
- アクティブ・ソーラー：パッシブ・ソーラーの手法に対して，空調機器などの機械設備により，積極的に太陽熱を給湯や冷暖房などに利用し，室内環境を快適に維持する手法．

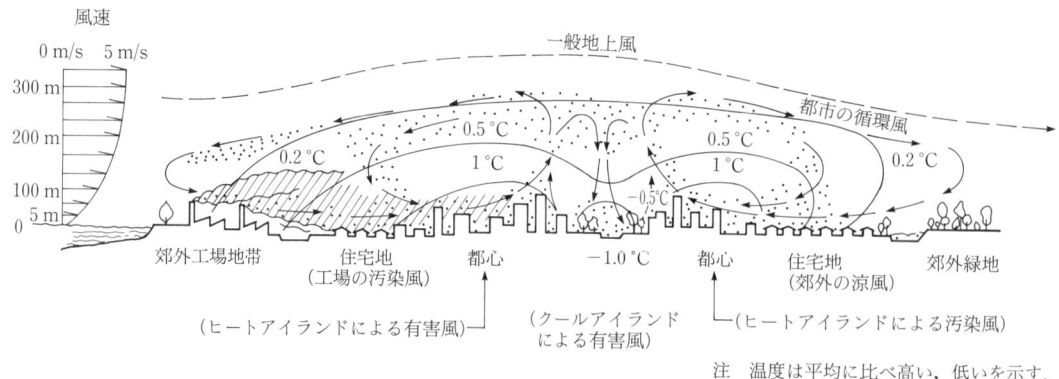

図1・3　ヒートアイランドとクールアイランド（尾島俊雄他「新建築学体系9　都市環境」彰国社，図1・8より）

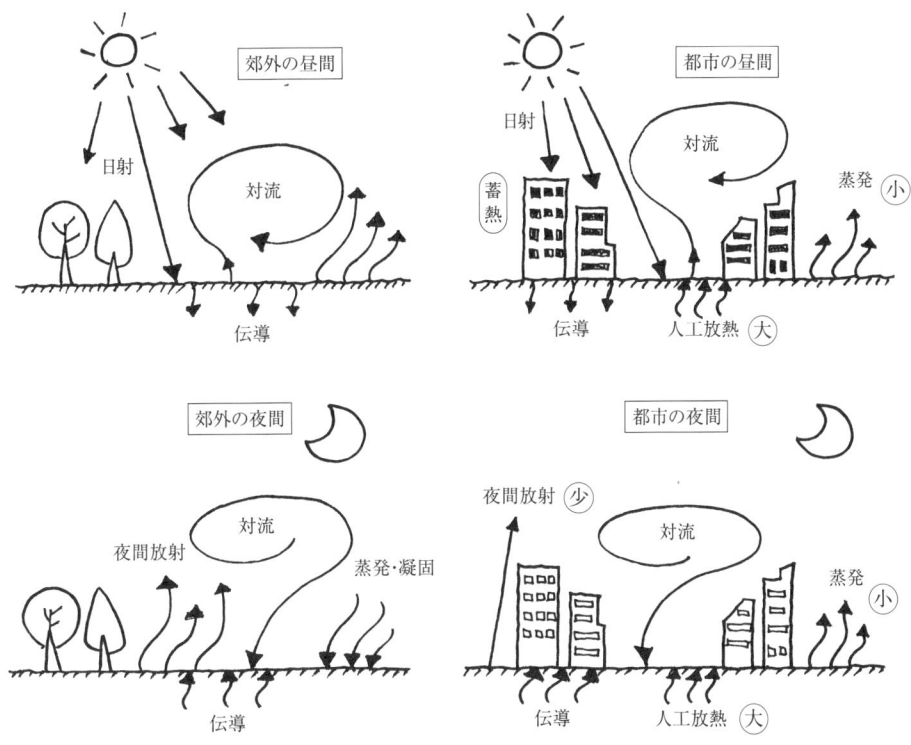

上昇原因
①都市の消費エネルギー量の増大
②熱容量の大きいRC・アスファルト道路の日射の吸収蓄積
③雨水の浸透面の減少，蒸発減少
④粉塵や二酸化炭素の増大による温室効果

図1・4　ヒートアイランド現象

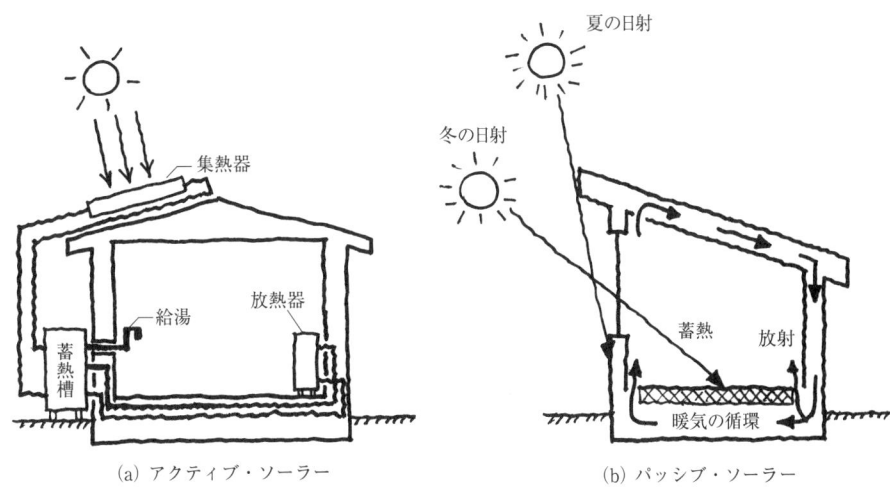

(a) アクティブ・ソーラー　　　(b) パッシブ・ソーラー

図1・5　ソーラーハウスの仕組み

2　外部気候

　気温，湿度，風などの外部気候は，それぞれの地域ごとに違う．この気候を長期にわたって観測し，その地域の気候の特徴を総合的に検討しなければならない．

2・1　気　　温

　気温とは，大気中の空気の温度のことである．地表面から1.2m～1.5mの高さで，直射日光や地表からの輻射熱の影響を避けて測定した温度（℃）であり，地表面の状況や時間によって変化する．
　日本は南北に長い列島であり，各地域の気温較差は大きいが，日本全体については，一般的に夏は高温多湿が大きな特徴である．

- 日　　較　　差：1日の気温の変化を日変化といい，1日の最高気温と最低気温の差を日較差という．
  日較差は沿海部で小さく，内陸部で大きい．晴天の日より，曇りや雨の日の方が小さい．
- 年　　較　　差：年間の最高気温と最低気温の差を年較差という．年較差は，緯度が高いほど大きく，低いほど小さい．赤道付近では極めて小さい．
  また沿海部では小さく，内陸部では大きい．これは，海の熱容量が大きいことが原因である．
- 放射冷却現象：晴天の夜間，気温が急激に下がる現象のこと．地表面からの熱放射が上空に向かって急激におこるためである．大気中の水蒸気は，その保温作用により，地表面からの放射冷却を抑える働きがあり，曇りの日は昼夜の温度差が小さい．
- ディグリー・デイ（度日数）：ディグリー・デイとは，日平均気温が定められた基準の温度を超えた分を，その期間に渡って合算した積算温度．暖房ディグリー・デイは，暖房期間中の積算温度である．冷房ディグリー・デイも理論的には有効であるが，冷房負荷が室内の方位によって壁面や窓面からの日射による影響の方が大きく，あまり有効とはいえない．

表2・1　気温と日射量の比較

(a)気温（月別平均気温（℃））

月	1	2	3	4	5	6	7	8	9	10	11	12
東　京	5.2	5.6	8.5	14.1	18.6	21.7	25.2	27.1	23.2	17.6	12.6	7.9
沖　縄	16.0	16.3	18.1	21.1	23.8	26.2	28.3	28.1	27.2	24.5	21.4	18.0

(b)日射量（水平面日射量（MJ/m^2））

月	1	2	3	4	5	6	7	8	9	10	11	12
東　京	8.5	9.9	11.7	14.3	16.0	13.6	13.9	14.6	10.4	9.4	7.6	7.4
沖　縄	8.3	10.0	12.3	15.1	15.8	17.3	21.7	19.8	18.2	13.0	10.3	8.0

（理科年表などをもとにまとめた）

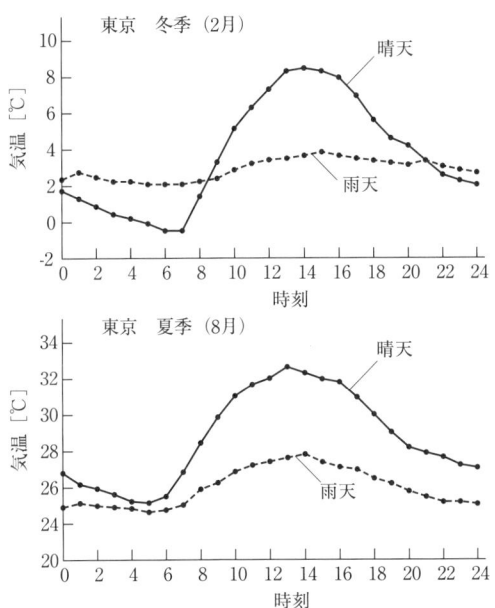

図2・1 気温の日変化
(井上宇市『新版・空気調和ハンドブック』丸善,表10·26をもとに作成)

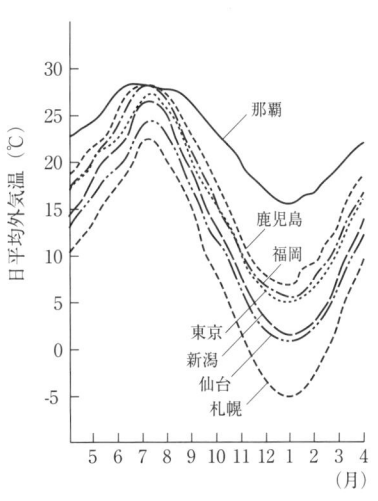

図2・2 気温の年変化 (理科年表による)

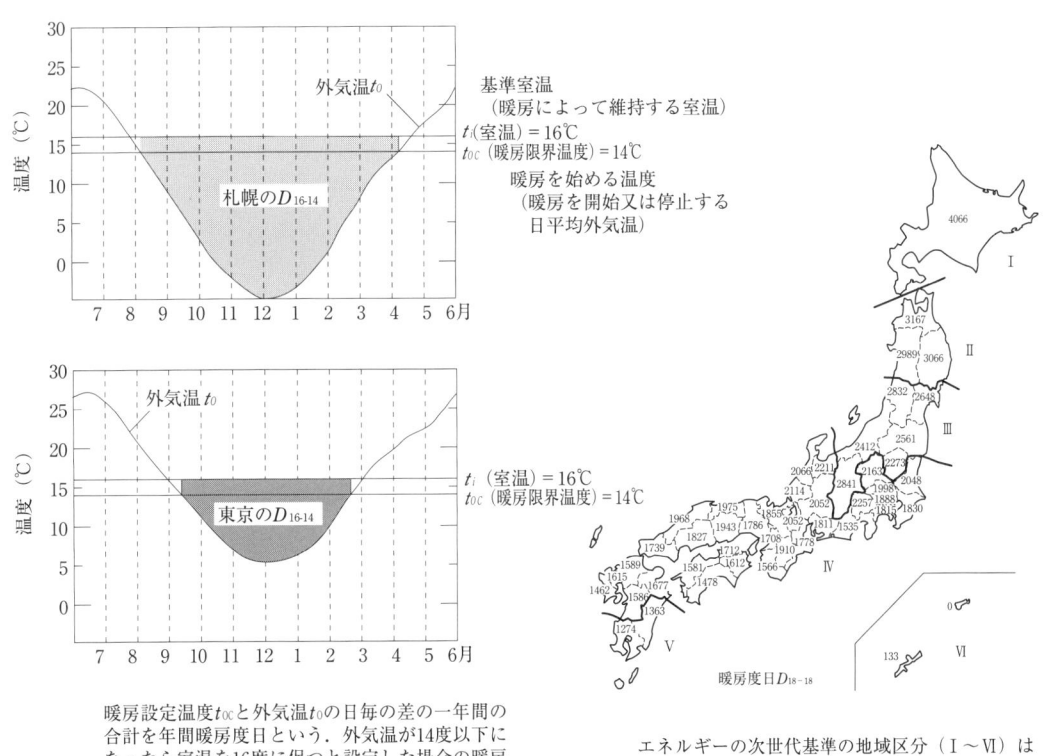

暖房設定温度t_{0C}と外気温t_0の日毎の差の一年間の合計を年間暖房度日という.外気温が14度以下になったら室温を16度に保つと設定した場合の暖房度日を$D_{16\text{-}14}$と表す. $\begin{pmatrix} t_i = t_0 \text{の時} \\ t_i > t_0 \text{の時} \end{pmatrix}$有

図2・3 暖房ディグリー・デイ

エネルギーの次世代基準の地域区分(I〜VI)は暖房度日$D_{18\text{-}18}$の値に対応している

図2・4 都道府県別の暖房ディグリー・デイ地図
(「省エネルギーハンドブック'93」より)

2・2 湿　　度

　湿度とは，空気の湿り具合，すなわち大気中に含まれる水蒸気量を示す．一定の体積の空気が含むことができる水蒸気量は，気温が上昇するに従って増加し，気温が下がるに従って減少する．

　ある気温における1m³の空気中に含むことができる最大水蒸気量を，飽和水蒸気量といい，飽和水蒸気量をこえると空気中に水蒸気として含みきれなくなり，壁体表面などに水として表れる．これを結露という．

- **絶 対 湿 度**：空気中に含まれる水蒸気の総量．単位はkg/kg′．
　　　　　　　　乾き空気1kgに対する湿り空気中の水蒸気量．
　　　　　　　　また，空気1m³に含まれる水蒸気量を容積絶対湿度とよび，kg/m³で表す．
- **相 対 湿 度**：ある気温の空気中に含まれる水蒸気量と，そのときの気温に対する最大限含まれる飽和水蒸気量との割合．
　　　　　　　　単位は％で表す．

$$相対湿度 = \frac{空気中の水蒸気量}{飽和水蒸気量} \times 100\%$$

- **空 気 線 図**：湿り空気の状態は，気温が高くなれば飽和水蒸気量も大きくなり，気温が低くなれば小さくなる．このように湿り空気中における，乾球温度，湿球温度，相対湿度，絶対湿度の関係を表したグラフを空気線図という．
- **クリモグラフ**（気候図）：気温を縦軸に，湿度を横軸にとって，各地域の月平均の気候変動を1年間に渡って描いたグラフ．それぞれの地域の気候の特徴を理解するのに便利である．

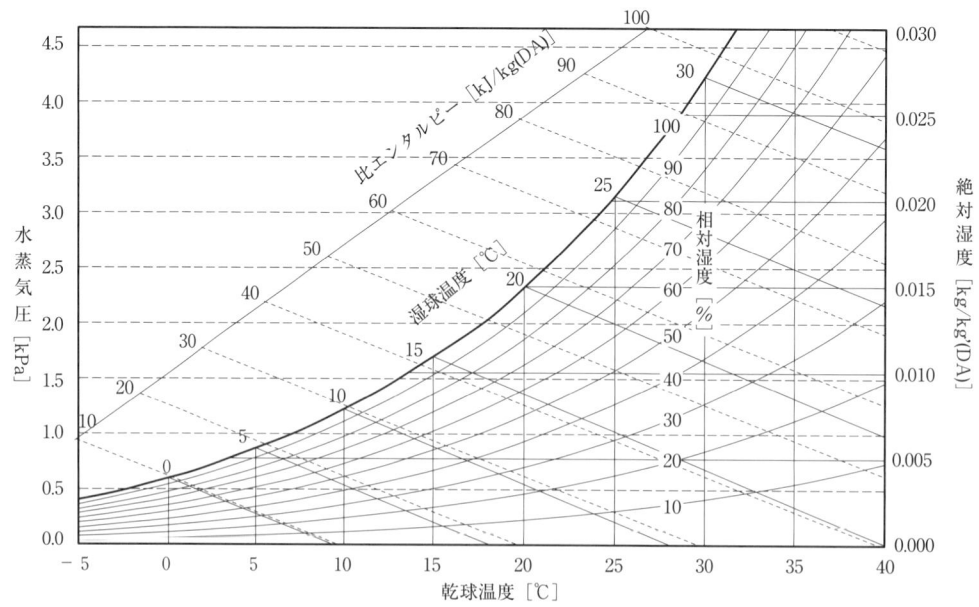

※比エンタルピー：湿り空気特性値（kJ/kg′）
単位質量の乾燥空気が保持している
全熱量（顕熱量＋潜熱量）

図2・5　空気線図

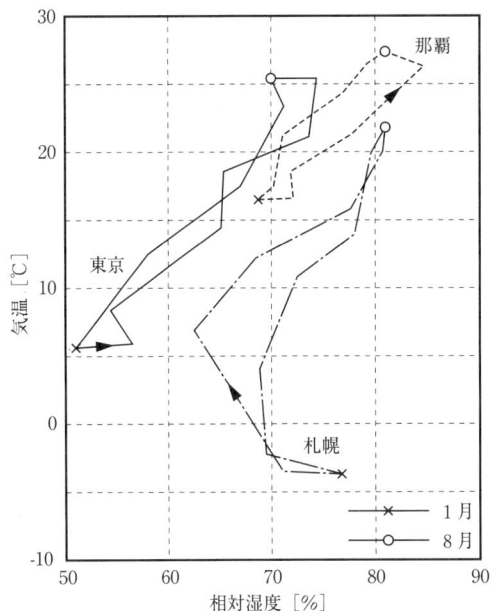
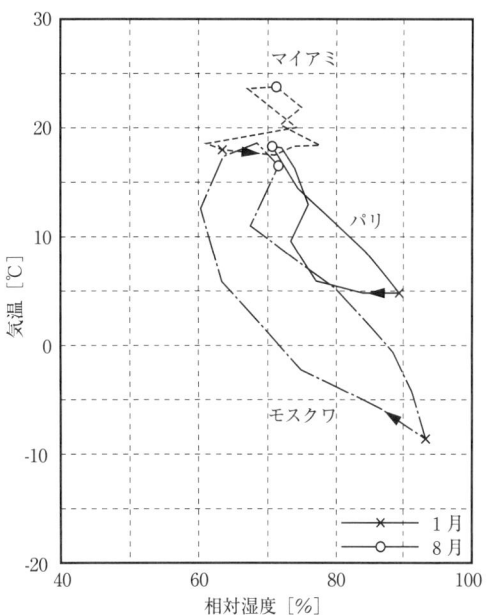

図2・6 クリモグラフの例

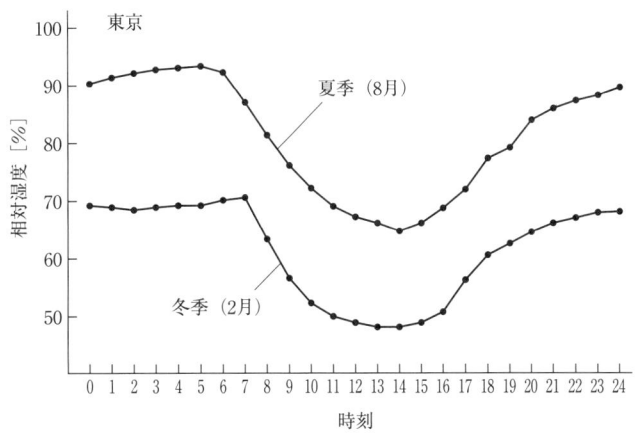

図2・7 湿度の日変化
(井上宇市『新版・空気調和ハンドブック』丸善,表10・20をもとに作成)

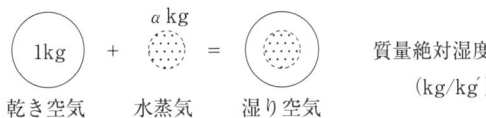
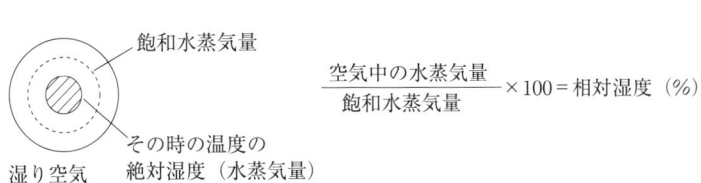

2・3 風

地表面において，空気は気圧の高い方から低い方に流れる．この空気の移動現象を風とよぶ．風速，風力，風向などによって風を表す．

- ●風　　速：空気の流れの速さを示し，単位はm/s，km/h，ノットなどが用いられる．一般的には10分間の平均風速を風速とよぶ．
- ●風　　向：風向とは，風の吹いてくる方角をいう．北を基準として，16の方位で表す．日本では，夏は太平洋側から，冬は日本海側から吹いてくることが多い．
- ●風　　力：風の強さ，あるいは風のもっているエネルギーをいう．
- ●海風・陸風：陸地と海水の熱容量の違いによって生じる．

　　　　　　日中は，海水より陸地の方が温度が高くなり，暖められた陸地の空気は軽くなって上昇することによって海側から風が吹く．これを海風とよぶ．

　　　　　　夜間は，陸地に比べて熱容量の大きい海水は，陸地より温度が高いので，陸地から風が流れる．これを陸風とよぶ．

- ●風　配　図：ある地域の風の動きを知るために，ある時刻における風の方位別発生回数をパーセント（％）で表したもの．

　　　　　　夏季においては，東京は南風，大阪は西風が多いことがわかる．

2・4 雨・雪

大気の上昇気流が，温度低下して，大気中の水蒸気が凝結して雨や雪となって地表面に降る．これが雨や雪である．

- ●降　水　量：単位時間当りの雨量計の水の深さ．単位はmm．
- ●積　雪　量：積もった雪の深さ．単位はcm．
- ●積雪荷重：積雪量は，建築物の屋根に大きな負担をかける．そのため建築基準法では，積雪量は積雪荷重とし，積雪量1cmごとに20N/m²以上とするように定めている（施行令第86条）．

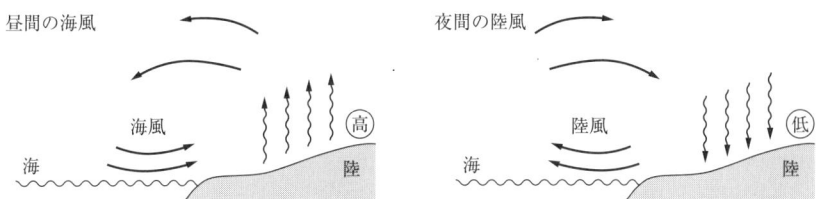

図2・8 海風と陸風の仕組み

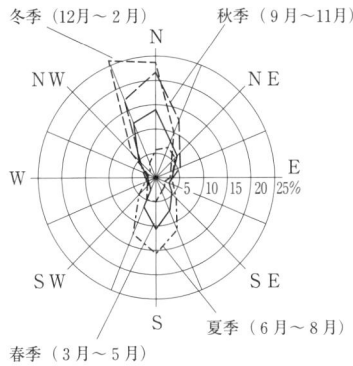

(a) 東京の季節別の風配図
(「新建築学体系8 自然環境」彰国社より，原典は村上周三「都市の風害問題と確率」建築雑誌vol.97, No.1194 1982-6より)

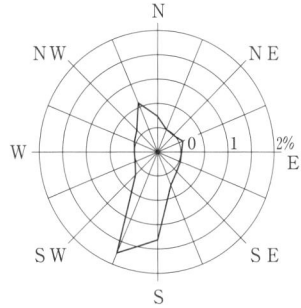

(b) 東京の強風（8.0m/s以上）に限った場合の風配図
(「新建築学体系8 自然環境」彰国社より，原典は(財)建築業協会周辺気流委員会編「ビル風ハンドブック 付属資料」1979-6より)

図2・9 風配図の例

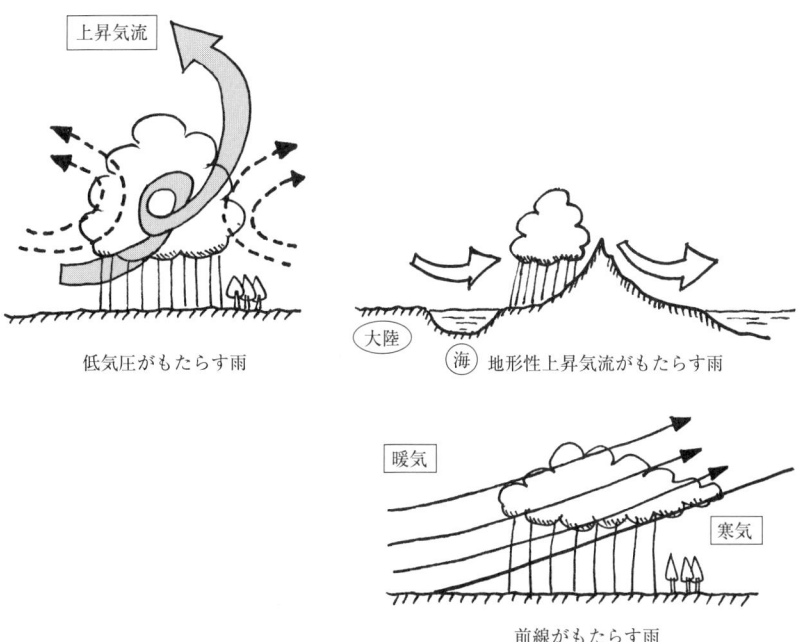

図2・10 雨の降る場合

17

3 室内気候

室内の快適さは，人それぞれによって感じ方が違う．その室内気候を決定する要素として，温度，湿度，風速および壁や天井からの放射熱がある．

3·1 温熱四要素

人体の快適感覚は，温度，湿度，風速（気流）および放射熱の四つの要素によって決まる．これを温熱四要素という．

- 放射熱：壁面や天井面から発する熱エネルギー．輻射ともいう．グローブ温度計※で測定する．
  ※グローブ温度計：直径約15cmの銅製の球の表面に，黒のツヤ消し塗装をした温度計．

3·2 温熱環境の快適指標

温熱四要素の様々な組み合わせより，体感を表示する指標としている．

その主な四つの指標が，不快指数，有効温度，修正有効温度，新有効温度である．

- 不 快 指 数：気温と湿度の二つを組み合わせた尺度．
  （DI）　　一般的には，室内よりも，外部気候における体感指標として用いられる．不快指数が80以上で，ほぼ全員が不快と感じる．

- 有 効 温 度：感覚温度ともいわれる．気温，湿度，風速の組み合わせによって体感を表示する．
  （ET）
  ある温度，湿度，風速の室内気候と同じ体感状態になる湿度100%，風速0m/sとしたときの温度．アメリカのヤグローによる提案で，ETとよぶ．

- 修正有効温度：有効温度に周壁よりの放射熱をグローブ温度計で測定して，その影響を取り入れたもの．
  （CET）

- 新有効温度：温熱四要素に人体側の着衣量，代謝量を加えた総合的な感覚温度．椅座位，安静な状態で着衣量を0.6clo（クロー※），静穏な気流0.5m/s以下，相対湿度50%を基準として表す．従来のETと区別するためET*（*はスターと読む）とよぶ．
  （ET*）
  ※クロー：着衣量の単位．裸体では0 clo（クロー），冬服程度で1 cloとして表す．

- 予測平均温冷感申告：気温，湿度，気流，放射熱の他，着衣量と代謝量（作業量）を考慮した体感指標のことで，一定の条件下で多数の人が温熱感覚の申告を行ったときに予想される平均の申告値をいう．
  （PMV）
  　　0：中立　＋1：やや暖かい　＋2：暖かい　＋3：暑い
  　　　　－1：やや涼しい　－2：涼しい　－3：寒い

表3・1 作業内容別放熱量

作業状態 / 適用建築物	エネルギー代謝率 [Met]	放熱量[W]（女子は0.85倍,子供は0.75倍する）					
		室内温度 20℃		室内温度 24℃		室内温度 28℃	
		顕熱	潜熱	顕熱	潜熱	顕熱	潜熱
椅子に座って（安静時） / 劇場, 小・中学校	1.0	69	21	59	31	44	46
椅子に座って（軽作業時） / 高等学校	1.1	75	30	62	42	45	58
事務作業 / 事務所, ホテル	1.2	77	40	63	54	45	71
立ったままの状態 / 銀行, デパート	1.4	79	51	66	64	45	84
椅子に座って（中作業時） / レストラン	1.2	86	56	71	71	48	95
椅子に座って（中作業時） / 工場	2.0	101	94	76	118	48	147
ダンス（中程度） / ダンスホール	2.2	110	110	84	137	56	165
歩行（4.8km/h） / 工場	2.5	125	132	88	162	68	191
重作業 / 工場, ボーリング場	3.7	164	211	136	240	116	262

日本人とアメリカ人の男子の標準体表面積の割合1.6：1.8[m²]で換算した
（（社）日本建築学会編「建築設計資料集成1．環境」丸善，
元出典はCarrieAir-Con, Comp：Handbook of Air Conditioning Systemによる）

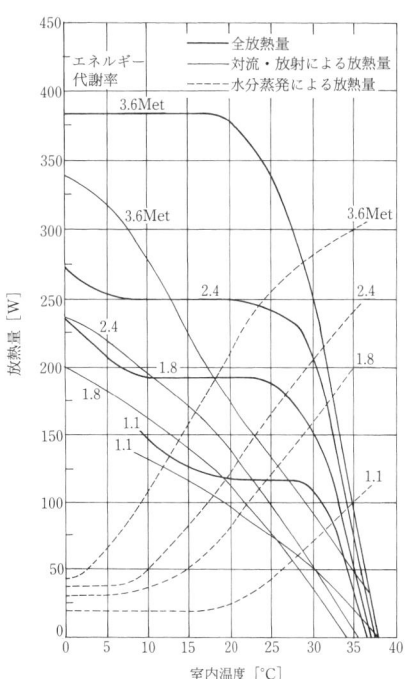

図3・1 人体の放熱 （（社）日本建築学会編「建築設計資料集成1．環境」丸善，元出典はASHRAE：ASHRAE Guide, pp.68, 69（1960）より作成，による）

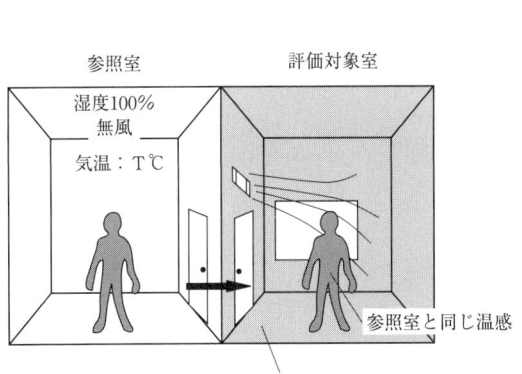

湿度100%，無風の一定状態で気温を任意に設定できる参照室，気温，湿度，風速の組み合わせを任意に変えられる評価対象室を，ドアで行き来できるようにして用意する．被験者を，まず参照室に入れ，次に評価対象室に移し，再び参照室に戻す．このとき，両室において同じ体感（温感）をもつかどうかを，申告してもらう実験をした．これにより，評価対象室と等しい体感状態となる参照室の気温をET（有効温度）とした．

図3・2 有効温度を求める実験

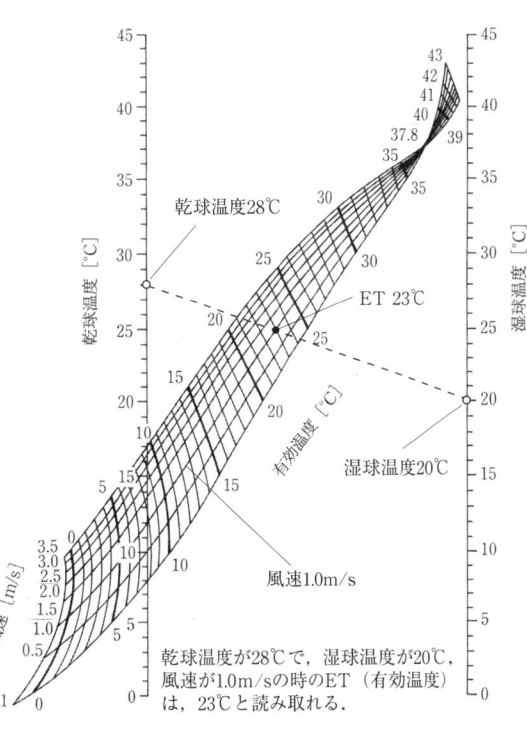

乾球温度が28℃で，湿球温度が20℃，風速が1.0m/sの時のET（有効温度）は，23℃と読み取れる．

図3・3 有効温度図

【問題1】 一般居室の空気の性質に関する次の記述のうち，最も不適当なものはどれか．
1．空調設備を用いる室内の相対湿度は，一般に，40～70%の範囲が目安とされている．
2．温度が同じであれば，相対湿度が高くなると絶対湿度も高くなる．
3．相対湿度が同じであれば，温度が低い空気も高い空気も等量の水蒸気を含む．
4．温度を高くすると，飽和水蒸気量は増える．
5．温度以外の条件が同じであれば，暖かい空気を冷やすと，相対湿度は高くなる．

【問題2】 自然風に関する次の記述のうち，最も不適当なものはどれか．
1．地表面付近の主風向は季節で異なる場合が多い．
2．海岸地方では，一般に日中は海から陸に風が吹き，夜間は風向きが逆転する．
3．気象庁発表の風速が20m/sであれば，付近の市街地の地上でも同じ程度の風が吹く．
4．建物を建てると，一般に風は弱まるが，部分的に強くなる場合もある．
5．一般に，ある程度の高さまでは，上空にいくほど風が強くなる．

【問題3】 温熱要素と体感との関係についての次の記述のうち，最も不適当なものは次のうちどれか．
1．温熱環境要素のうち，体感に関係する4要素は，温度・湿度・風速・放射熱（ふく射熱）である．
2．温度が高くても，湿度が低ければ不快感は少ない．
3．風があれば，同じ温度でも体感温度は低い．
4．快適な湿度の範囲は，夏冬とも70～90%である．
5．快適な温度の範囲は，夏と冬とでは異なる．

【問題4】 下の空気線図中のA点（乾球温度26℃，相対湿度70%）の状態にある湿り空気に関する次の記述のうち，最も不適当なものはどれか．
1．この湿り空気は，表面温度20℃のガラスに触れても結露しない．
2．この湿り空気の絶対湿度は，0.015kg/kg'である．
3．この湿り空気の湿球温度は，22℃である．
4．この湿り空気の露点温度は，約20.2℃である．
5．この湿り空気1kgに含まれている水蒸気量は，乾球温度35℃，相対湿度40%の湿り空気1kgに含まれている水蒸気量より多い．

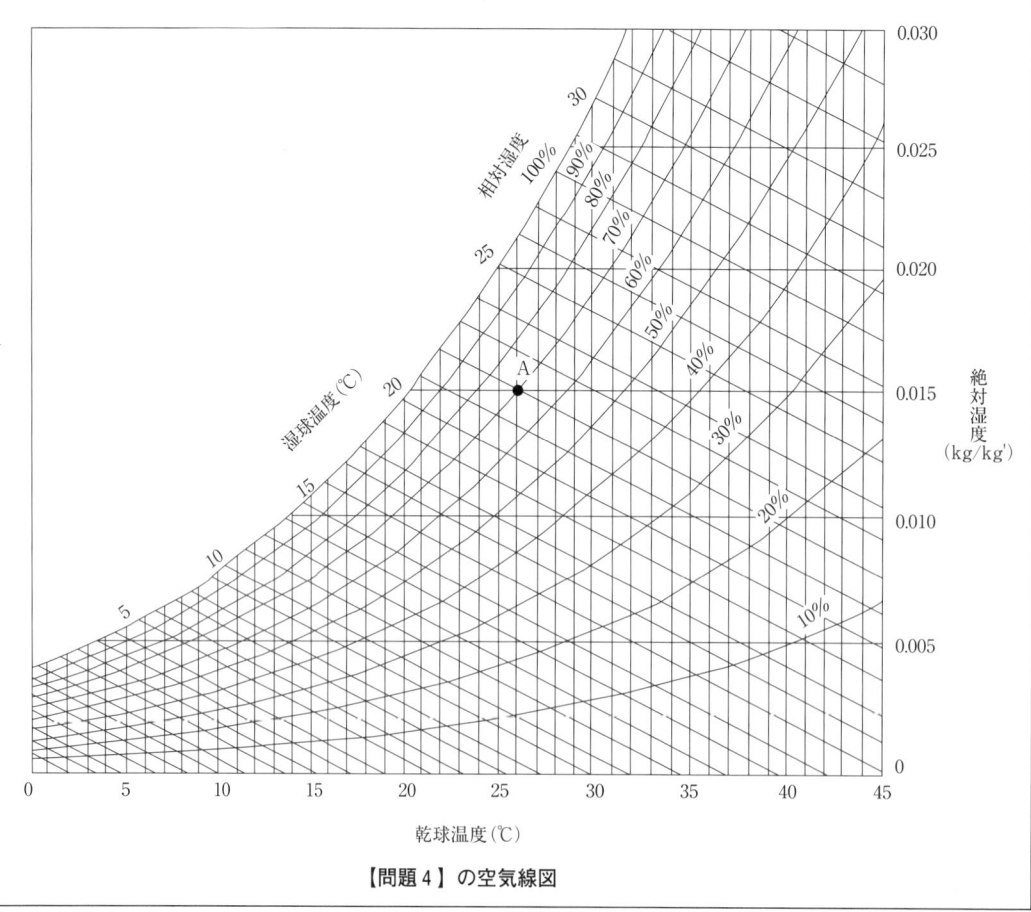

【問題4】の空気線図

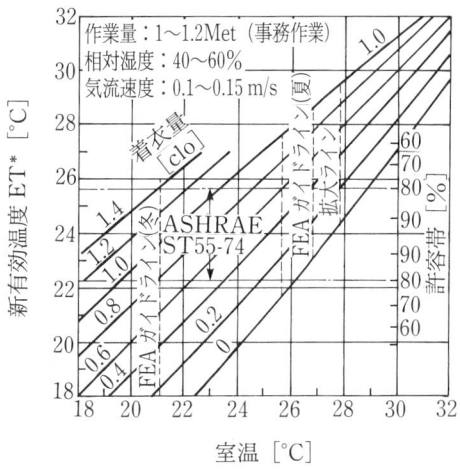

図3・4 新有効温度と着衣量の影響（ASHRAE：アメリカ暖冷房空調学会）（(社)日本建築学会編「建築設計資料集成1.環境」丸善，元出典はA. Pharo Gagge, Yasunobu Nishi, G. Ralph, G. Nevirs：The Role of Clothing Meeting FEA Energy Canserration Guidelinesによる）

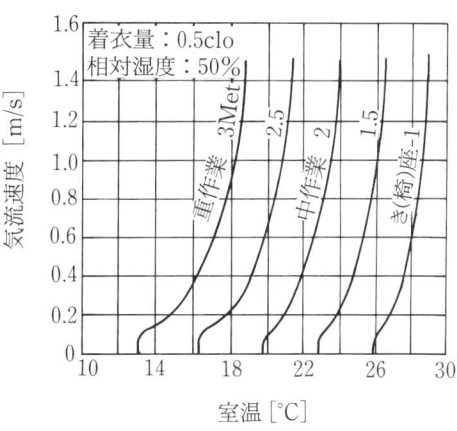

図3・5 新有効温度と作業量の影響（(社)日本建築学会編「建築設計資料集成1.環境」丸善，元出典はASHRAE：Handbook of Fundamentalsによる）

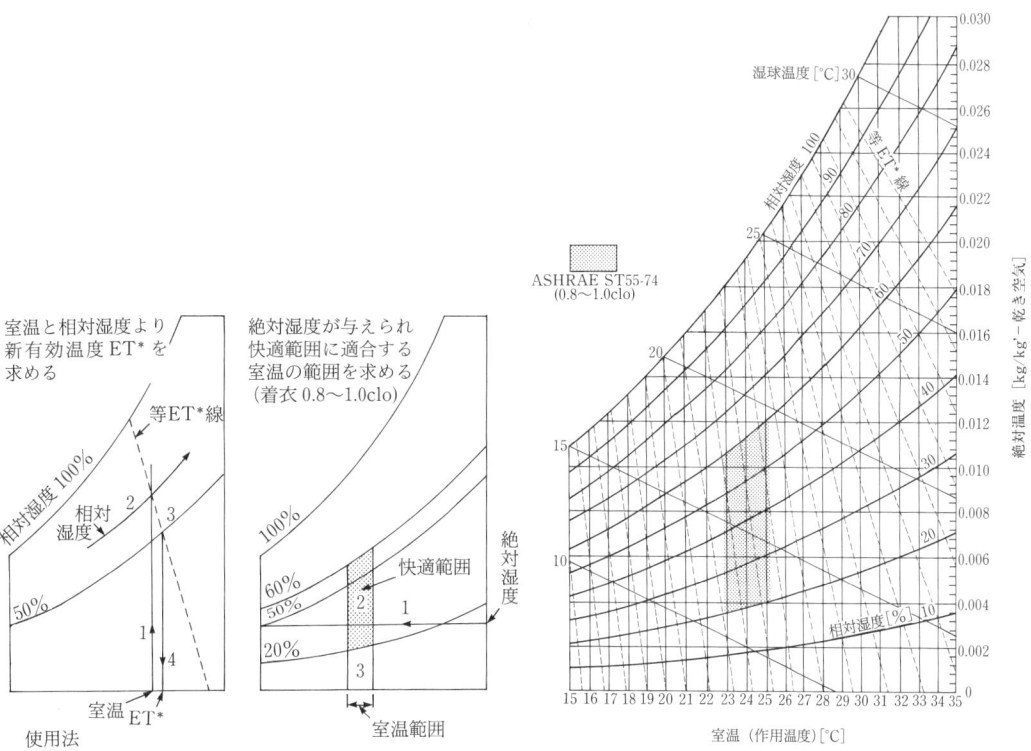

図3・6 新有効温度図ET* （(社)日本建築学会編「建築設計資料集成1.環境」丸善，元出典はASHRAE：Handbook of Fundamentalsによる）

4 伝　熱

　建築物の内外に温度差があると，熱は高温側から低温側へ移動する．移動は一般に，伝導，対流，放射によって行われる．

4・1　伝導・対流・放射

　熱が物質内を移動するとき，それぞれの物質には移動しやすいものもあれば，しにくいものもあり，その特徴を生かして床暖房や断熱材などに利用されている．
- 伝導：固体の中における熱の移動のこと．
- 対流：流体（気体，液体）内で高温部が上昇し，その周囲の低温部が流れ込む（または下降する）ことで，熱の移動が行われる．
- 放射：高温の物体表面から電磁波によって熱エネルギーが低温の物体表面に移動すること．

4・2　熱貫流

　熱貫流とは，高温側の空気から壁体表面への熱伝達が行われ，次に壁体内の熱伝導により移動した熱は，壁体表面から低温側の空気への熱伝達が行われる一貫した流れのこと．
- 熱伝導：材料内の熱の移動をいう．
　　　　　熱伝導率は，その移動のしやすさを示す割合．
　　　　　単位はW/(m・K)（＝kcal/(m・h・℃)）で表す．
　　　　　材料の単位面積1m²当り，単位厚さ1m当りどれだけの熱量が伝わるかを示す．
　　　　　この値が大きいほど熱を伝えやすい．
- 熱伝達：材料表面と接する空気との間に起こる熱移動．
　　　　　熱伝達率は，熱伝達するときの熱量の割合．
　　　　　単位はW/(m²・K)（＝kcal/(m²・h・℃)）で表す．
　　　　　材料表面と空気の温度差が1℃のとき，材料表面1m²当りに1時間でどれだけ熱量が伝わるかを示す．
　　　　　この値が大きいほど熱は伝わりやすい．
- 熱貫流率：熱伝導と熱伝達による壁体全体の単位面積当りの熱移動の割合のこと．
　　　　　　単位はW/(m²・K)（＝kcal/(m²・K)）で表す．
　　　　　　この値が大きいほど熱を伝えやすい．

$$K = \dfrac{1}{\dfrac{1}{\alpha_i} + \Sigma \dfrac{d}{\lambda} + \dfrac{1}{\alpha_o}}$$

$$Q = K \cdot (t_i - t_o) \cdot A$$

K ＝熱貫流率〔W/(m²・K)〕
Q ＝熱貫流量〔W〕
d ＝材料の厚さ〔m〕
λ ＝材料の熱伝導率〔W/(m・K)〕
α_i ＝屋内側の熱伝達率〔W/(m²・K)〕
α_o ＝屋外側の熱伝達率〔W/(m²・K)〕
t_i ＝屋内側の空気温度〔℃〕
t_o ＝屋外側の空気温度〔℃〕
A ＝壁体の面積〔m²〕

【例題】　夏季の市街地にある建築物の壁体の熱貫流率を求めなさい．壁体の外部側から，鉄筋コンクリート200mm，グラスウール50mm，せっこうボード12mmの建築材料で造られている

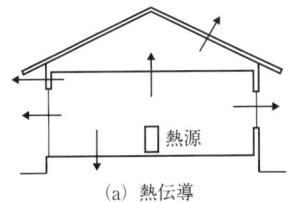 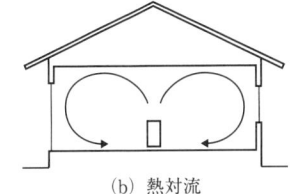 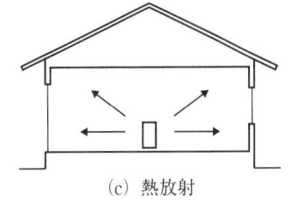

(a) 熱伝導　　　　　　　　(b) 熱対流　　　　　　　　(c) 熱放射

図4・1　3つの熱移動

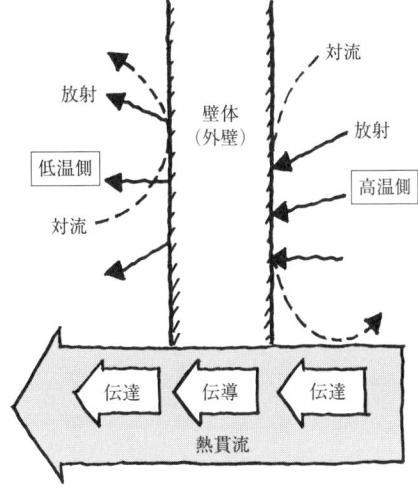

図4・2　伝熱の過程

表4・2　建築材料の熱定数（λ値20℃の場合とする）

材料分類	材料名	熱伝導率 λ (W/(m·K))	比重量 ρ (kg/m³)
金属	アルミニウム	210	2700
	鋼材	45	7860
セメント系	鉄筋コンクリート	1.4	2300
	ＡＬＣ	0.15	600
板硝子	板硝子	0.70	2540
れんが	れんが	0.62	1650
木質系	天然木材	0.12	400
	合板	0.18	550
せっこう系	せっこうボード	0.14	800
	木毛セメント板(普通品)	0.14	500
繊維板	A級インシュレーションボード	0.049	250
	パーティクルボード	0.012	500
繊維系断熱材	グラスウール	0.047(0.041)	15(20)
	セルロースファイバー	0.040	40
	ロックウール	0.040	40
発泡系断熱材	硬質ウレタンフォーム	0.027	40
	押し出し発泡ポリスチレン	0.037	28
	フォームポリスチレン	0.037	30(1号)
その他	水	0.59	997
	空気	0.026	1.2

((社)日本建築学会編「建築環境工学用教材・環境編」丸善による)

表4・1　設計用熱伝達

		熱伝達率 [W/(m²·K)]	熱伝達抵抗 [(m²·K)/W]
室内側	垂直面・水平面 (熱流上向)	8.1～9.3	0.107～0.123
	水平面 (熱流下向)	5.8	0.172
	全表面に一定の値を用いるとき	8.1～9.3	0.107～0.123
外気側	風速3～6m/s	23.3～34.9	0.029～0.043

((社)日本建築学会編「建築計画パンフレット2 住宅の保温設計」彰国社による)

ものとする．さらに屋外気温32℃，屋内気温24℃，壁体面積25m²のときの熱貫流量を求めなさい．

熱貫流率〔W/(m²·K)〕の式　　$K = \dfrac{1}{\dfrac{1}{\alpha_i} + \Sigma \dfrac{d}{\lambda} + \dfrac{1}{\alpha_o}}$

熱貫流量〔W〕の式　　　　$Q = K \cdot (t_i - t_o) \cdot A$

【解答】　表4·1から，　$\alpha_i = 9 \text{W}/(\text{m}^2 \cdot \text{K})$　$\alpha_o = 29 \text{W}/(\text{m}^2 \cdot \text{K})$　とする．

表4·2から　　鉄筋コンクリート：$\lambda_1 = 1.4 \text{W}/(\text{m} \cdot \text{K})$

材厚：$d_1 = 0.2 \text{m}$

グラスウール：$\lambda_2 = 0.047 \text{W}/(\text{m} \cdot \text{K})$

材厚：$d_2 = 0.05 \text{m}$

せっこうボード：$\lambda_3 = 0.14 \text{W}/(\text{m} \cdot \text{K})$

材厚：$d_3 = 0.012 \text{m}$

これらの値を熱貫流率の式に代入すると，

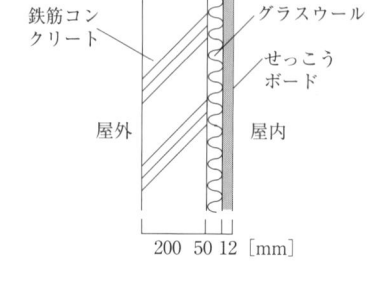

$$K = \dfrac{1}{\dfrac{1}{9} + \dfrac{0.2}{1.4} + \dfrac{0.05}{0.047} + \dfrac{0.012}{0.14} + \dfrac{1}{29}} = \dfrac{1}{1.438} = 0.695 \text{W}/\text{m}^2 \cdot \text{K}$$

$K = 0.695$ を熱貫流量の式に代入すると，

$$Q = 0.695 \times (32 - 24) \times 25 = 139 \text{W}$$

となる．

4·3　断　熱

断熱とは，熱伝導抵抗（熱伝導率の逆数）の著しく大きい空気を取り込むことによって，熱貫流量を少なくすることである．

- 断　熱　材：材料内に多くの空気層を取り込んだ，熱伝導率のきわめて小さい固体材料．一般的には比重が小さい．
  ロックウール，グラスウール，発砲スチロールなど．
- 中空層の断熱効果：中空層は，建築物において躯体と下地ボード類との間にできる空気層のこと．厚さは30～50mm程度までなら断熱効果は増加する．それ以上になると中空層内部において対流作用が起こり，断熱効果は低下する．
- アルミ箔の断熱効果：アルミ箔の熱放射を反射する性質を利用して，中空層内の片面にアルミ箔を張ることによって内部の熱伝達を小さくすることで断熱効果を高める．

4·4　熱容量

熱容量とは熱を吸収し，蓄えることのできる量．

比熱とは，ある物質1kgの温度を1K（1℃）上昇させるのに必要な熱量．熱容量は，その物質全体の温度を高めるための熱量なので，熱容量＝比熱×質量．

熱容量の大きい物質は，熱しにくく，冷めにくい．たとえば水．

熱容量の小さい物質は，熱しやすく，冷めやすい．たとえば鉄．

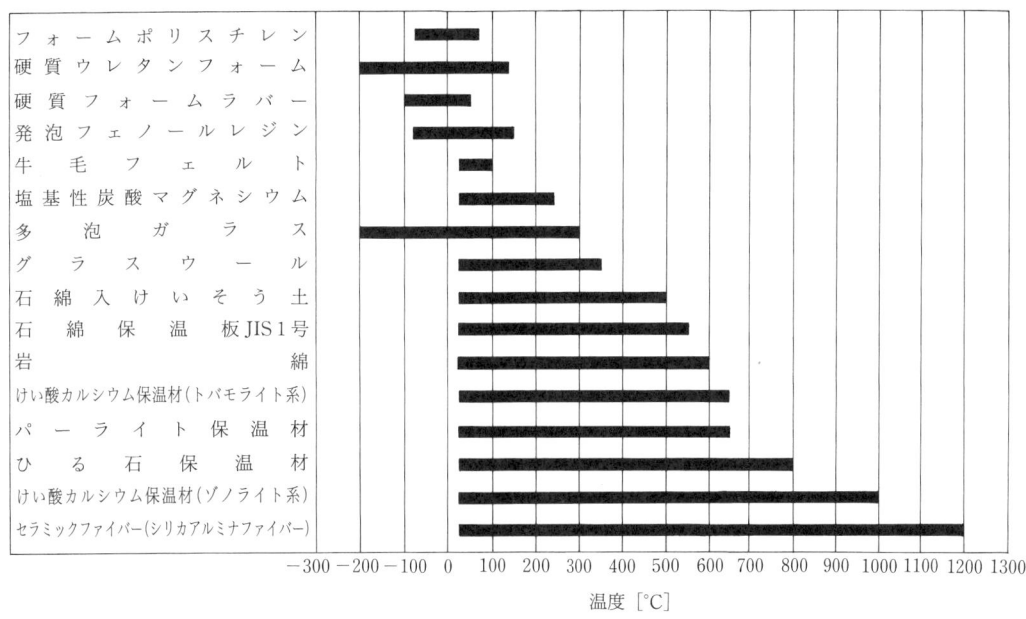

図4・3 各種断熱材の使用温度範囲 ((社)日本建築学会編「建築設計資料集成1．環境」丸善，元出典は保温保冷工業便覧による)

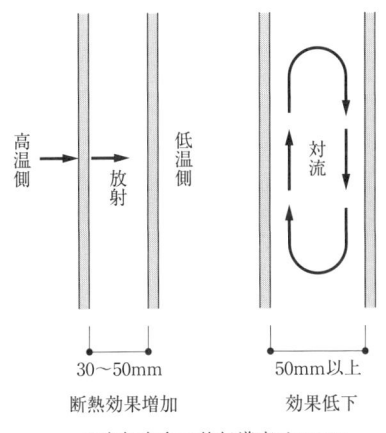

※空気自身の熱伝導率は0.026 W/(m·K)と非常に小さいが，壁体内の空気層の場合，空気層が厚くなるに従い対流現象がおこるため，通常は熱伝導として扱えない．

図4・4 中空層の熱の移動

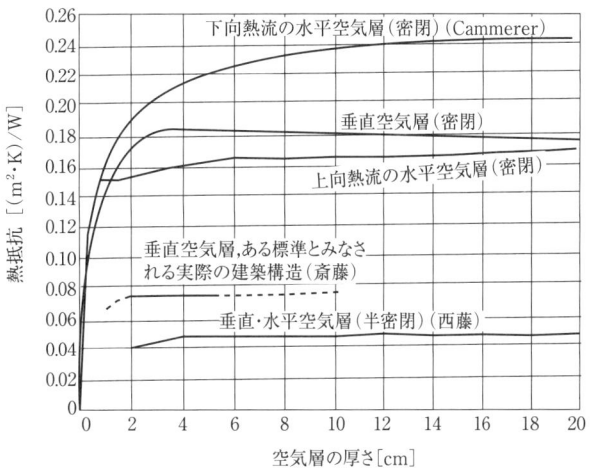

図4・5 空気層の厚さと熱抵抗の関係 ((社)日本建築学会編「建築設計資料集成1．環境」丸善，元出典は渡辺要編『防寒構造』1967による)

- 室温変動：熱容量の大きい材料で造られた建築物は，外気温の変化に影響されにくい．たとえばコンクリートなどの，比較的熱容量の大きい材料で造られた建築物の内部は，外気温や日射の影響を受けにくく，室温の変動は緩慢で，その幅も小さい．
- 外断熱と内断熱：断熱材を躯体の外側に設けることを外断熱という．内断熱はその逆に躯体の内側に設ける．
  コンクリートのような熱容量の比較的大きな材料で造られている建築物では，外断熱が有効な断熱方法である．特に結露対策上も優れている．

【問題1】 断面が複数の平行な層からなる壁体の熱貫流に関する次の記述のうち，最も不適当なものはどれか．
1. 中空層の熱抵抗の値は，中空層の密閉度・厚さ・熱流の方向などによって異なる．
2. 熱貫流抵抗は，壁体の両表面の熱伝達抵抗の値と各層の熱抵抗の値を合計した値である．
3. 熱貫流率は，熱伝導率と熱伝達率を組み合わせたものである．
4. 壁体の表面の熱伝達抵抗の値は，壁体の表面に風があたるかどうかによって左右されない．
5. 中空層以外の各層の熱伝導抵抗の値は，材料の厚さをその材料の熱伝導率で除して求める．

【問題2】 ある壁体の熱貫流率の算出式として，最も適当なものは，次のうちどれか．ただし，算出式中の記号は，凡例に示す通りとする．
〔凡例〕
　K：熱貫流率 [W/(m²·K) 又は kcal/(m²·h·℃)]
　α_1：高温側の熱伝達率 [W/(m²·K) 又は kcal/(m²·h·℃)]
　α_2：低温側の熱伝達率 [W/(m²·K) 又は kcal/(m²·h·℃)]
　λ：壁体の材料の熱伝導率 [W/(m·K) 又は kcal/(m·h·℃)]
　d：壁体の材料の厚さ [m]

1. $K = \dfrac{1}{\alpha_1 + \Sigma \dfrac{d}{\lambda} + \alpha_2}$
2. $K = \dfrac{1}{\alpha_1} + \Sigma \dfrac{d}{\lambda} + \dfrac{1}{\alpha_2}$
3. $K = \dfrac{1}{\dfrac{1}{\alpha_1} + \Sigma \dfrac{d}{\lambda} + \dfrac{1}{\alpha_2}}$
4. $K = \alpha_1 + \Sigma \lambda + \alpha_2$
5. $K = \alpha_1 + \Sigma \dfrac{d}{\lambda} + \alpha_2$

【問題3】 図のような壁面から屋内へ侵入する日射による取得熱を軽減する方法として，最も効果の少ないものは，次のうちどれか．
1. 中空層の片面にアルミ箔を張る．
2. 中空層から屋外への通気をよくする．
3. 断熱層を，熱伝導率の大きな材料に替える．
4. 外部壁材の屋外表面に白ペイントを塗る．
5. 断熱層を厚くする．

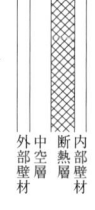

【問題4】 それぞれ異なる熱容量・断熱性能を有する室A～Dとそれに対応する暖房時の室温変動を示す図ア～エとの組み合わせとして，最も適当なものは，次のうちどれか．ただし，熱容量・断熱性能以外の条件は全て同じとする．

[各室の熱容量・断熱性能]

室	熱容量	断熱性能
A	小さい	よい
B	小さい	わるい
C	大きい	よい
D	大きい	わるい

	A	B	C	D
1.	ア	イ	ウ	エ
2.	イ	ア	ウ	エ
3.	ウ	エ	イ	ア
4.	エ	ア	イ	ウ
5.	エ	ウ	イ	ア

[暖房時の室温変動]

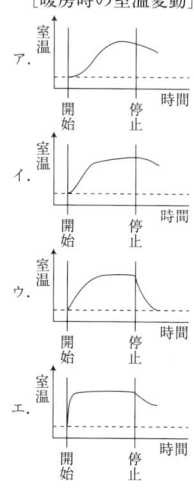

【問題5】 熱伝導率の低いものから高いものへ並べた順序で，正しいものは，次のうちどれか．
1. 木材－れんが－普通コンクリート－ガラス
2. たたみ－れんが－木　材－ガラス
3. たたみ－木　材－れんが－普通コンクリート
4. 木　材－たたみ－ガラス－普通コンクリート
5. たたみ－れんが－普通コンクリート－ガラス

【問題6】 防寒構造計画上，空気層と充てん壁との断熱効果についての記述で，誤っているものは，次のうちどれか．
1. 空気層は，一層で厚いものより，数層に分割する方が有効である．
2. 熱貫流率は，空気層の厚さに反比例にするものと考えてはいけない．
3. 空気層は，気密性が劣っても断熱効果には影響しない．
4. 中空層の厚みが2cm以下になると，熱抵抗が急激に低下する．
5. 充てん材としてのグラスウールは，水分を含むとその熱伝導率は大きくなり断熱性能が落ちる．

表4・3 主な建築材料の熱定数

材料分類	材料名	熱伝導率 λ [W/(m・K)]	比熱 c [kJ/(kg・K)]
金属	アルミニウム 鋼材	210 45	0.92 0.50
セメント系	鉄筋コンクリート ALC	1.4 0.15	0.88 1.10
板硝子 れんが	板硝子 れんが	0.70 0.62	0.75 0.84
木質系	天然木材 合板	0.12 0.18	1.30 1.30
せっこう系	せっこうボード 木毛セメント板（普通品）	0.14 0.14	1.13 1.67
繊維板	A級インシュレーションボード パーティクルボード	0.049 0.012	1.30 1.30
繊維系 断熱材	グラスウール セルロースファイバー ロックウール	0.047(0.041) 0.040 0.040	0.84 1.26 0.84
発泡系 断熱材	硬質ウレタンフォーム 押し出し発泡ポリスチレン フォームポリスチレン	0.027 0.037 0.037	1.05 1.05 1.05
その他	水 空気	0.59 0.026	4.2 1.00

((社)日本建築学会「建築環境工学用教材 環境編」p.49, 表3より抜粋)

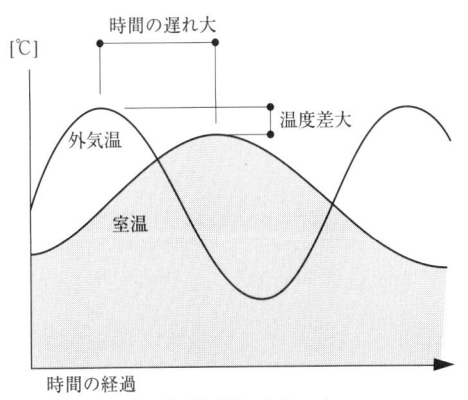

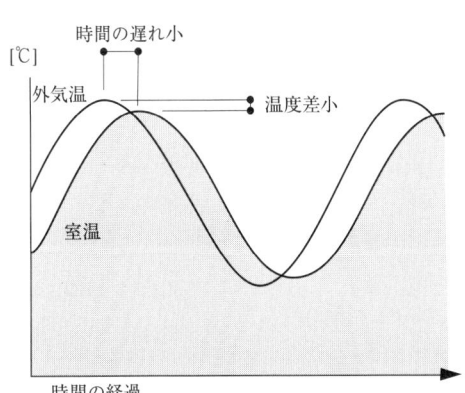

(a) 熱容量の大きい室　　　　　(b) 熱容量の小さい室

図4・6　外気温と室温変化

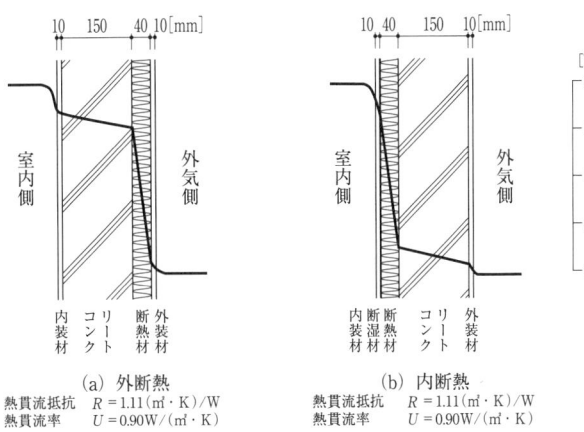

(a) 外断熱　　　　　　　　　　(b) 内断熱
熱貫流抵抗　$R = 1.11$ (m²・K)/W　　熱貫流抵抗　$R = 1.11$ (m²・K)/W
熱貫流率　$U = 0.90$ W/(m²・K)　　熱貫流率　$U = 0.90$ W/(m²・K)

図4・7　外断熱と内断熱の温度分布

5 結露

冬季に暖房した室内側の窓ガラス表面に水滴が付着する．これは，水蒸気を含んだ湿り空気が冷たいガラス面に触れると空気中に水蒸気という状態で含まれている水分が，凝縮して露となったものである．この現象を結露という．

5・1 空気線図

乾球温度，湿球温度，相対湿度，絶対湿度をグラフ上に表示して空気の状態を表した図（14ページ，図2・5参照）．

5・2 結露の防止

結露には，表面結露，内部結露などがあり，その発生のメカニズムは基本的には同じではあるが，その防止方法はそれぞれの方法を講じなければならない．

- 表　面　結　露：壁体表面温度が室内の湿り空気の露点温度以下に冷えるときに生じる現象である．
  防止方法としては，室内の湿度を下げる，壁体表面の温度低下を防ぐ．すなわち壁体の熱貫流抵抗を増す．
- 内　部　結　露：湿り空気が壁体内部に浸透して露点温度以下の部分で結露する現象．
  防止方法としては一般的には，壁体内の断熱材の室内側に防湿層を設ければ効果的である．
- ヒートブリッジ(熱橋)：構造体の一部で，周囲より著しく熱損失が大きくなる部分をいう．
  建築物の隅部やスラブ・庇・バルコニーと外壁とのとりあい部分は，室内側にくらべ室外側の面積が大きくなり，熱貫流量が増加し，この部分の表面温度が低下して，結露を生じやすい．

【問題1】　住宅における冬季の結露防止に関する次の記述のうち，最も不適当なものはどれか．
1. 外気に面した壁に沿って，たんすなどの家具を置かないようにする．
2. 外気に面した壁・天井に断熱材を充てんし，断熱材の室内側に防湿材を張る．
3. 通常のガラス窓にカーテンを吊すと，室温が上がるので，ガラス面での結露防止に効果がある．
4. 外気に面した窓については，外気側に断熱雨戸を設けた．
5. 押入れは，暖房された室に囲まれるように計画した．

【問題2】　冬季の結露に関する次の記述のうち，最も不適当なものはどれか．
1. 二重サッシの窓の内部結露防止には，外側よりも内側のサッシの気密性を高くする方がよい．
2. 外壁の室内側に生じる表面の結露防止には，外壁の断熱が有効である．
3. 外壁の内部結露防止には，室内側に防湿層を設けて，室内から外壁への水蒸気の流入を抑えると効果的である．
4. 住宅の結露防止には，浴室を正圧換気とするのが効果的である．
5. 暖房しない部屋の窓を気密化すると，その部屋の換気量が減って，相対湿度が上がるので，結露しやすくなる．

【問題3】　結露に関する次の記述のうち，最も不適当なものはどれか．
1. 冬季の室においては，温度が下がる前に湿度を下げることが，結露防止に効果がある．
2. 非暖房室の窓の気密性を高めることは，外壁の室内側表面結露の防止に有効である．
3. 冬季において，浴室における結露防止には，浴室に屋内空気を導入し，水蒸気を屋外に排出するのが効果的である．
4. 外気に面した壁に沿って家具を置くと，冬季において，家具裏の壁の結露が発生しやすい．
5. 外気に面した室内側入隅部は，結露しやすい．

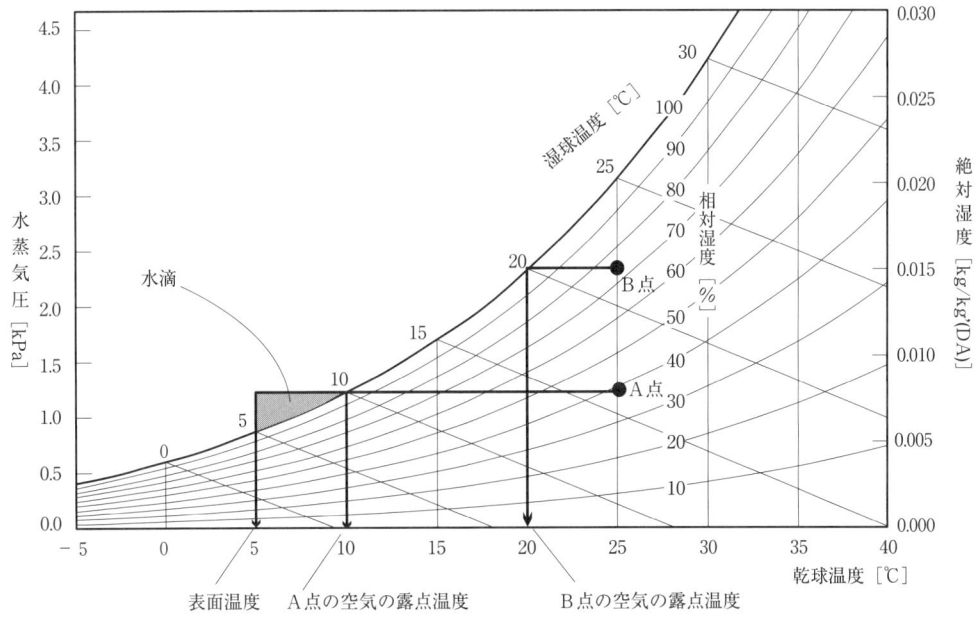

図5・1 空気線図による結露の検討

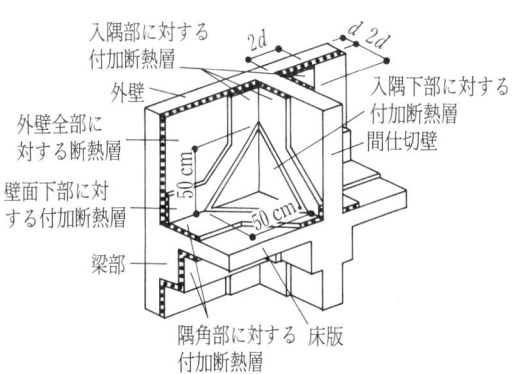

図5・2 隅各部の結露防止のための保温（彰国社編「自然エネルギー利用のためのパッシブ建築設計手法事典」による）

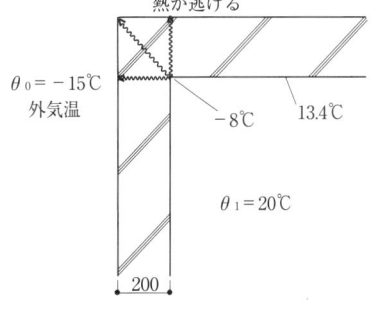

図5・3 隅各部の温度分布（(社)日本建築学会編「建築設計資料集成1．環境」丸善による）

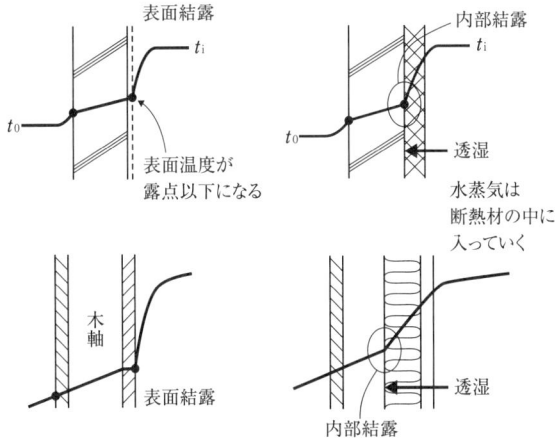

図5・4 表面結露と内部結露

6 換気と通風

換気は，室内の汚染した空気を排出し，新鮮な外気を吸入することである．
通風は，室内へ風を通すことによって，夏場などに涼を得ることを目的にしている．

6・1 空気（大気）の成分

空気は，ほとんどが窒素（78.1%）と酸素（21%）によって構成されているが，室内汚染の指標となる二酸化炭素（炭酸ガスCO_2）も0.03%程度が含まれているなど，微量の有害ガスも含め様々な気体から成り立っている．

6・2 空気の汚染物質の種類

室内空気の汚染物質には，大きくわけて二酸化炭素（CO_2）のようなガス状汚染物質，浮遊粉塵のような粒子状汚染物質，タバコの煙のような複合的汚染物質に分けられる．

- 二酸化炭素（CO_2）：炭酸ガスともいう．空気汚染の指標として室内中の濃度に注目する．人間の代謝作用によって人体より排出されるCO_2は，それ自体が有害とはいえないが，CO_2量の増加は，結果的に酸素濃度の低下につながり，室内空気の悪化をもたらす．一般の場合，0.10%（1,000ppm※）以下とする．
- 一酸化炭素（CO）：二酸化炭素（CO_2）と違って，低濃度でも極めて毒性が強い．暖房器具などの燃料の不完全燃焼により発生する．建築基準法などの基準値は，0.001%（10ppm）以下．
- そ の 他：臭気，窒素酸化物，硫黄酸化物，ホルムアルデヒド，浮遊粉塵，アスベスト，揮発性有機化合物（VOC，建材・接着剤に使われ刺激臭），クロルピリホス（白あり駆除などに使われる有機殺虫剤）．

※ppm：パーツパーミリオンの略（1/100万）．微量の濃度を表す単位．

6・3 換気の目的

室内の汚染した空気を排出し，人に対して必要な酸素を供給する．
燃焼器具の燃焼に必要な酸素を供給するとともに，その燃焼器具で焼いた魚などから出る煙や臭気などを排出する．

- 必要換気量：室内の空気汚染の状況を許容限度内にとどめるために必要とされる新鮮空気の量．二酸化炭素（CO_2）の濃度を基準として，1人につき1時間当り30m³程度とする．

換気回数：$n = \dfrac{Q}{V}$

換気量：$Q = \dfrac{K}{P_a - P_0}$

n：換気回数〔回/h〕
Q：換気量〔m³/h〕
V：室容積〔m³〕
K：CO_2の発生量〔m³/h〕
P_a：CO_2濃度の許容量
P_0：大気中のCO_2濃度

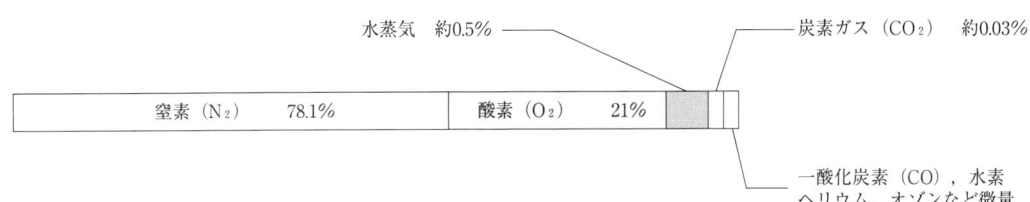

図6・1 空気の成分

表6・1 浮遊粉塵の種類

区分	名称	粒子径 [μm]	定 義	発生源
固体粒子	dust	100～1	土砂などのように自然現象として生じるもの，工場で研磨・粉砕などによって生じるものなど，固体物質の崩壊によるものが主体であるが，繊維くずのような動植物や人間の生活から発生するものも含まれる	自然現象 発塵工場 動植物 人間の日常生活 交通
固体粒子	fume	1～0.1	種々の化学反応によって生じた蒸気が凝結して固体となったもの	各種の金属溶解炉 各種の化学工場
固体粒子	smoke	1～0.01	燃料の燃焼過程で発生する固体粒子や液滴でfume, mistの一種であるが，そのうちある程度色のついているものを特にsmokeとよんでいる	煙突の燃焼排気 火災 たき火 たばこ
液体粒子	mist	10～0.1	種々の化学反応によって生じた蒸気の凝結によって生じる液体粒子や液体の噴霧によって生じる液滴	各種の化学工場
液体粒子	fog	100～1	大気中の固体粒子やイオンを核として水蒸気が凝結した水滴	気象現象
液体粒子	rain*	100以上	大気中で発生した水滴が集まって大粒の水滴となり空気中を降下するもの	気象現象

＊空気中に含まれるものではあるが粉塵とはよばない．

((社)日本建築学会編「建築学便覧Ⅰ．計画」丸善による)

表6・2 CO_2の許容濃度と有害度

濃度	意 義	摘 要
0.07%	多数継続在室する場合の許容濃度 (Pettenkopfer説)	CO_2そのものの有害限度ではなく，空気の物理的・化学的性状が，CO_2の増加に比例して悪化すると仮定したときの，汚染の指標としての最大許容濃度を意味する
0.10%	一般の場合の許容濃度 (Pettenkopfer説)	
0.15%	換気計算に使用される許容濃度 (Rietchel説)	
0.2～0.5%	相当不良と認められる	
0.5%以上	最も不良と認められる	
4～5%	呼吸中枢を刺激して，呼吸の深さ，回数を増す．呼吸時間が長ければ危険．O_2の欠乏を伴えば障害は早く生じて決定的となる	
8%	10分間呼吸すれば，強度の呼吸困難，顔面紅潮，頭痛を起こす．O_2の欠乏を伴えば障害はなお顕著となる	
18%以上	致命的	

(「空気調和・衛生工学便覧」1975年による)

表6・3 CO濃度による人体への影響

濃度[ppm]	暴露時間	影 響
5	20分	高次神経系の反射作用の変化
30	8時間以上	視覚・精神機能障害
200	2～4時間	前頭部頭痛・軽度の頭痛
500	2～4時間	激しい頭痛，悪心・脱力感・視力障害
1000	2～3時間	脈拍こう進，けいれんを伴う失神
2000	1～2時間	死亡
備考		COによる中毒のじょ限度は，濃度・暴露時間・作業強度・呼吸強度・個人の体質の差などで，それを設定することは難しいが，Hendersonによれば， 　　濃度[ppm]×時間[h]<600 であるといわれる

((社)日本建築学会編「建築設計資料集成1．環境」丸善，元資料は，東京都公害局編：公害防止管理者ハンドブック，pp.152, 153, 155, 156 (1973)，生活環境審議会編：一酸化炭素(CO)による大気汚染の測定と人への影響，大気汚染研究，Vol.7, No.4, p.6 (1972)による)

6・4 換気方式

換気方式は，自然換気と機械換気とに分類される．
また全般換気と局所換気は，その室内に発生する汚染空気の捕集方法によって分類される．

- 自然換気：自然の風による風圧力を利用した風力換気と，室内外の温度差によって生じる空気の圧力差を利用した重力換気方式がある．
- 風力換気：風力によって生じる風上側と風下側の圧力差によって行う換気方法．

$$Q = \alpha \cdot A \cdot v \cdot \sqrt{C_1 - C_2}$$

Q＝換気量〔m³/h〕，α＝流量係数
C_1＝風上側の風圧係数
C_2＝風下側の風圧係数，v＝風速〔m/s〕
A＝合成開口部面積〔m²〕

換気量は，開口部面積と風速に比例し，各風力係数の差の平方根に比例する．

- 重力換気：室内外の温度差によって生じる圧力差を利用した換気方法．

$$Q = \alpha A \cdot \sqrt{\frac{2gh(t_i - t_o)}{273 + t_i}}$$

Q＝換気量〔m³/h〕，α＝流量係数
t_o＝外気温〔℃〕，t_i＝室温〔℃〕
A＝合成開口部面積〔m²〕
g＝重力加速度〔9.8m/s²〕
h＝流入口と流出口との高低差〔m〕

流入口（給気口）と流出口（排気口）の高さの差〔h〕と内外温度差の積の平方根に比例し，開口部面積に比例する．

- 機械換気：室内の給気と排気を送風機を使って換気を行う．強制換気ともいう．
- 全般換気：室内の空気が全体に汚染しているとき，室内全体の空気を換気することをいう．
- 局所換気：室内において汚染物質が室内全体に拡散する前に，発生したその場で排出し換気することをいう．

6・5 換気の法的規制

建築基準法，労働安全衛生規則により法的規制がなされている．

- 自然換気

建築基準法施行令…（1）給気口は，居室の天井高の1/2以下の高さに設ける．
　　　　　　　　　（2）排気口は，居室の天井または天井より下方80cm以内に設け，排気筒（換気筒）に直結する．

- 機械換気

建築基準法において換気設備の設置が義務づけられているのは，次の場合である．
　（1）居室の換気に有効な開口部の面積が，その居室の床面積の1/20未満の居室．
　（2）公共の施設で，一度に多数の人が集まる建築物の居室．
　（3）建築物の調理室など，火気を使用する室．

労働安全衛生規則では下記のような規定がある．
　作業場の気積は，1人当り10m³以上とする．

表6・4 居室の必要換気量参考値

番号	室　名	標準在室密度 [m²/人]	必要換気量 [m³/(m²h)]	番号	室　名	標準在室密度 [m²/人]	必要換気量 [m³/(m²h)]
1	事務所（個室）	5.0	6.0	12	劇場・映画館（普通）	0.6	50.0
2	事務所（一般）	4.2	7.2	13	劇場・映画館（高級）	0.8	37.5
3	銀行営業室	5.0	6.0	14	休憩室	2.0	15.0
4	商店売場	3.3	9.1	15	娯楽室	3.3	9.0
5	デパート（一般売場）	1.5	20.0	16	小会議室	1.0	30.0
6	デパート（食品売場）	1.0	30.0	17	バー	1.7	17.7
7	デパート（特売場）	0.5	60.0	18	美容室・理髪室	5.0	6.0
8	レストラン・喫茶（普通）	1.0	30.0	19	住宅・アパート	3.3	9.0
9	レストラン・喫茶（高級）	1.7	17.7	20	食堂（営業用）	1.0	30.0
10	宴会場	0.8	37.5	21	食堂（非営業用）	2.0	15.0
11	ホテル客室	10.0	3.0				

（(社)日本建築学会編「建築学便覧 I．計画」丸善，元出典は空気調和・衛生工学会換気規格（HASS102）による）

表6・5 付室の必要換気量暫定値

番号	室　名	換気回数排気基準 (回/h)
1	機械室	4～6
2	オイルタンク室	4～6
3	高圧ガス・冷凍機・ボンベ室	4～6
4	水槽室	3～4
5	変電室	8～15
6	分電盤室	3～4
7	バッテリー室	10～15
8	エレベーター機械室	8～15
9	便所（使用頻度大）	10～15
10	便所（使用頻度小）	5～10
11	浴室（窓なし）	3～5
12	湯沸室	6～10
13	厨房（営業用大）	40～60
14	厨房（営業用小）	30～40
15	配膳室	6～8
16	ランドリー	20～40
17	乾燥室	4～15
18	屋内駐車場	10以上
19	書庫・金庫	4～6
20	倉庫（地階）	4～6
21	暗室	10～15
22	映写室	8～15
23	投光室	15～20
24	奈落	4～6

（(社)日本建築学会編「建築学便覧 I．計画」丸善，元出典は空気調和・衛生工学会換気規格（HASS102）による）

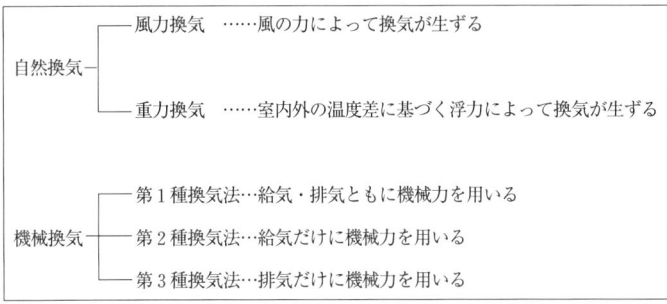

図6・2　換気の分類

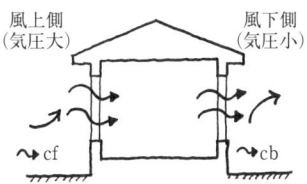

図6・3　風力換気

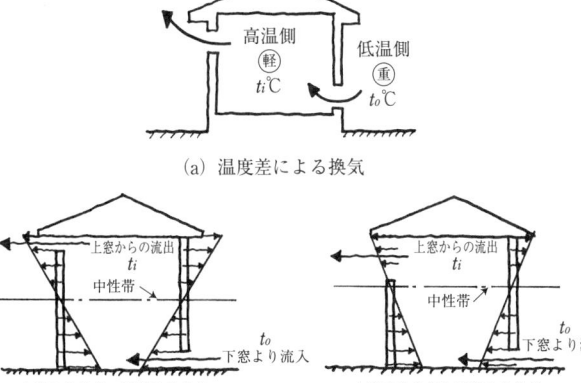

図6・4　重力換気

6・6 通風

夏に高温多湿のわが国では，昔から住まいにおいて夏場をいかに過ごしやすくするかということをテーマに，様々な工夫がなされてきた．通風は，その中でも最も重要なテーマである．室内での通風は，0.2m/s以上の室内風速でなければ，人はその気流を感知しない．また風速1m/sを室内風速の上限としているが，これは机上の書類が風で動かない程度とされている．

【問題1】 換気に関する次の記述のうち，最も不適当なものはどれか．
1．室内外の温度差による換気量は，給気口と排気口の床面からの高さの差が大きいほど増加する．
2．居室の必要換気量は，一般に，成人1人当り5m³/h程度とされている．
3．居室の必要換気量は，一般に，室内の二酸化炭素（CO_2）濃度を基準として算出する．
4．開口のある室内においては，外部の風速が変化すると，換気量も変化する．
5．第2種換気設備は，室内への汚染空気の流入を防ぐのに適している．

【問題2】 換気・通風に関する次の記述のうち，最も不適当なものはどれか．
1．居室の必要換気量は，一般に1人当り30m³/h程度として算出する．
2．自然換気は，風によるほか，室内外の温度差によっても行われる．
3．機械換気とは，給気機と排気機の双方，又はいずれかを用いる換気である．
4．換気回数とは，1時間に行われる換気量を室容積で除した値である．
5．自然換気による通風の効果を上げるためには，冬季の最多風向に合わせた方位に給気口を設ける．

【問題3】 イ～ホの条件の室における必要換気回数の値に最も近いものは，次のうちどれか．
条件）イ．室容積：95m³
　　　ロ．在室者数　　　　　　　　　　　：5人
　　　ハ．在室者1人当りのCO_2の発生量：0.022m³/h
　　　ニ．CO_2の許容濃度　　　　　　　：0.1%
　　　ホ．外気のCO_2濃度　　　　　　　：0.04%

1．1.0回/h　　3．2.0回/h　　5．3.0回/h
2．1.5回/h　　4．2.5回/h

【問題4】 換気に関する次の記述のうち，最も不適当なものはどれか．
1．室容積150m³の部屋の換気量が75m³/hのとき，この部屋の換気回数は2回/hである．
2．居室の必要換気量は，一般に1人当り30m³/h程度として算出する．
3．全般換気とは，室全体の換気をいう．
4．自然換気による通風は，屋外の風圧力に影響される．
5．機械換気の場合，方式によっては室内の圧力を正圧・負圧に変えることができる．

【問題5】 室内の空気汚染に関する次の記述のうち，最も不適当なものはどれか．
1．内装材からホルムアルデヒドが発生すると，室内空気汚染の原因となる．
2．乾燥大気中の二酸化炭素（CO_2）の体積比は，およそ0.03%（300ppm）である．
3．人体を発生源とする空気汚染の原因の一つに，体臭がある．
4．不完全燃焼で発生する一酸化炭素（CO）は，無色無臭の有毒ガスである．
5．一酸化炭素（CO）濃度の許容量は，0.05%（500ppm）である．

【問題6】 室内空気汚染に最も関係の少ないものは，次のうちどれか．
1．体臭
2．ホルムアルデヒド
3．粉塵
4．オゾン
5．ヘリウム（He）

表6・6 建築物の衛生的環境の確保に関する基準
(通称ビル管理法より抜粋)

浮遊粉塵の量	空気1m³につき0.15mg以下
一酸化炭素の含有率	10ppm以下
炭酸ガスの含有率	1000ppm以下
温度	一 17度以上28度以下 二 居室における温度を外気の温度より低くする場合は,その差を著しくしないこと
相対湿度	40%以上70%以下
気流	0.5m毎秒以下

1) 建築基準法においても同様に定められている.
2) 事務所衛生基準規制においては,中央管理式空調設備を有する場合は吹出し口のところで表の値,それ以外の場合には一酸化炭素は50ppm以下,二酸化炭素は5000ppm以下,10℃以下の場合は暖房することなどが定められている.

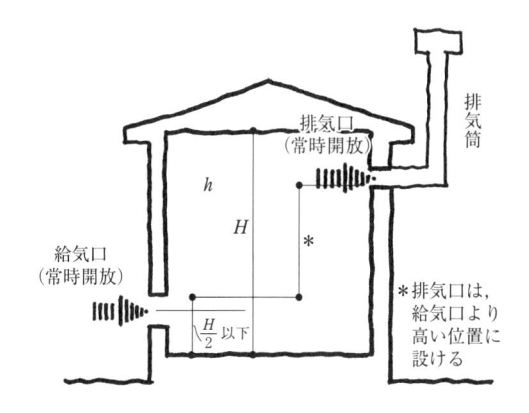

図6・5 一般居室の自然換気設備

機械換気

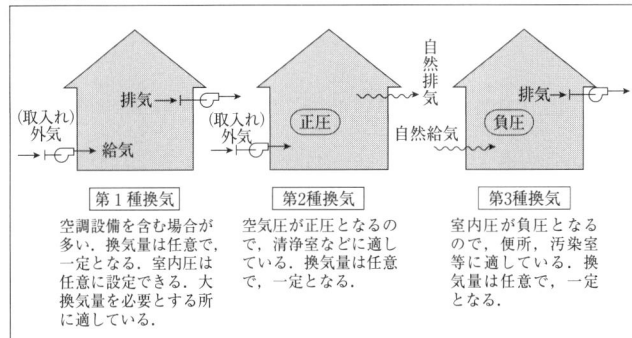

第1種換気
空調設備を含む場合が多い.換気量は任意で,一定となる.室内圧は任意に設定できる.大換気量を必要とする所に適している.

第2種換気
空気圧が正圧となるので,清浄室などに適している.換気量は任意で,一定となる.

第3種換気
室内圧が負圧となるので,便所,汚染室等に適している.換気量は任意で,一定となる.

自然換気

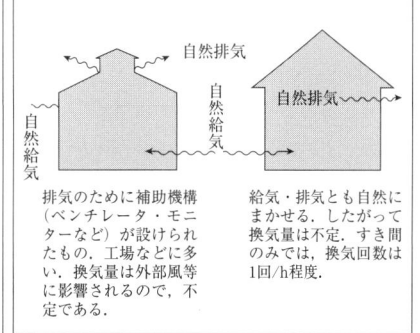

排気のために補助機構(ベンチレータ・モニターなど)が設けられたもの.工場などに多い.換気量は外部風等に影響されるので,不定である.

給気・排気とも自然にまかせる.したがって換気量は不定.すき間のみでは,換気回数は1回/h程度.

図6・6 換気方式の分類

表6・7 月別最多風向と平均風速

地　点	1月 最多風向	1月 平均風速[m/s]	4月 最多風向	4月 平均風速[m/s]	7月 最多風向	7月 平均風速[m/s]	10月 最多風向	10月 平均風速[m/s]
札　幌	NW	1.9	SE	2.9	SE	2.5	SE	2.1
秋　田	NW	5.6	ESE	4.1	ESE	3.0	ESE	3.8
仙　台	NNW	3.7	NNW	3.7	SSE	2.7	NNW	3.4
新　潟	NW	4.6	SSW	3.4	NNE	2.8	S	3.2
東　京	NNW	3.4	N	3.7	S	3.0	N	3.2
名古屋	NW	2.9	NNW	3.2	SSE	2.5	N	2.5
金　沢	SSW	2.4	E	2.2	E	1.7	E	1.8
京　都	W	1.4	N	1.8	NE	1.7	N	1.4
大　阪	W	3.6	NE	3.5	WSW	3.2	NE	3.1
広　島	NNE	2.7	NNE	2.6	S	1.9	N	3.0
高　知	W	1.8	W	2.0	W	1.6	W	1.7
福　岡	W	3.3	N	3.1	SE	2.7	N	2.7
熊　本	NW	1.8	N	2.1	SW	2.2	N	1.8
鹿児島	NW	2.5	NW	2.8	WNW	2.6	NW	2.6
那　覇	N	4.4	E	4.4	SSW	4.4	NE	4.7

注　最多風向は,平成4年版「理科年表」より作成.平均風速は,平成4年版「日本気候表」より作成

7 日 照

　太陽からの放射エネルギーは，地球上に様々な現象や効果をもたらす．日照による光効果，保健衛生としての化学効果，日射による温熱効果などがあり，現象として雨や風などをもたらす．太陽からの電磁波の一部が，主に三つの異なった波長に分けられ，放射エネルギーとして地球に届く．

　a．紫外線は，約20〜400nm※の範囲のもので，健康線とよばれ，殺菌効果があり，ビタミンDなどをつくるのに効果がある．

　b．可視光線は，約400〜780nmの範囲のもので，人間の目に見える光として，昼間の明るさや色彩の感知にかかわっている．

　c．赤外線は，約780〜4000nmの範囲のもので，熱線とよばれている．

　直射光の照度は数万lxから10万lxにも達する．

　※nm…ナノメーターと読む．1nm＝10^{-9}m．

　スペクトルとは，電磁波（光）等で，波長毎に分解し，周波数順に並べるときの配列（分布）を示したものをいう．虹色7色（紫・藍・青・緑・黄・橙・赤）も光のスペクトルを表しているといえる．

7・1　太陽の位置と時刻

　地球は太陽のまわりを公転しながら，自らも自転している．太陽の位置は，地球の公転，自転によって変るが，その位置は太陽高度と方位角によって表す．

- 太 陽 高 度：太陽と地表面のなす角度．日の出，日没は0度，南中時が最大となる．
- 太陽方位角：太陽の方位と真南とのなす角度．南中時は0度となる．
- 南 　中 　時：太陽が真南に来た時刻．
- 真 太 陽 時：太陽が南中したときを正午として，次に再び南中するまでを1日と定めて，その1/24を1時間として時刻を表す方式．
- 平均太陽時：地球の公転軌道は楕円で，地球の自転軸は公転軌道と直角ではなく，真太陽時の1日の長さは1年を通して一定とはならない．そこで1年間の平均を1日として，その1日の長さの1/24を1時間としたもの．日本標準時は，東経135°の兵庫県明石市における平均太陽時を基準としている．
- 太陽位置図：天球上の太陽の軌道，高度，方位，時刻を平面に図示したもの．
- 均 　時 　差：各地域における真太陽時と平均太陽時の差をいう．

7・2　可照・日照

　建築物や敷地に太陽の光を確保することは大変重要なことである．十分な日照を確保するには，その地域の日照率を調べなければならない．

- 可照時間：ある土地の日の出から日没までの時間．
- 日照時間：ある土地に実際に日が照った時間．
- 日 　照 　率：日照時間の可照時間に対する比．

$$日照率 = \frac{日照時間}{可照時間} \times 100 (\%)$$

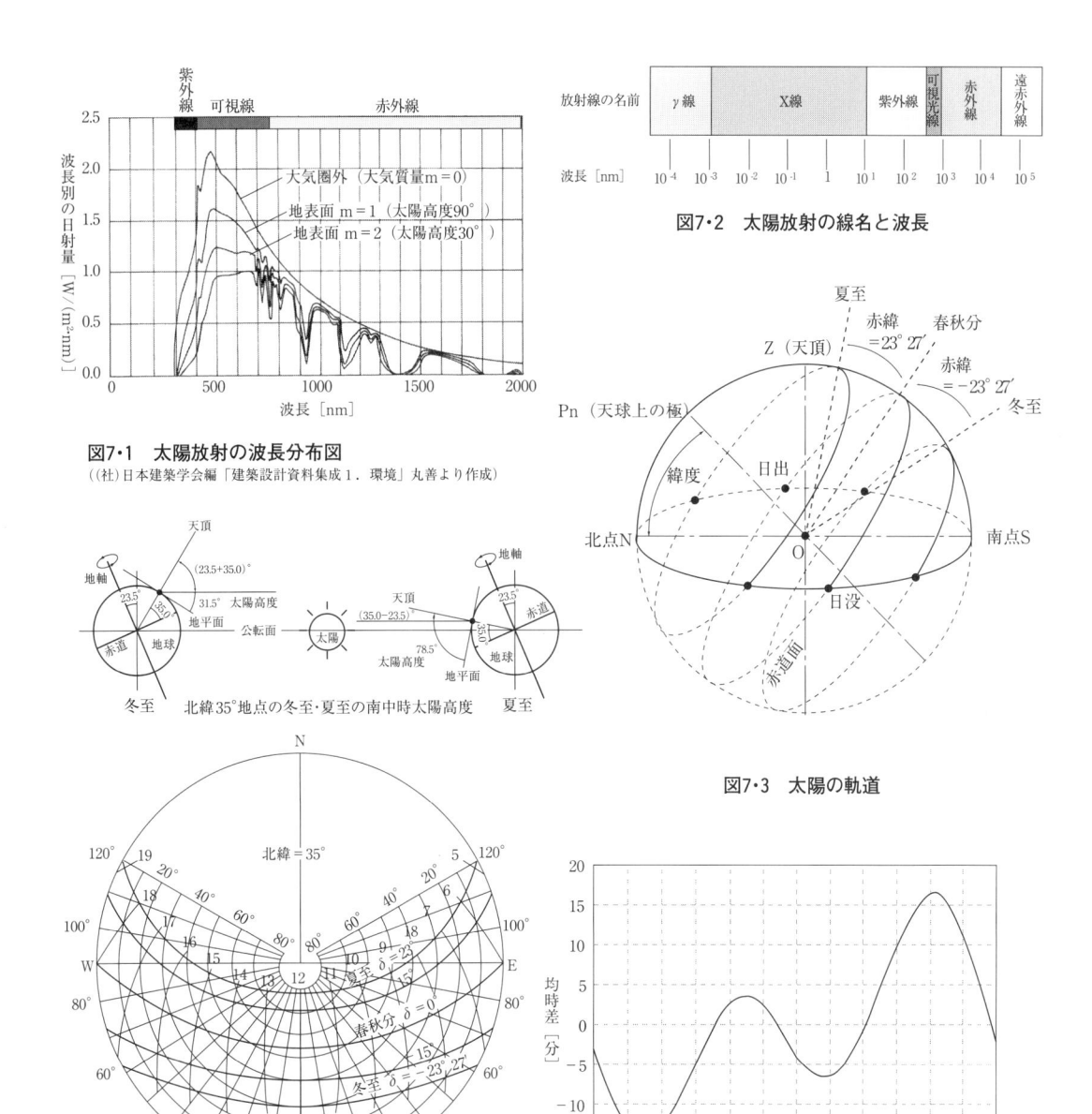

図7・1 太陽放射の波長分布図
((社)日本建築学会編「建築設計資料集成1．環境」丸善より作成)

図7・2 太陽放射の線名と波長

北緯35°地点の冬至・夏至の南中時太陽高度

図7・3 太陽の軌道

図7・4 太陽位置図（等距離射影）

図7・5 均時差の年変化

表7・1 都市の緯度，経度，時差

都市名	緯度	経度	$4(L-135°)$
札 幌	43°03′	141°20′	25.3
仙 台	38°16′	140°54′	23.6
前 橋	36°24′	139°04′	16.3
東 京	35°41′	139°46′	19.1
長 野	36°40′	138°12′	12.8
名古屋	35°10′	136°58′	7.9
大 阪	34°41′	135°31′	2.1
明 石	34°39′	135°00′	0.0
高 知	33°34′	133°33′	5.8
広 島	34°24′	132°28′	10.1
福 岡	33°35′	130°23′	18.5
那 覇	26°12′	127°41′	29.3

表7・2 壁の方位別日照時間

壁の方位	夏至	春分・秋分	冬至
北 面	7時間24分	0時間00分	0時間00分
北西・北東面	6時間22分	4時間00分	1時間34分
西・東面	7時間12分	6時間00分	4時間47分
南東・南西面	8時間02分	8時間00分	8時間06分
南 面	7時間00分	12時間00分	9時間34分

8 日 影

8·1 日影曲線

水平面上の基準点に垂直に立てた棒の影の先端は，太陽の1日の動きに従って曲線の軌跡を描く．これを日影曲線という．

季節ごとの日影曲線は異なる．また，地方ごとの緯度の違いによって曲線はずれが生じる．日影曲線によってある地方の，ある季節の，ある時刻の日影の方向と長さを知ることができる．

8·2 建物の形状と配置

日影は，建物の形状によってさまざまにその及ぶ範囲が変化する．

終日日影や永久日影は，建築計画上はできるだけ避けたいが，建物の形状によってはやむを得ない場合も出てくる．

複数の高層建築が並ぶ場合の日影は，さらに複雑な形となって北側に影響を与える．

- 日　影　図：建物の平面の各点を，日影図の基準点に合わせ，その各点の最高高さの影が描く方向と長さを結んでできた形状が，ある時刻におけるその建物の北側方向に作る日影となる．
- 終日日影：日の出から日没まで一日中，日影になる場所．
- 永久日影：夏至にも終日日影ができる場所．
　　　　　　最も日照に有利な夏至でも終日日影ができるような建築計画は避けるべきである．
- 隣棟間隔：南側の建物が北側の建物に対して長時間の日影とならないように，適当な間隔をとる必要がある．北側の建物が一定時間以上の日照を確保するための，相互の建物の壁面間隔を隣棟間隔という．

$$d = \varepsilon H$$

H：日影を生じさせる建物の最高高さ（m）
ε：隣棟間隔係数
d：隣棟間隔

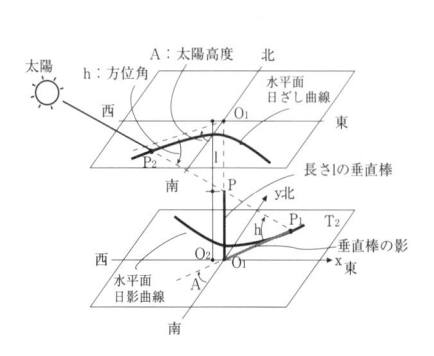

図8·1　日影曲線と日ざし曲線

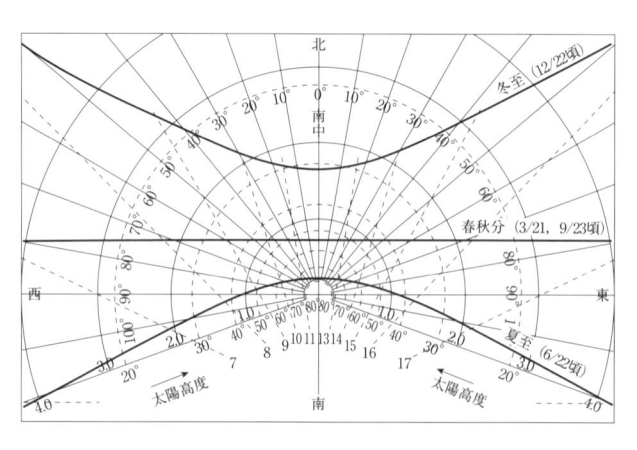

図8·2　日影曲線（東京，北緯35°40′）

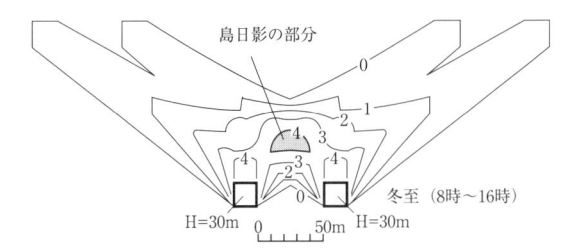

図8・3　2棟の建物による日影（2棟の高層棟が並んだ場合，建物の北側とは別の離れた場所に長時間，日影が生じることがある．これは午前と午後に，それぞれの高層棟が一定時間，影を落すためである．これを島日影とよぶ．）（(社)日本建築学会編「設計計画パンフレット24　日照の測定と検討」彰国社による）

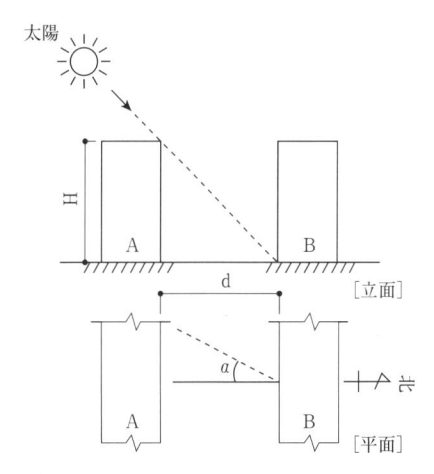

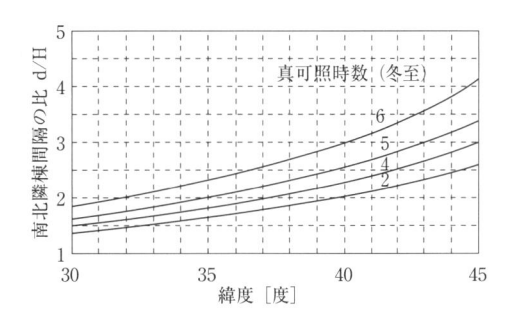

図8・4　南北の隣棟間隔と日照の関係（同じ日照時間を得るためには，緯度が高くなると隣棟間隔を広くとる必要がある．）（(社)日本建築学会編「建築環境工学用教材環境編」，元典は渡辺要「建築計画原論Ⅰ」丸善による）

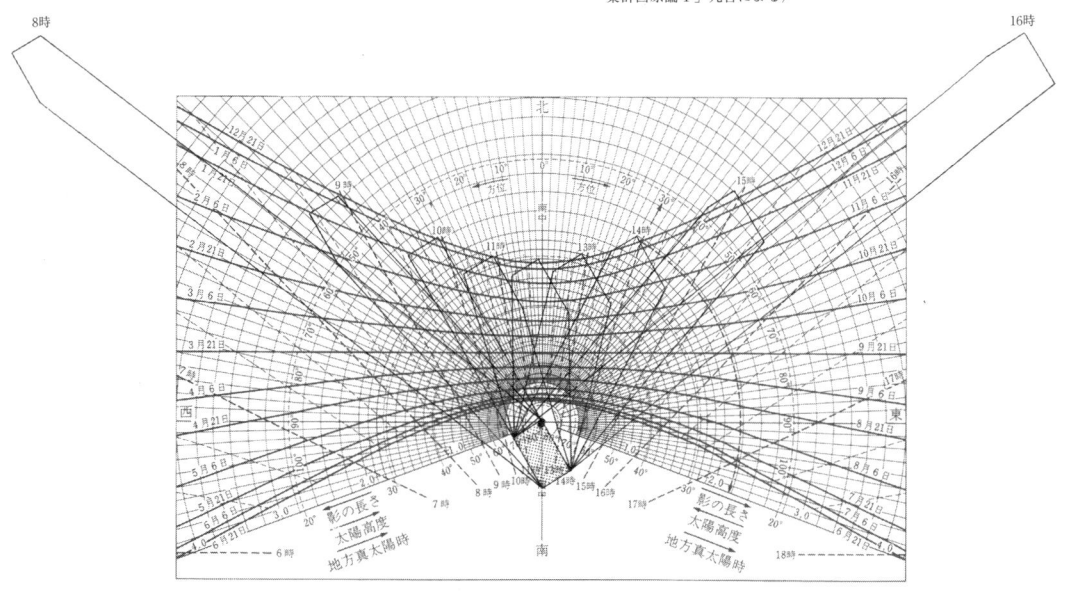

図8・5　東京における12月21日の日影図

8・3　建物開口部（窓）からの日照

室内に差し込む窓からの日照の範囲を確認するには，日影曲線を用いて検討することができる．基準点に立てる棒の代わりに窓の内法高と腰高をとればよい．

8・4　日影規制

1976年，建築基準法第56条の2に日影規制が成立した．

それ以前より，都市部における建物の高層化は，周辺の低層住宅に対して，著しい日照障害をもたらしていた．日照権に対する地域住民の声は，建築物への具体的な法規制として成立した．

- ●真北：北を求める方法には，方位磁石で求める磁北と，太陽の南中によって求める真北とがあり，磁北と真北には5～10°の差がある．

　　日影規制の検討には，真北を使わなければならない．

【問題1】　日照・日影・採光に関する次の記述のうち，最も不適当なものはどれか．
1. 南面平行配置の住棟の場合，同じ日照時間の確保をするためには，緯度が高い地域ほど隣棟間隔係数を小さくすることができる．
2. 曇天時における日射は，ほとんどが天空日射である．
3. 建築物の日影の検討は，冬至を基準にして行う．
4. 日影時間は，建築物の形状が同一の場合でも，緯度によって変わる．
5. 室内におけるある点の昼光率は，その点の昼光による照度と，そのときの室外の明るさ（全天空照度）との比である．

【問題2】　日照・日射に関する次の記述のうち，最も不適当なものはどれか．
1. 北向きの鉛直壁面には，約6ヶ月間，日照がない．
2. 冬の日照時間の多少が，ソーラーハウスの成立に影響する．
3. 天空日射量は，大気透過率が高くなるほど増大する．
4. 日影時間は，建築物の形状が同一でも，建物の方位によって異なる．
5. 日影時間は，建築物の形状が同一でも，緯度によって異なる．

【問題3】　日照・日影に関する次の記述のうち，最も不適当なものはどれか．
1. 北向きの鉛直壁面には，約6ヶ月，日が当たらない．
2. 日影時間は，建築物の形状が同一の場合，緯度に関係しない．
3. 日影となる部分の面積は建物の高さが一定でも建物の形状によって異なる．
4. 日影となる部分の面積は建物の形状が同一でも建物の方位によって異なる．
5. 建物の日照の検討は，冬至を基準として行う．

表8・1　日影による中高層建築物の高さの制限

	(い) 地域又は区域	(ろ) 制限を受ける建築物	(は) 平均地盤面からの高さ	(に)	敷地境界線からの水平距離が10m以内の範囲における日影時間	敷地境界線からの水平距離が10mを超える範囲における日影時間
一	第1種低層住居専用地域又は第2種低層住居専用地域	軒の高さが7mを超える建築物又は地階を除く階数が3以上の建築物	1.5m	(1)	3時間（道の区域内にあっては，2時間）	2時間（道の区域内にあっては，1.5時間）
				(2)	4時間（道の区域内にあっては，3時間）	2.5時間（道の区域内にあっては2時間）
				(3)	5時間（道の区域内にあっては，4時間）	3時間（道の区域内にあっては，2.5時間）
二	第1種中高層住居専用地域又は第2種中高層住居専用地域	高さが10mを超える建築物	4m又は6.5m	(1)	3時間（道の区域内にあっては，2時間）	2時間（道の区域内にあっては，1.5時間）
				(2)	4時間（道の区域内にあっては，3時間）	2.5時間（道の区域内にあっては，2時間）
				(3)	5時間（道の区域内にあっては，4時間）	3時間（道の区域内にあっては，2.5時間）
三	第1種住居地域，第2種住居地域，準住居地域，近隣商業地域又は準工業地域	高さが10mを超える建築物	4m又は6.5m	(1)	4時間（道の区域内にあっては，3時間）	2.5時間（道の区域内にあっては，2時間）
				(2)	5時間（道の区域内にあっては，4時間）	3時間（道の区域内にあっては，2.5時間）
四	用途地域の指定のない区域（地方公共団体がその地方の気候及び風土，当該区域の土地利用の状況を勘案して条例で指定する区域）	軒の高さが7mを超える建築物又は地階を除く階数が3以上の建築物	1.5m	(1)	3時間（道の区域内にあっては，2時間）	2時間（道の区域内にあっては，1.5時間）
				(2)	4時間（道の区域内にあっては，3時間）	2.5時間（道の区域内にあっては，2時間）
				(3)	5時間（道の区域内にあっては，4時間）	3時間（道の区域内にあっては，2.5時間）
		高さが10mを超える建築物	4m	(1)	3時間（道の区域内にあっては，2時間）	2時間（道の区域内にあっては，1.5時間）
				(2)	4時間（道の区域内にあっては，3時間）	2.5時間（道の区域内にあっては，2時間）
				(3)	5時間（道の区域内にあっては，4時間）	3時間（道の区域内にあっては，2.5時間）

表において，平均地盤面からの高さとは，当該建築物が周囲の地面と接する位置の平均の高さにおける水平面からの高さをいうものとする．
注1　（　）内の時間は北海道の区域にかかるもの．
注2　屋上突出部（階段室等で屋上部分の水平投影面積が建築面積の1/8以下の場合に限る）については，その部分の高さが5mまでは高さに算入しない．
注3　高層住居誘導地区内の建築物（住宅の用途に供する部分の床面積の合計が延べ面積の2/3以上のもの．）については，地区内は適用除外（法57条の2,4項）．
注4　表中（二）（三）の項においては，当該各項に掲げる平均地盤面の高さのうちから地方公共団体が条例で指定する．
注5　都市再生特別地区内は，適用除外．

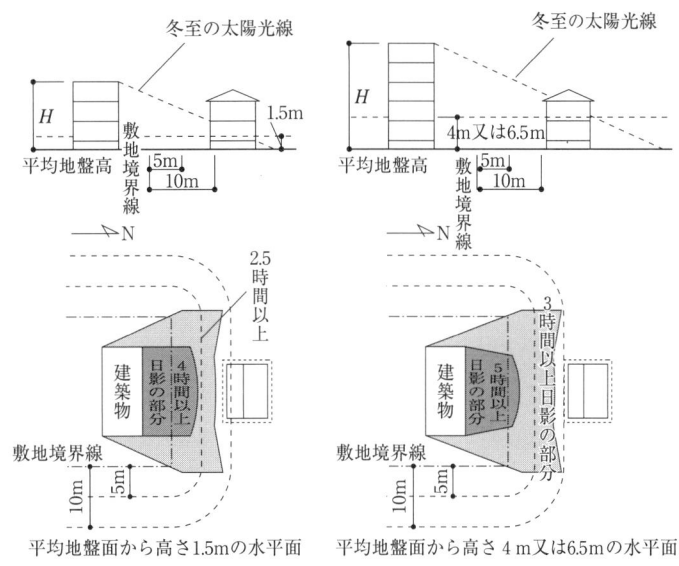

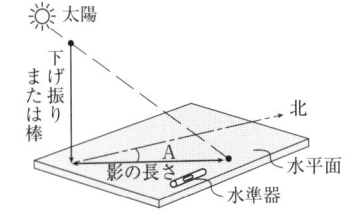

図8・6　真北の求め方

図8・7　日影時間の測定範囲

(a) 第1種・第2種低層住居専用地域〔規制時間の種類(2)の場合〕

(b) 第1種・第2種中高層住居専用地域〔規制時間の種類(3)の場合〕

9 日 射

　日射は，太陽から放射されるエネルギーを熱エネルギーとして表わすときにいう．太陽の光は，地表に到達するまでに，大気圏内にあっては水蒸気や微粒子によって大気中に乱反射され，吸収されそのエネルギーは弱められて到達する．

9・1 太陽定数

　大気圏外において，太陽光線に対して垂直な面での受熱量は，地球と太陽との距離の変化によって変化し，その年平均値を太陽定数という．平均1360W/m²（1164kcal/m²·h）である．
　直達日射量の基礎となるもの．

- 日 射 量：1時間当りにある面積が受ける太陽の熱量　W/m²（kcal/m²·h）．
- 直達日射量：太陽放射が大気中を通り抜けて直接地表に到達する日射量．
- 天空日射量：太陽放射が大気中の水蒸気やチリなどによって乱反射してから地表に到達する日射量．
（天空放射量）

　　　　　天空日射量は，快晴時に比べて，雲やチリが多いときの方が大きくなる．
　　　　　大気透過率の小さい都会では，一般的には大きな値となる．
- 全天日射量：直達日射量と天空日射量を合計した熱量．
- 大気透過率：大気の澄みぐあいを表わす指標．

　　　　　その数値が大きくなれば直達日射は強くなり，天空日射は弱くなる．

9・2 方位別壁面の直達日射量

　建築物の方位別壁面の直達日射量は，太陽高度，太陽の方位角，受熱面の方位角などにより大きく異なる．夏至と冬至の各面の受熱量の小さい順に並べると

　|夏至|　北面→南面→北東・北西面→南東・南西面→東西面→水平面
　|冬至|　東・西面→水平面→南東・南西面→南面

　南壁面の受熱量は，年間でみると冬に最も大きく，夏は北面に次いで小さな値となる．

9・3 日射熱

　建築物が受ける日射は，壁面及び屋根面では一部が壁体に吸収された後,内外に再放射される．したがって壁体・屋根面の材質の熱容量の大小及び熱貫流率の大小によって，室温が大きく変わる．

　一方，窓面（ガラス面）に入射する日射は，一部が反射，一部がガラスに吸収されるが，残りが透過する．この透過して室内に取り込まれた日射熱をダイレクトゲインという．この透過するエネルギーの影響がかなり大きいので，ガラスの種類を選ぶことにより，遮蔽率を上げたり，庇等を用いて日射の流入を調節することが必要となる．

　また透過したエネルギーを床等に蓄熱し，パッシブソーラー等に利用もできる．

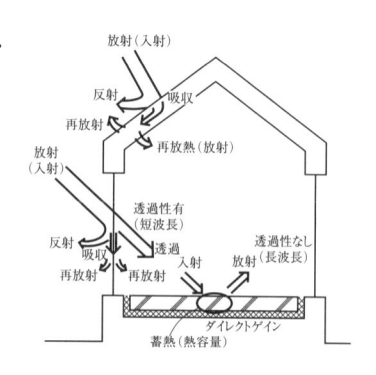

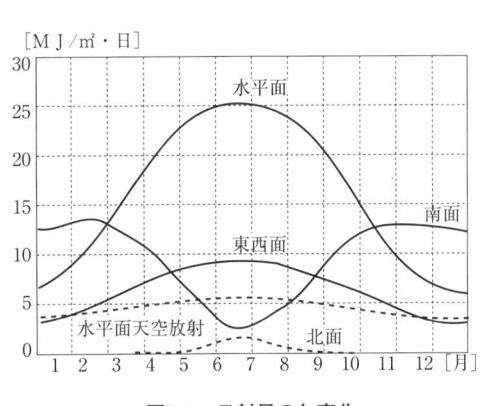

図9・1　日射量の年変化

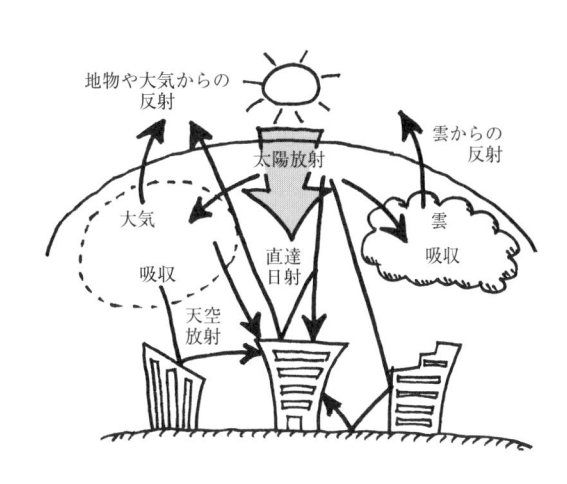

図9・2　建築物が受ける日射

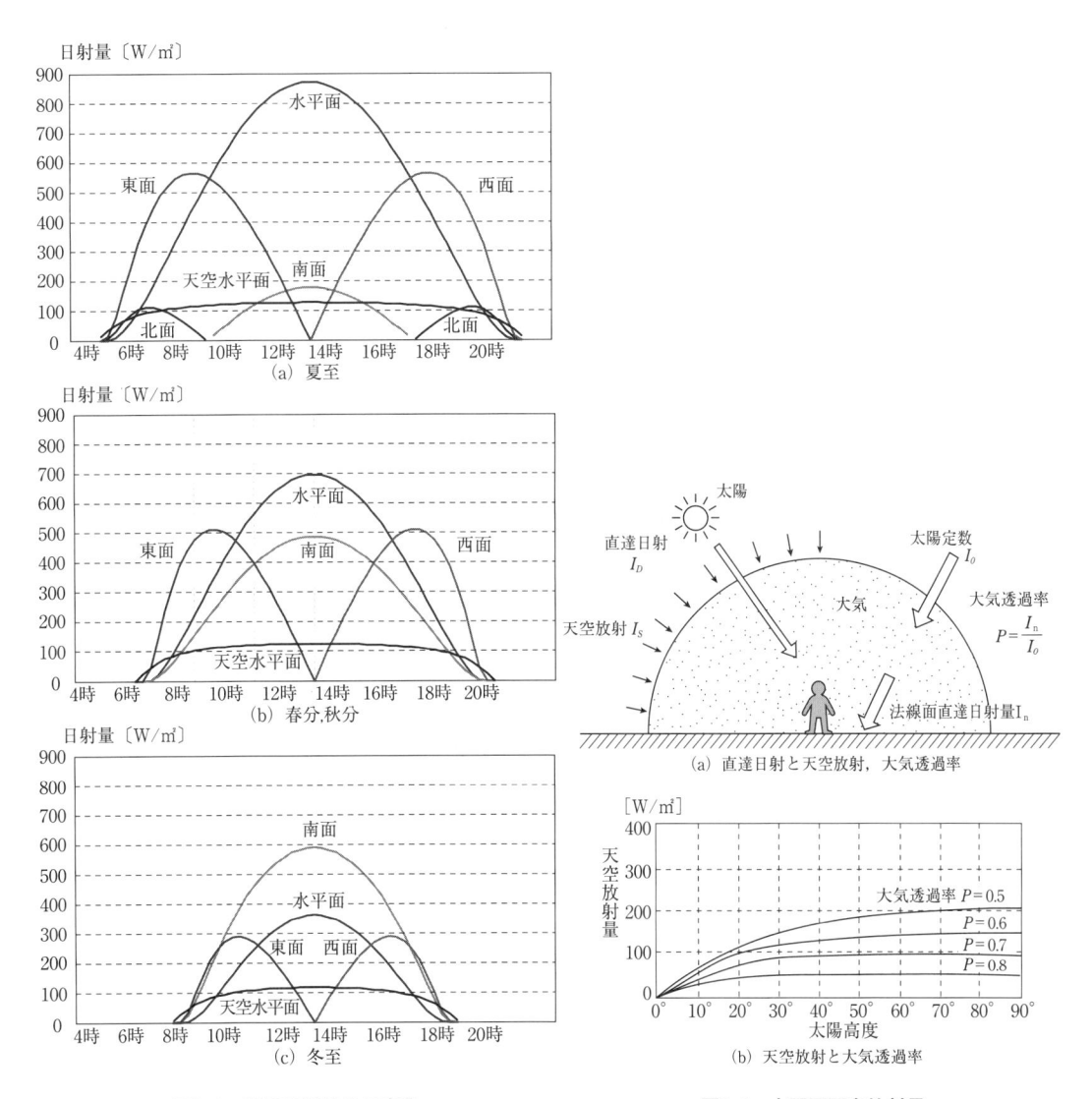

図9・3　直達日射量の日変化
(a) 夏至
(b) 春分,秋分
(c) 冬至

図9・4　水平面天空放射量
(a) 直達日射と天空放射，大気透過率
(b) 天空放射と大気透過率

大気透過率 $P = \dfrac{I_n}{I_0}$

9・4 日照調節

日射は，建築物にとって冬季と夏季ではその効果は大きく異なる．

冬季においては，熱容量の大きな壁体材料では室温を高め，日没後も室温低下をおさえるが，逆に夏季では冷房負荷を増大させる．そのため，建築物の壁体あるいはガラス窓のような開口部における日照調節は，パッシブ・ソーラーの観点からも大変に重要である．

庇(ひさし)，バルコニー，ルーバー，ブラインド，すだれ，カーテンなどは，日照調節としては効果的であり，特に水平ルーバーは窓庇と同じように南面に効果がある．また垂直ルーバーは西日に対して効果的である．このほか，外壁面を白くして，壁表面の日射の反射を高めたり，建物の周囲に落葉樹を植えることで，夏は木陰によって日射を遮り，冬季には落葉して建物に日射を受けやすくさせるなど，日照調節には様々な方法がある．

【問題1】 日照・日射に関する次の記述のうち，最も不適当なものはどれか．
1．天空日射量とは，各種の日射を受けた地表の地物が天空に対して反射する日射量である．
2．直達日射量とは，大気層を透過して直接地上に達する日射量をいう．
3．日影の長さは，同一日時でも，土地の緯度によって異なる．
4．天空日射量は，都市部などの塵埃(じんあい)の多い場所ほど増大する．
5．北向きの鉛直壁面では，約6ヶ月間，日照がない．

【問題2】 日射に関する次の記述のうち，最も不適当なものはどれか．
1．大気層の清澄の程度を表す大気透過率は，その値が大きいほど大気は清澄である．
2．直達日射量とは，大気層を透過して直接地上に達する日射量である．
3．夏の日射の遮へいには，熱線吸収ガラスよりも，窓の外部に設けるブラインドのほうが効果がある．
4．北向きの鉛直壁面には，約6ヶ月間，日が当たらない．
5．南向き鉛直壁面の日射受熱量は，冬よりも夏に多くなる．

【問題3】 (イ)～(ホ)の各壁面の日照時間が，長いものから短いものに並べた順序で，正しいものは次のうちどれか．
　(イ) 冬至の南面壁
　(ロ) 春秋分の南面壁
　(ハ) 夏至の南面壁
　(ニ) 冬至の北面壁
　(ホ) 夏至の北面壁

1．(イ) － (ハ) － (ロ) － (ホ) － (ニ)
2．(イ) － (ロ) － (ハ) － (ニ) － (ホ)
3．(ロ) － (ハ) － (イ) － (ホ) － (ニ)
4．(ロ) － (イ) － (ホ) － (ハ) － (ニ)
5．(ハ) － (ロ) － (イ) － (ニ) － (ホ)

【問題4】 図は，東京における夏至（晴天日）の建物の東壁面，南壁面，西壁面，北壁面及び水平面が受ける日射量の時刻変動を示したグラフである．図中のイ～ヘに該当する各面の組み合わせとして，最も適当なものは次のうちどれか．

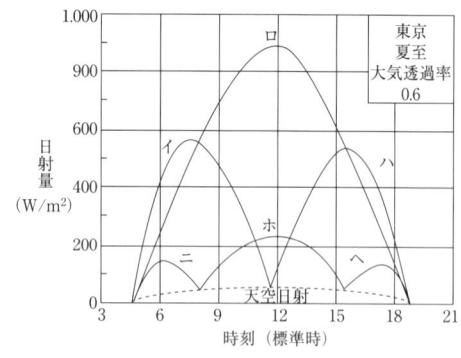

	イ	ロ	ハ	ニ	ホ	ヘ
1．	北壁面	南壁面	北壁面	東壁面	水平面	西壁面
2．	北壁面	水平面	北壁面	東壁面	南壁面	西壁面
3．	東壁面	水平面	西壁面	北壁面	南壁面	北壁面
4．	東壁面	南壁面	西壁面	北壁面	水平面	北壁面
5．	西壁面	南壁面	東壁面	北壁面	水平面	北壁面

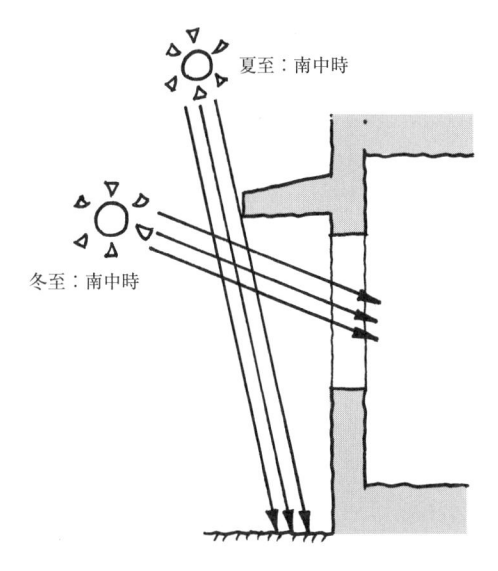

図9・5 ひさしの効果

(a) 水平ルーバー

(b) 垂直(たて)ルーバー

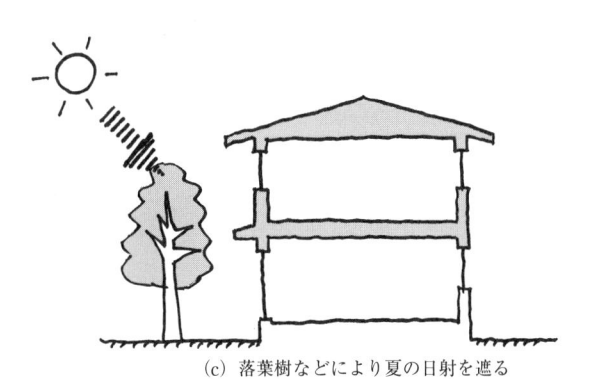

(c) 落葉樹などにより夏の日射を遮る

図9・6 日照調整

10　採　光

健康で快適な生活を営むためには，その行動目的に応じて適切な明るさが必要である．採光は太陽の光を室内に取り入れて必要な照度を確保することであり，照明は人工の光によって環境を創造する技術のことである．

10・1　光の単位

光の明るさを表わすために，放射エネルギーを人の目の見え方に合わせて，明るさや強さに単位を付けた．

- 光束：単位面積に入射する光のエネルギー量を，人の視感※に基づいて単位時間当りに測定した量．単位はlm〔ルーメン〕．
    - ※視感＝光の波長が400〜780nmの範囲の光が人間の目に感じる．視感とは，その波長によって違う明るさの感じ方．
- 光度：点光源から放射された，単位立体角当りの光の強さを示す量．単位はcd〔カンデラ〕．
- 照度：単位面積当りに入射する光束の量．受照面の明るさを表す．単位はlx（ルクス）．
- 輝度：光源が点光源ではなく，面をもった発光体や反射体である時，光源からある方向への光の強さ（光度）を，その方向への光源の見かけの単位面積当りでみた量．単位は$cd/m^2 = nt$〔ニト〕．

10・2　視　覚

人の目で見ることのできる可視光線の範囲であれば，人の目はかなりの異った状況下にあっても順応することができる．

- 明順応：目は暗いところで慣れた状態で，急に明るい所に出ると，明るさに慣れるまでしばらく時間がかかる．明るさに徐々に慣れること．
- 暗順応：明順応の逆で，明るいところから暗いところに入ったとき，徐々に暗さに慣れてくること．
- 視感度：光の波長で400〜780nmの範囲が，人の目に感じる光であり，人の目の，波長による明るさの感じ方のこと．
- グレア：まぶしさのこと．視野内に入ってくる輝度の高い部分は，本来の見るべき物を見づらくしている．このような現象を，照明器具では，ルーバーやカバーを付けることで防いでいる．
- 明　視：はっきり見えるという意味．①明るさ，②大きさ，③対比，④動き（時間）が明視の4条件である．

10・3　昼光率

昼光は，太陽光による昼間の明るさ，自然光のこと．屋外の明るさ(照度)が，時刻や天候によって変化すると，室内のある点における明るさも，屋外の変化と同じ割合で変化する．このように室内のある点(水平面)の明るさは，屋外の明るさと一定の比率の関係にある．これを昼光率という．

$$D = \frac{E}{E_s} \times 100\%$$　　　　$D=$昼光率，$E=$室内のある点の照度，$E_s=$全天空照度

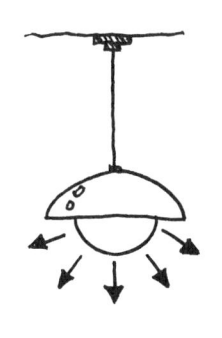

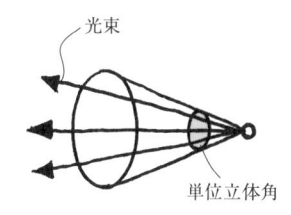

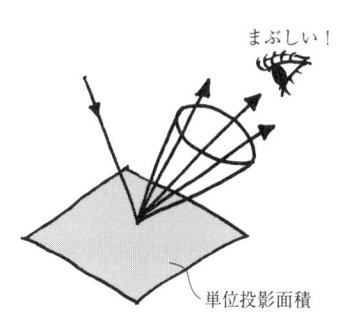

図10・1 光束

図10・2 光度

図10・3 輝度

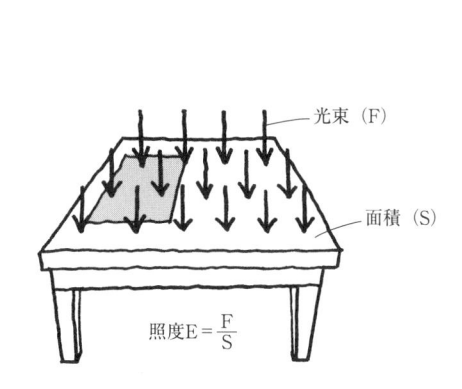

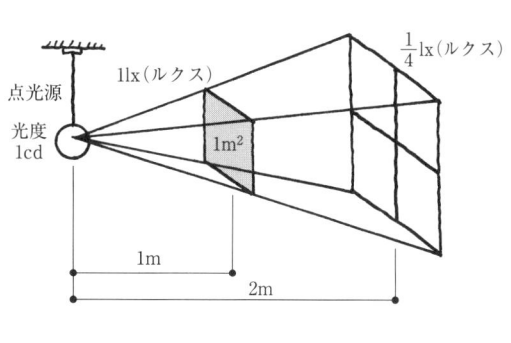

図10・4 照度

表10・1 昼光率の基準

作業または室	基準昼光率 [%]	全天空照度が15,000lxの場合の値 [lx]
精密な視作業・一般製図	3	450
読書・事務室一般	2	300
会議・教室一般	1.5	230
短時間の読書・住宅の居間	1	150
病院の病室・事務所廊下	0.75	110

((社) 日本建築学会編「設計計画パンフレット16 採光設計」彰国社による)

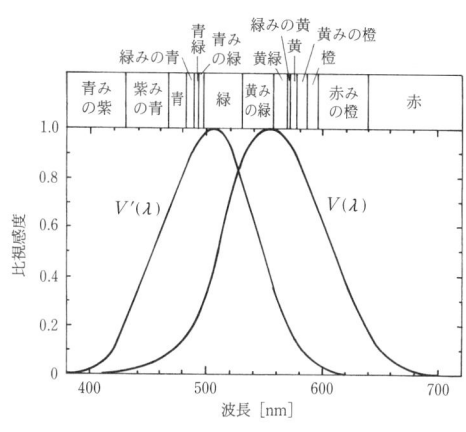

$V(\lambda)$：明所視（最大視感度 683lm/W(555nm)）
$V'(\lambda)$：暗所視（最大視感度 1725lm/W(507nm)）

図10・5 比視感度 ((社) 日本建築学会編「建築環境工学用教材 環境編」丸善による)

たとえば，屋外の照度が1万lxで，室内のある点の照度が1000lxであれば，昼光率は10％となる．また屋外が暗くなって，5000lxのとき，室内の同じある点の照度は，500lxになる．すなわち，この昼光率とは簡単にいって，その室の開口部である窓の取り付け位置や形状により変化する．

10・4　採光方法

室内に取り込む光は，その室内の用途によって窓の形状や位置，その数などが大きく違ってくる．
- 側窓採光：①床付近の窓は，窓際は明るく，奥は暗い．
  - ②高窓は，窓際は暗く，奥は明るい．
  - ③縦長窓は，照度分布は均一．
  - ④横長窓は，奥が暗い．
  - ⑤大きな窓を一つより，同じ面積で小さな窓を分割して設けたほうが，照度分布は均一．
- 天窓採光：①側窓採光の3倍の採光効果がある．
  - ②室内の照度分布が均一．
- 頂側窓採光：①鉛直面の照度を確保しやすい．美術館など．
  - ②工場等の室面積の大きい室内に適している．

10・5　法的規制

採光について，建築基準法では住宅の居室や学校の教室における自然採光を確保するための法的基準を定めている．

10・6　天空照度

太陽の光は直射光と天空光によって我々の住んでいる地表に届く．直射光は6万から10万lxになり，明るすぎて室内照度としては使えない．庇やルーバー，ブラインドによって直射光を調節する．
室内照度の確保には，天空光による採光を考える．
- 直射光：大気中を透過し，直接地上に到達する太陽の光．
- 天空光：大気中で，塵や水蒸気によって乱反射し，拡散した後，空全体を明るくして地表に届く光．
- 全天空照度：周囲に障害物のない屋外の水平面照度．直射光を除いた天空光のみの明るさ．

【問題1】採光に関する記述で，最も不適当なものはどれか．
1. 形，面積，材料が同じ窓の場合，天窓は側窓より採光上有利である．
2. 室内の壁や天井の反射率を大きくすると，室内の平均昼光照度も高くなる．
3. 冬季の場合，北向きの側窓による採光は，薄曇りより快晴時の方が大きくなる．
4. 水平ルーバーは，室内の照度を均一化する効果がある．
5. 窓の大きさ・位置などは，昼光率を変化させる要素である．

【問題2】採光に関する記述で，最も適当なものはどれか．
1. 冬季に，北向きの側窓から得られる採光は，薄曇りの時より快晴時のほうが大きくなる．
2. 室内の昼光率は，一般に，周りの建物や樹木など，窓の外の条件には無関係である．
3. 昼間の室内照度分布の変動は，北向き側窓による採光よりも，南向き側窓による採光のほうが大きい．
4. 昼光率は，同じ室内では，どこでも同じ値である．
5. 同等の採光を得るためには，天窓は側窓と同等の面積が必要である．

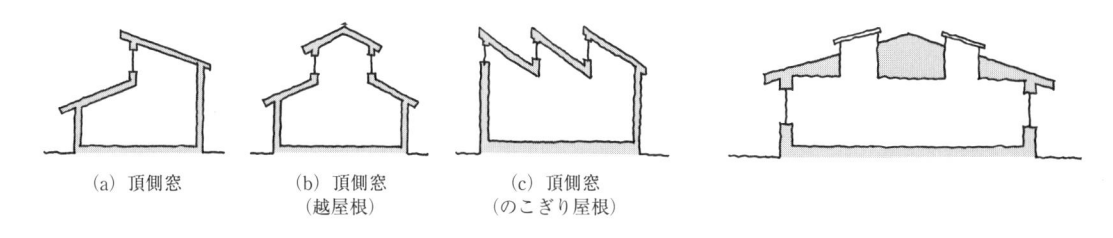

(a) 頂側窓　　(b) 頂側窓　　(c) 頂側窓
　　　　　　　（越屋根）　　（のこぎり屋根）

図10・6　頂側窓採光　　　　　　　　図10・7　天窓採光

表10・2　有効採光面積の算定方法

用途地域地区	計算式	採光補正係数 (X)				
		開口部が道に面する場合	開口部が道に面しない場合			
			水平距離	X	水平距離	X
第1種低層住居専用地域 第2種低層住居専用地域 第1種中高層住居専用地域 第2種中高層住居専用地域 第1種住居地域 第2種住居地域 準住居地域	$D/H×6-1.4$ $X>3$の場合は3	$X<1$の場合は1	7m以上の場合	Xが1未満の場合はX=1.0	7m未満の場合	Xが負の場合はX=0
準工業地域 工業地域 工業専用地域	$D/H×8-1$ $X>3$の場合は3		5m以上の場合	Xが1未満の場合はX=1.0	5m未満の場合	Xが負の場合はX=0
近隣商業地域 商業地域 用途指定のない区域	$D/H×10-1$ $X>3$の場合は3		4m以上の場合	Xが1未満の場合はX=1.0	4m未満の場合	Xが負の場合はX=0

D：境界線までの水平距離　　D/H：採光関係比率（最小値）
H：窓の中心からの垂直距離　　X：採光補正係数　　有効採光面積＝開口面積×採光補正係数

表10・3　窓の大きさの基準

建築物の種類	対象となる室屋	基準開口率
住宅	居室	1/7
幼稚園・小学校・中学校・高等学校	教室	1/5
保育所	保育所	1/5
病院・診療所	病室	1/7
寄宿舎	寝室	1/7
下宿	宿泊室	1/7
児童福祉施設等	主たる用途の居室	1/7
学校・病院・診療所・寄宿舎・下宿・児童福祉施設等	上記以外の居室	1/10

開口率は，開口部の採光に有効な部分の面積の床面積に対する割合

【問題3】　採光に関する記述で，最も不適当なものはどれか．
1．壁面に設ける窓は，形・面積・材料が同じなら，一般に，その位置が高いほど室の奥の照度は高くなる．
2．同じ室内でも，一般に，位置によって昼光率は異なる．
3．天窓は，同じ形・面積・材質の壁面に設ける窓より，採光上大幅に有利である．
4．昼間の直射日光による屋外の平面照度は，約3,000lxである．
5．ブラインドは，室内の照度を均一化する効果がある．

【問題4】　直接昼光率算定の要素として関係のないものは，次のうちどれか．
1．窓の幅
2．窓の内法高さ
3．作業面と窓との高低差
4．全天空光による屋外照度の変化
5．作業面から窓までの距離

11　色　彩

建築物はその物の形とともに，色彩が果たす役割は大きい．

色彩は人間の心理面においても重要な要素であり，仕事の作業性や安全性に大きくかかわっている．

11・1　色の三属性

人間の目で識別する色は，色相，明度，彩度の三つの属性の組合せによって，ほとんどの色が決まる．ある一定の基準を体系化していくつかの表色法が考案されたが，アメリカ人のマンセルが考案した表色系が一般に広く使われており，マンセル表色系という．色の三属性を立体的に表示したものをマンセル色立体とよぶ．

- 色　　　　相：赤，青，黄などの色味または，色合いのこと．マンセル表色系は，R（赤），Y（黄），G（緑），B（青），P（紫）の5色相に大別し，さらにそれぞれの中間をYR，GY，BG，PB，RPに分類して，合計で10分割したもの．色相をもつ色を有彩色，白・灰・黒などを無彩色という．
- 明　　　　度：色の明るさをいう．色の反射率の大小によって0～10のランクを設け，純粋な黒を0，純粋な白を10として，その間を分割している．
- 彩　　　　度：色の鮮やかさをいう．鮮やかさが増すほど，値が大きくなる．色相によって上限は異なり，最も彩度の高い色を純色という．
- マンセル色立体：変形な円柱の中心軸の高さ方向を明度として，中心軸から半径方向の距離に彩度をとる．明度の中心軸より時計回りに回転した方向を色相とする．

  明度の軸は黒から順次に上って白となり，中心軸は無彩色である．彩度は，各色相によって中心軸からの距離が異なる．色相は，色相環といい，赤から赤紫まで基本の10色相を経て一周する．

  マンセル色票はこの基本の10色相を40等分割して2.5ずつのきざみの数字を付けて示している．

11・2　色彩の心理的効果

人間は色彩から，温度感・重量感・距離感・前後感・膨張収縮感など様々に感じることができる．また複数の色彩の対比による心理的効果も，色彩について考えるとき大変に重要なことである．

(1) 同時対比：同時に異なる2色を見たときに生ずる視感の変化．

- 明度対比：明度の異なる色を並べることで，明度差がより大きく見える．同じ色でも背景の色が暗ければ明るく，逆に明ければ暗く見える現象．
- 色相対比：ある色を背景色として，色相の違う色を置くと，その色が背景色の補色※に近く見える現象．

  ※補色：2つの有彩色を混ぜて，無彩色（灰色）になるものを，補色の関係にあるという．マンセル色相環では，2色は互いに反対側（対角線上）に位置する．

- 彩度対比：同じ色で彩度の違う色を並べると，それぞれの色の彩度の差が大きく見える．
- 補色対比：補色関係にある色を並べると，それぞれの色の彩度を高め合い，ともに鮮や

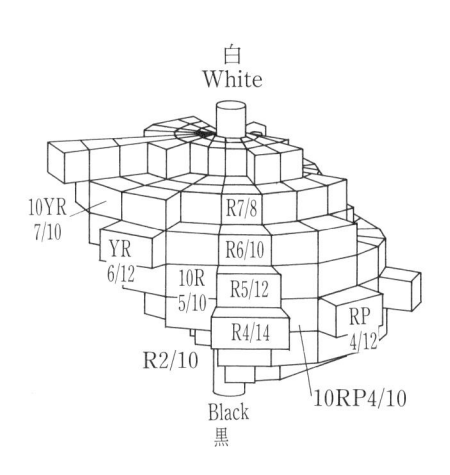

図11・1　マンセル色立体（(社)日本建築学会編「建築環境工学用教材　環境編」丸善による）

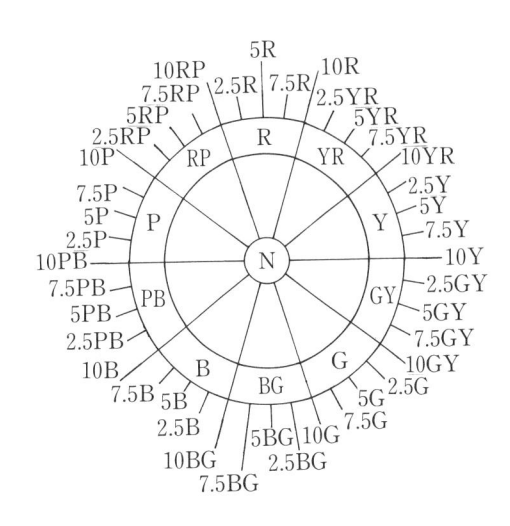

図11・2　マンセル色相環の割合（(社)日本建築学会編「建築環境工学用教材　環境編」丸善による）

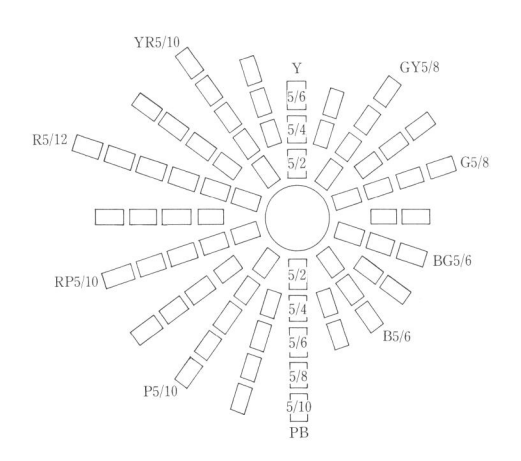

図11・3　マンセル色立体の水平断面（板本守正他「改訂新版　建築環境工学」朝倉書店による）

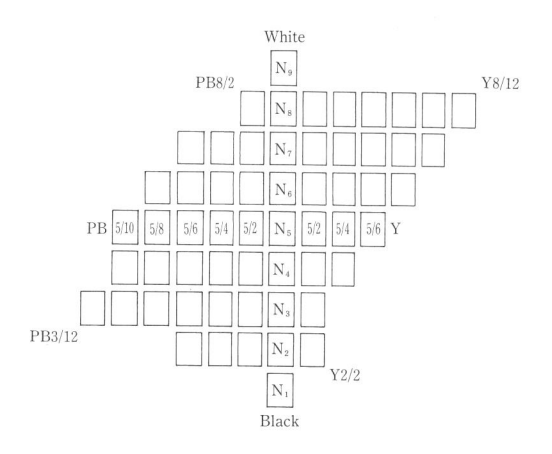

図11・4　マンセル色立体の垂直断面（板本守正他「改訂新版　建築環境工学」朝倉書店による）

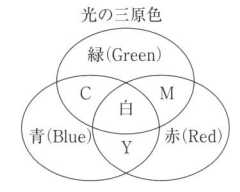

光の三原色

光の三原色は，赤(Red)・緑(Green)・青(Blue)．
光は重ね合わせ，新たな色をつくりだしていくにつれ明るくなり，
これを加法混色という．三色すべてを加えていくと白になる．
テレビやコンピューターのディスプレイはR・G・Bで色の表現をしている．

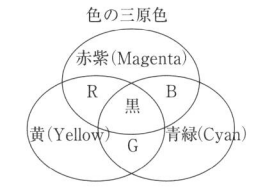

色の三原色

色の三原色は，黄(Yellow)・赤紫マゼンタ(Magenta)・青緑シアン(Cyan)．
色は混ぜ合わせるにつれて，だんだん暗くなり，これを減法混色という．
三色すべてを加えていくと黒になる．
カラー写真や印刷では，この三色C・M・Yに黒(K)を加えて使用している．

図11・5　色の混合

かに見える．
(2) 継続対比：ある色を見つめた後，すぐに白を見ると，その色の補色を感じる現象で補色残像という．
(3) 面積効果：色彩は，その面積が大きくなるほど，明度や彩度も高く感じられる．
(4) プルキンエ現象：照度が高いと明度・彩度がともに高く見える現象．照度が低いと寒色系は相対的に他の色より明るく見え，暖色系は暗く見える．

11・3 色彩調整

住宅の居室は，明るく落ち着いた色調で，工場や会社の作業場では，安全性と作業能率の向上する色調が求められる．

あるいは学校の教室などは，マンセル表色系で天井9，壁8，床6程度の明度が望ましいとされている．

- 安全色：黄と黒のしま模様を表示することで，人々に注意や警戒心を呼ぶことができる．あるいは，緑は安全や衛生を表現するなど，色彩によってメッセージを伝え，不慮の災害を防いだり，行動の安全と能率を上げるために安全色が規定されている．

【問題1】 色彩に関する次の記述のうち，最も不適当なものはどれか．
1．色の反射率の度合いを明度といい，完全な黒を10，完全な白を0としている．
2．色の重い・軽いの感覚は，一般に明度が低いものほど重く感じられる．
3．色の硬い・柔らかいの感覚は，一般に明度が低いものほど硬く感じる．
4．色の派手・地味の感覚は，一般に彩度が高いものほど派手に感じる．
5．マンセル色相環において反対側に位置する二つの色は，補色の関係にあり，混ぜると灰色になる．

【問題2】 色彩に関する次の記述のうち，最も不適当なものはどれか．
1．色を表す体系を表色系といい，日本工業規格においては，マンセル表色系が採用されている．
2．有彩色とは，無彩色以外すべての色である．
3．彩度の高い色は，色見本帳で見るよりも，実際に壁に塗った方が，一般には彩度が低く見える．
4．色の鮮やかさの度合いを彩度といい，無彩色を0とし，色が鮮やかになるに従って，段階的に数値が大きくなる．
5．同一明度の色が隣接する場合，色相が近いと境界がはっきりしない．

【問題3】 安全指示や注意喚起に使われる色彩に関する次の記述のうち，最も不適当なものはどれか．
1．「注意」を促すため，階段の蹴上げ及び踏面のふちを黄色とした．
2．「安全」を表示するため，非常口を示す標識を緑色とした．
3．安全色を引き立たせるため，白又は黒色の背景（地）と組み合わせた．
4．「停止」「禁止」「高度の危険」を表示するため，赤色を用いた．
5．「防火」を表示するため，消火バケツを緑色とした．

表11・1　安全色（JIS Z 9101 安全色彩使用通則）

色の参考値	表示事項	使用箇所例	引立てる色
赤 (7.5R4/15)	1．防火 2．停止 3．禁止 4．高度の危険	1．消火栓 2．緊急停止ボタン 3．バリケード（立入禁止） 4．発破警標	白
黄赤 (2.5YR6.5/13)	1．危険 2．航空，船舶の安全施設	1．露出歯車の側面 2．滑走路の目印	黒
黄 (2.5Y6/14)	注意	クレーン，低いはり，有害物質の小分け容器または使用箇所	黒
緑 (10G4/10)	1．安全 2．避難 3．衛生・救護 4．進行	1．非常口を示す標識 2．救急箱 3．進行信号旗	白
青 (2.5PB3.5/10)	1．指示 2．用心	担当者以外がみだりに操作してはならない箇所	白
赤紫 (2.5RP4/12)	放射能	放射性同位元素およびこれに関する廃棄作業室，貯蔵施設，管理区域に設けるさくなど	黄と組み合わせて用いる
白 (N9.5)	1．通路 2．整とん	1．通路の区画線，方向線，方向標識 2．廃品の入れ物	────
黒 (N1)	補助に使う	誘導標識の矢印，注意標識のしま模様，危険標識の文字	────

表11・2　その他の安全色

	蛍光安全色彩使用通則 （JIS Z 9106）	安全色彩使用通則 （JIS Z 9104）
赤	①防火 ②禁止 ③停止 ④高度の危険	①停止 ②防止 ③禁止 ④危険 ⑤緊急
黄赤	①危険 ②航海，航空の保安施設	規定せず
黄	①注意	①注意 ②明示
緑	①安全 ②避難 ③衛生・救護	①安全 ②進行 ③衛生・救護
赤紫	①放射能	規定せず
青紫	規定せず	①誘導
白	規定せず	文字，矢印など

12 音環境

音は，空気中はもちろんのこと，水や固体内でも伝わる．その伝わり方は，媒質中の密度変化により，疎と密が波のようにくり返す疎密波である．

たとえば，空気を振動させ音波として伝わり，耳の鼓膜を振動させる．あるいは，固体を振動させ固体伝搬音として伝わり，周囲の空気を振動させ，耳の鼓膜を振動させる．

12・1 音の速さ

空気中を伝わる音の速さは，下記の式で表わされ，気温と比例し上下する．

$C = 331.5 + 0.61t$ [m/s]　　C＝音速，t＝気温〔℃〕

通常，空気中の音速はt＝15℃として340m/sである．木材，コンクリート，鉄などの固体中の音速は，3000〜5000m/s程度である．

12・2 音の三要素

人は下記のような特長から音の違いを聞き分け知覚している．

- 音 の 高 さ：音の波の1秒間の振動回数を周波数といい，高い音は周波数が多く，低い音は，周波数が少ない．周波数の単位はヘルツ〔Hz〕．人が音として知覚できる周波数の範囲は，20〜20000Hzである．
- 音の大きさ：物理的（エネルギー的）にみた音の大小を音の強さという．音の物理的な大きさ（強さ）　（強さ）は音波の振幅に比例して増減する．一方，人間が音の刺激を受けた時に生ずる音に関する感覚的な音の強弱を大きさという．物理的に大きい音が人間には大きい音として知覚されず，周波数が違えば聞こえ方も違う．つまり音の大きさは，必ずしも，音波の振幅の大小には比例しない．
- 音　　　色：音源の種類によって異なる聞こえ方の違いは，周波数や音圧が同じでも，その波形が異なるためであり，これを音色という．

12・3 音の進み方

音は，空気中を放射状に疎密波として伝わって行くが，進行方向の途中に障害物や気温の変化がある時，音の伝搬方向やスピードが変る．

- 回 折 現 象：音が，進行方向に塀のような障害物があっても，その障害物を回り込んでいく現象．低い周波数の音ほど起きやすい．
- 屈 折 現 象：気温の変化が多い地表付近では，気温によって音速が異なることから，音の進行方向が曲がる現象．
- マスキング現象：聞こうとしている目的の音が，他のもう一つの音によって聞きにくくなる現象．低音は高音を聞こえにくくする．

12・4 音の強さのレベル

音の強さとは，音のエネルギーの大小で，単位面積当りのエネルギー量（単位は〔W/m^2〕）で表わす．

図12・1　音の発生

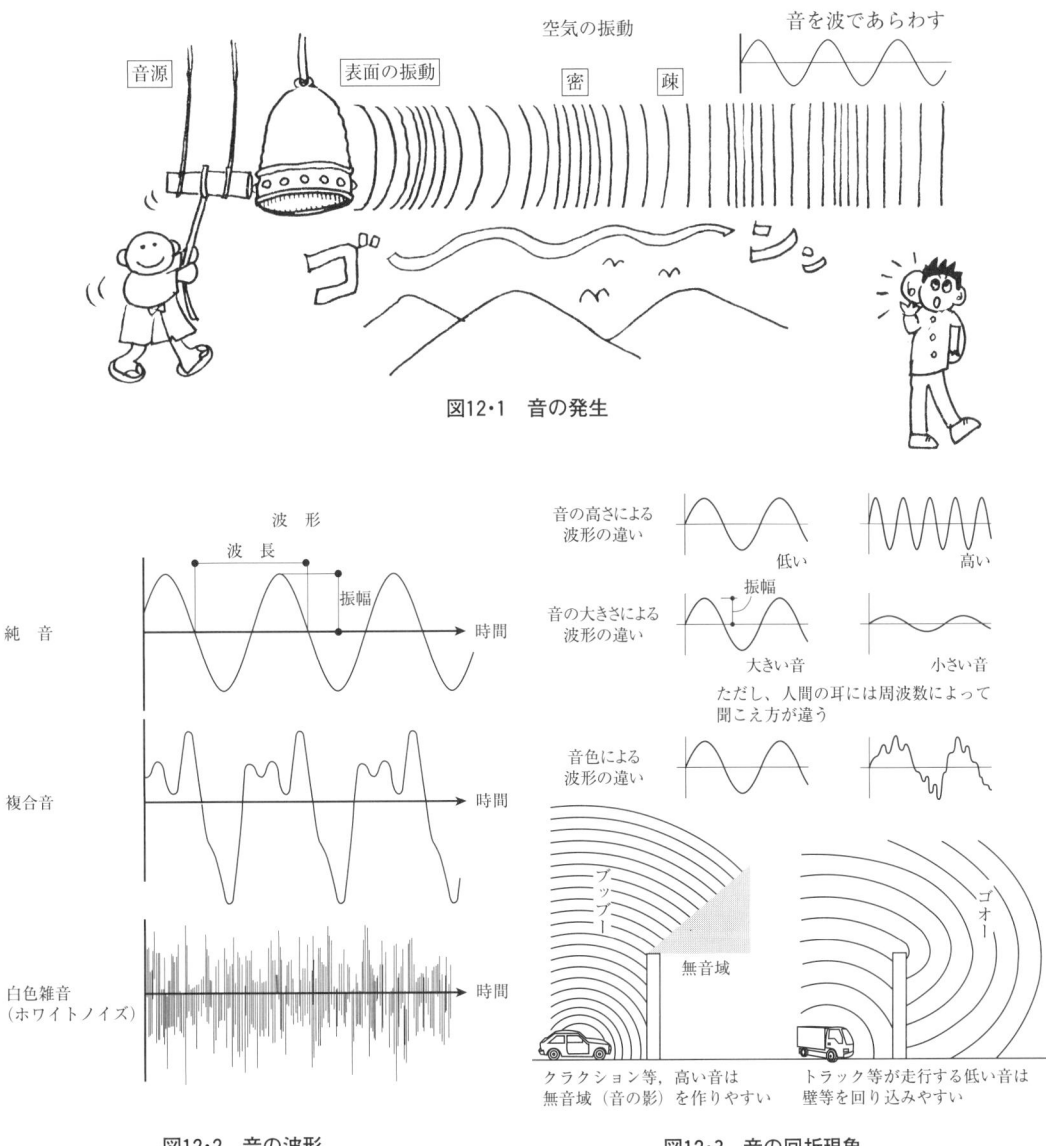

図12・2　音の波形

図12・3　音の回折現象

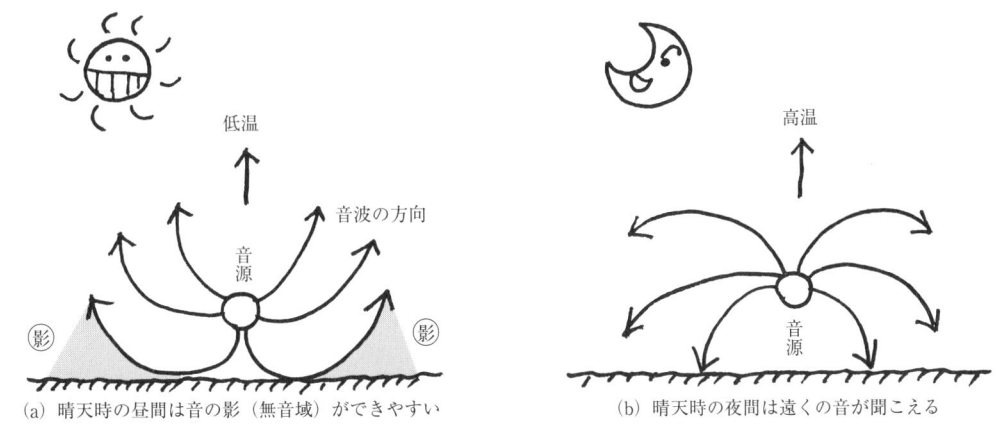

(a) 晴天時の昼間は音の影（無音域）ができやすい

(b) 晴天時の夜間は遠くの音が聞こえる

図12・4　温度による音の屈折

聴覚をはじめとする人間の感覚量は，物理的刺激の対数にほぼ比例し，又，音の強さ等は非常に小さな数値から大きな数値までとりあつかうため，対数を使った尺度を使用している．

ある音の強さ I と人間の耳で聞き取れる最小可聴音の強さ $I_0=10^{-12}$ 〔W/m²〕との比の対数の10倍で表わしたものを，音の強さのレベルという．

音の強さのレベル　$L=10\log_{10} I/I_0$ 〔dB〕… デシベル

12・5　音の大きさのレベル

音の強さは同じでも，周波数が違えば音の大きさは異なる．人が耳で感じる感覚的な音の大小の尺度として，ある音の大きさを，この音と同じ大きさに聞こえる1000Hzの純音※の音圧レベル〔dB〕と同じ数値で表す．単位フォン〔phon〕．

　　※純音：音波の波形が正弦（サイン）曲線となる音．

12・6　音の減衰

音は音源から離れるに従って，小さく聞こえる．これは音のエネルギーが拡散することによって起こる．指向性のない点音源は，球状に拡散していき，音源からの距離が2倍になると，単位面積当りの音の強さは4分の1になる．点音源の場合，音の強さは距離の2乗に反比例するので，距離が2倍になると音の強さのレベルは6dB減衰することになる．

12・7　遮音と吸音

室内で発生した音は，壁により一部は反射され，一部は吸収され，さらに残りのエネルギーは透過する．しかしその音の周波数により，あるいはその壁の材質により反射，吸収，透過の様子は違う．

- 遮　　　　　音：ある音の投射されたエネルギーに対して，透過したエネルギーの割合を透過率という．透過損失（Transmission Loss＝TL）は透過率の逆数であり，一般に重い材料ほど，また同じ材料でも厚さが増すほど，透過損失は大きくなる．すなわち遮音効果が大きくなる．
また，高い周波数の方が，低い周波数よりも遮音しやすい．
- コインシデンス効果：薄い板状の壁体に，ある周波数の音が入射したとき，壁体が共鳴して特定の周波数の透過損失が低下する現象．
- 吸　　　　　音：音のエネルギーが壁面に吸収・透過され，熱エネルギーなど別のエネルギーに変換されることをいう．一般に多孔質で，やわらかく軽い材料が吸音材に適している．表面がなめらかで，質密度の高い（重い）材料は，吸音力が低い．壁面に入射した音のエネルギーに対して，吸収及び透過するエネルギーの割合を吸音率という．

$$\alpha=\frac{I_i-I_r}{I_i}$$
　　α＝吸音率
　　I_i＝壁面に入射する音のエネルギー〔W/m²〕
　　I_r＝壁面から反射する音のエネルギー〔W/m²〕

$A=\alpha\cdot S$ 〔m²〕　　A＝吸音力
　　　　　　　　　　S＝壁面の面積〔m²，メートルセービンと読む〕

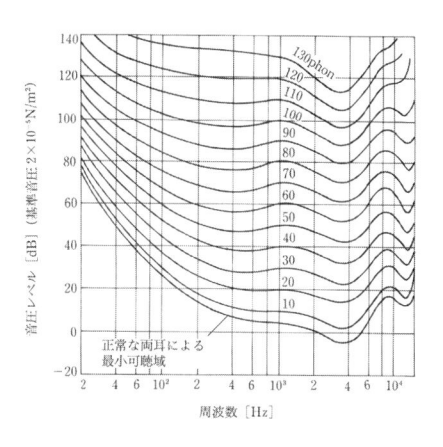

図12・5　純音に対する等感度曲線
((社)日本建築学会編「設計計画パンフレット4　建築の音環境設計」彰国社，元典はISO Recommendation R226による)

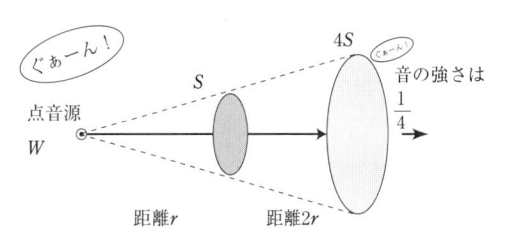

図12・6　点音源の距離減衰

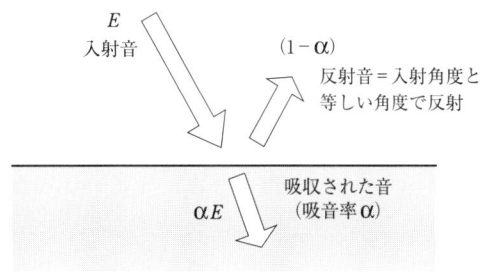

図12・7　吸音

表12・1　各種材料の透過損失[dB]

構造	名称	密度 [kg/m²]	周波数 [Hz]					
			125	250	500	1000	2000	4000
単壁	ラワン合板 (6mm)	3.0	11	13	16	21	25	23
	石こうボード (9mm)	8.1	12	14	21	28	35	39
	フレキシブルボード (6mm)	11.0	19	25	25	31	34	28
	発泡コンクリート (100mm)	70.0	29	37	38	42	51	55
	発泡コンクリート+両面プラスター塗 (100mm)		34	34	41	49	58	61
複層壁	合板+空気層+合板 (6+100+6mm)		11	20	29	38	45	42
	石こうボード+空気層+石こうボード (9+100+9mm)		12	29	35	47	55	54
	フレキシブルボード+グラスウール+フレキシブルボード (4+40+6mm)		24	26	35	38	43	42
建具	普及型アルミサッシ (引違い) (ガラス5mm)		15	19	19	18	19	24
	気密型アルミサッシ (片引き) (ガラス5mm)		22	25	28	31	30	32
	普及型アルミサッシの二重，ガラス (5-5mm)，中空層 (100mm)		17	21	26	26	22	31
	気密型片引きアルミサッシの二重，ガラス (5・5mm)，中空層 (150mm)		26	34	40	40	37	42

((社)日本建築学会編「建築設計資料集成1．環境」丸善より作成)

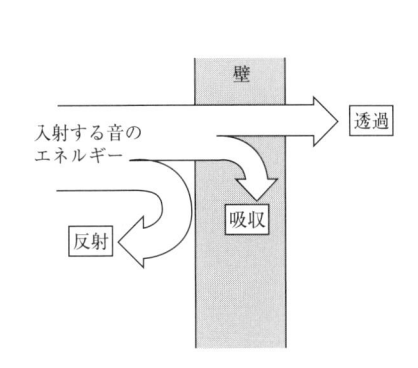

$$吸音率 = \frac{吸収分 + 透過分}{入射する音のエネルギー}$$

$$透過率 = \frac{透過分}{入射する音のエネルギー}$$

図12・8　音の透過・吸収・反射

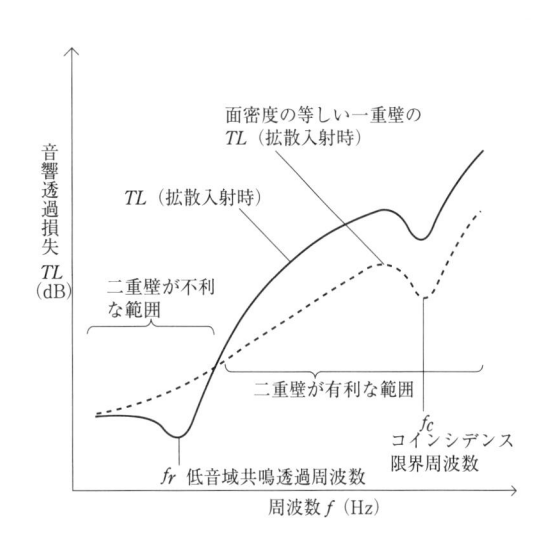

図12・9　二重壁の音の透過損失の傾向
((社)日本建築学会「建築設計資料集成1　環境」p.21，丸善による)

- 多孔質吸音材料：グラスウール，ロックウール，木毛セメントなどの材料は，小さな繊維質によって加工されているが，音のエネルギーがそれらの材料に投射されると，繊維が振動して熱エネルギーに転換されて吸音する．吸音率は高音域ほど大きく，材厚を厚くすることで吸音率と吸音の範囲が大きくなる．
- 板・膜材料：音のエネルギーが投射されると，板・膜材が振動して熱エネルギーあるいは運動エネルギーに転換して吸音する．吸音率は，低音域で大きくなる．
 ベニヤ板や石こうボードなどの材料がある．
- 孔あき板材料(有孔板)：ヘルムホルツ共鳴器※の吸音原理を利用して，孔あき板のような孔に音エネルギーが入射して，その孔内部の空気を激しく振動させることで，熱エネルギーに転換して吸音する．孔あき板の背面にグラスウールなどを充填することで，吸音率は上がる．有孔石こうボードなどの材料がある．

　　※ヘルムホルツ共鳴器：つぼ状の首の部分にある開口部に音のエネルギーが入射すると，つぼ内部の空気がバネの働きをして振動が起こり，音のエネルギーを吸収する．

12・8 騒音

通常，私達が耳にする音は，快く感じるか，不快に感じるかは，聞く人それぞれによって大きく異なる．そのため，騒音というものの定義付けをするため，JIS（日本工業規格）で定められた普通騒音計の"A特性"で測定する．

- 騒音レベル：騒音を聴いたときに感じる大きさになるように，感覚と物理量を対応させるために，周波数を聴感補正回路で測定したもの．A特性は，人間の聴覚の周波数特性を反映している．騒音レベルはdB〔A〕又はホンで表す．
- NC曲線：普通騒音計で測定した2つの音の値が同じでも，オートバイの騒音と，自動車の騒音では，オートバイから出る騒音のほうが不快に感じる人が多い．これは，騒音が高音になるに従って，人の聴感が敏感なためである．音の高低によって不快感が異なるため，対象となる騒音の周波数をオクターブごとに分けて，各オクターブバンドの周波数に分析，図示したものがNC曲線である．たとえば，2000Hzの周波数で35dBの騒音のNC値は35である．これと同じ騒音レベルと感じる騒音は，500Hzでは40dBに相当する．

12・9 室内音響

建築物の設計においては，その建築物の室内の使用目的に従って音響計画をしなければならない．
- 残響：室内において音が停止しても，しばらくの間，余韻が残る．そして次第に減衰していき，いずれ聞こえなくなっていく．この現象を残響という．
- 残響時間：残響を時間に数量化したもので，音源が停止してから音の強さが60dB減衰するのに要する時間のこと．

表12・2 建築材料・吸音材の吸音率

分類	材料・構造名	厚さ〔mm〕	空気層〔mm〕	周波数〔Hz〕					
				125	250	500	1k	2k	4k
一般建築材料	コンクリート素面あるいはモルタル仕上げ面			0.01	0.01	0.02	0.02	0.02	0.03
	パイルカーペット（10mm厚）＋コンクリート床			0.09	0.08	0.21	0.26	0.27	0.37
	ビロードカーテン（0.6kg/m²）空気層100mm			0.06	0.27	0.44	0.50	0.40	0.36
	ガラス窓			0.35	0.25	0.18	0.12	0.07	0.04
多孔質材料	グラスウール（20kg/m²）	50	0	0.27	0.64	0.95	0.83	0.75	0.95
	〃	50	100	0.30	0.95	0.99	0.80	0.78	0.77
	ポリウレタンフォーム（27kg/m²）	25	0	0.08	0.28	0.59	0.79	0.71	0.66
	木毛セメント板	25	55	0.10	0.28	0.66	0.52	0.63	0.79
板状材料	石こうボード（5.6kg/m²）	6	45	0.26	0.14	0.08	0.06	0.05	0.05
	ベニヤ板	3	45	0.46	0.16	0.10	0.08	0.10	0.08
共鳴器型吸音材料	穴あき石こうボードのみ（φ6.22mmピッチ）	9	45	0.03	0.09	0.46	0.31	0.18	0.15
	同上　ロックウール25mm裏張り	9	45	0.09	0.50	0.94	0.44	0.22	0.21
吸音力〔m²/個〕	劇場用いす（モケット張り）			0.09	0.24	0.30	0.32	0.33	0.31
	劇場用いすに人間が座った場合			0.25	0.40	0.47	0.47	0.45	0.48

＊M.R.Schreoder/J.A.S.A./Vol.37,No.3,1995,p.409～412.（出典：伊藤他「大学課程　建築環境工学」オーム社）

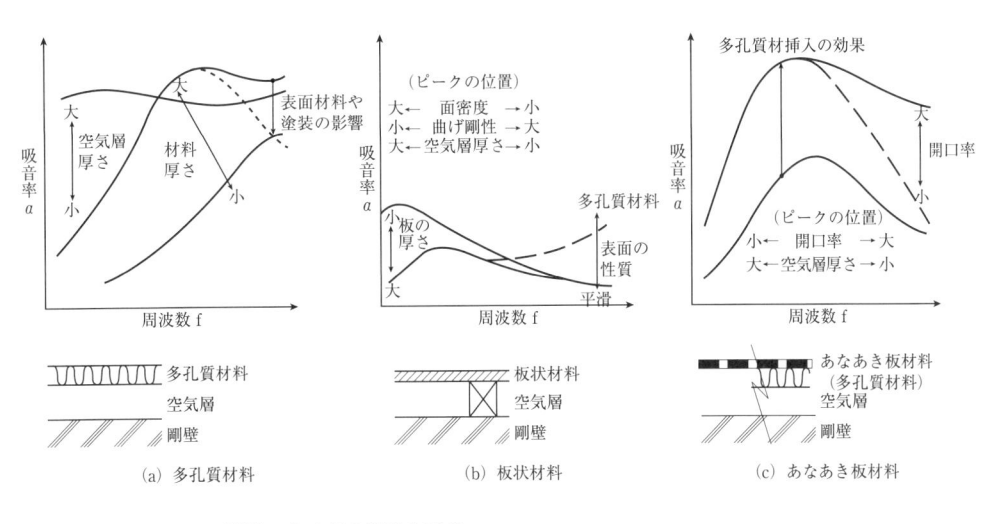

(a) 多孔質材料　　(b) 板状材料　　(c) あなあき板材料

図12・10　材料による吸音構造と特性　（(社)日本建築学会「建築設計資料集成1. 環境」丸善による）

表12・3　室内騒音の許容値

dB(A)	NC	会話・電話への影響	室　内
20	10	無音感	
25	15		音楽ホール
30	20	5m離れて小声が聞こえる	中規模劇場
35	25		舞台劇場・病室
40	30	10m離れて会話が可能	寝室・美術館
45	35		小会議室・図書館
50	40	3mの普通会話．電話は可能	事務室・レストラン
55	45		屋内スポーツ施設
60	50	3mの大声会話．電話は困難	
80	70		電車内
90	80	継続的だと難聴になる	

室内の形や仕上材，音の周波数によって異なるが，一般的には，室内の吸音力が大きいほど短く，室容積が大きくなるほど長くなる．

- 最適残響時間：残響は，室の使用目的によって適当な残響時間を設定している．たとえば，音楽ホールと会議室では，音楽ホールの方が残響時間が長い方がよい．

$$T = \frac{0.161V}{A} \text{ (sec)}$$

　　　　T = 残響時間
　　　　V = 室容積〔m³〕
　　　　$A = \alpha S$ = 室内総吸音力
　　　　α = 吸音率
　　　　S = 室内全表面積

- 明　　瞭　　度：音節明瞭度という．話し声の聞きやすさを表したもの．明瞭度は音圧レベルが大きいほど高く，残響時間が長いほど低下する．明瞭度85%以上なら良好であり，70%以下の場合は聞き取りにくく，何らかの処理を必要とする．

- 反　　　　響：初めに音源からの直接音が聞こえ，その後，遅れて反射音が聞こえる．これを反響またはエコーといい，音の明瞭度を低下させる．直接音と反射音との差が約1/20秒以上ずれている場合，2つ以上に聞こえる．直接音と反射音の行程差が17mを越える部分に吸音材料を用いて反射をおさえる．
340m/sec（音速）×1/20sec＝17m

- フラッターエコー：向かい合う壁面や天井と床面が互いに反射性のある材料の場合，その間で発生した音は反射を繰り返して，特殊な音を生じる．「日光東照宮薬師堂の鳴き龍」は有名である．

- その他の音の特異現象：反射した音がある点に集中する現象を「音の焦点」という．「ささやき回廊」は大きな曲面をもつ壁に沿って音が反射しながら遠くまで伝わること．

【問題1】　残響に関する記述で，最も不適当なものはどれか．
1．残響とは，音源からの直接音と反射音のために，一つの音が二つ又はそれ以上の音に聞こえる現象をいう．
2．最適残響時間は，講演などの話を主とする部屋より，音楽に使用する部屋の方が長い．
3．残響時間を計算する上で，一般に室温は考慮しなくてよい．
4．室容積を大きくすると，残響時間は長くなる．
5．音を反射する材料を天井や壁に多く用いると，残響時間は長くなる．

【問題2】　吸音・遮音に関する次の記述のうち，最も不適当なものはどれか．
1．吸音とは，音を吸収又は透過させて，反射させないことをいう．
2．室内の平均吸音率が同じでも，室容積が大きいと残響時間は長くなる．
3．遮音とは，音を透過させないことをいう．
4．一般に，低音より高音になるに従って，壁の透過損失が減少する．
5．間仕切壁に吸音率の大きい多孔質材料を用いても，遮音性能の向上は期待できない．

【問題3】　吸音・遮音に関する次の記述のうち，最も不適当なものはどれか．
1．同じ厚さであれば，軽量コンクリートの壁は普通コンクリートの壁よりも遮音効果は大きい．
2．一般にボード仕上げの壁体は，高音域よりも低音域の音を主に吸音する．
3．単一部材の一重壁の壁厚さを2倍にしても，透過損失は2倍にならない．
4．窓・出入り口などの遮音性能を高めるには，一般にすき間をなくすことが有効である．
5．表面の柔らかい材料は，一般に吸音性が高い．

【問題4】　騒音に関する記述で，誤っているものはどれか．
1．気密性の高い窓サッシを用いると，外からの騒音防止に効果がある．
2．騒音の測定には，一般に指示騒音計が使われる．
3．ホテル・住宅の室内許容騒音度は，35dB(A)〜40dB(A)である．
4．騒音のレベルは，ホンあるいは，dB(A)である．
5．比重が小さく組成の粗い材料は，一般に音の透過率が小さい．

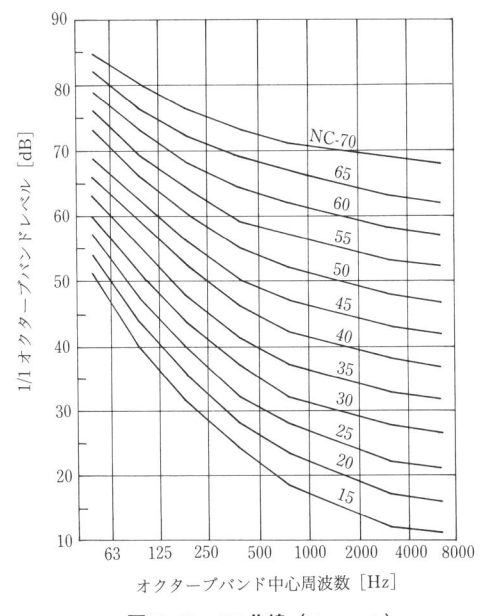

図12・11 NC曲線（Beranek）
（(社)日本建築学会編「建築設計資料集成1 環境」丸善による）

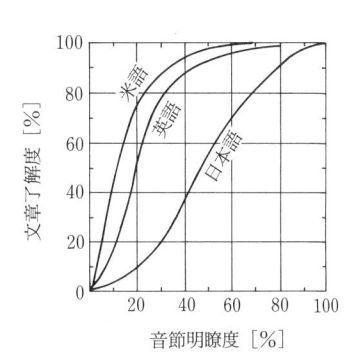

図12・12 音節明瞭度と文章了解度
（桜井美政他「建築環境工学概論」明現社による）

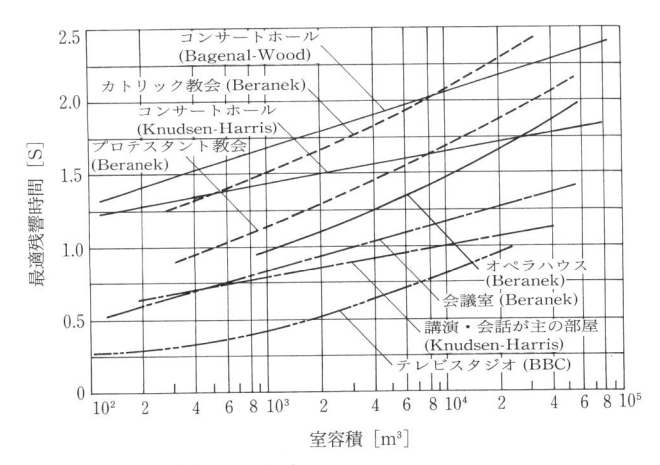

図12・13 500Hzの最適残響時間と室容積　（(社)日本建築学会編「建築設計資料集成1 環境」丸善による）

【問題5】 次の用語と単位の組み合わせのうち，最も不適当なものはどれか．
1．周波数————dB
2．輝　度————cd/m²
3．風　速————m/s
4．光　束————lm
5．入射量————W/m²又はkcal/(m²・h)

【問題6】 次の用語と単位の組み合わせのうち，最も不適当なものはどれか．
1．騒音レベル————dB（A）
2．熱貫流率————W/(m²・K)又はkcal/(m²・h・℃)
3．輝　度————lm
4．雨　量————mm/h
5．二酸化炭素濃度——ppm

【問題7】 次の用語と単位の組み合わせのうち，最も不適当なものはどれか．
1．音の周波数————Hz
2．照　度————lx
3．熱伝導率————W/(m²・K)又はkcal/(m²・h・℃)
4．湿球温度————℃
5．浮遊粉塵質量濃度——mg/m³

13 計画一般

13·1 建築計画のあらまし

建築物は，その中に暮らす人間が安心して生活を営むための容れ物である．

建築物の中で展開される生活そのものへの追求と機能を重視した基本的な面と造形的な美しさを追求する面とを結び合わせて，建築計画を進めていかなければならない．

また，建築物は社会要素の一つとして存在している．高齢者や障害者を含め，誰もが普通の（normalな）人々とともに日常生活を営めるように配慮する考え方や，大量生産・大量消費の結果もたらされた，大きなとらえ方をすると地球温暖化やオゾン層の破壊に対し，省エネルギーや建築物のライフサイクルまでを視野に入れた環境へのやさしい配慮をした計画も求められるようになってきている．

13·2 計画の進め方

建築計画は，クライアント（依頼主・建築主）が建築物を建てたいと願うことから始まる．その願いを受け，その建築についての専門知識や技術を背景にして，クライアントの様々な要求を目に見える形態にし，造形的検討を加えて，クライアントと意思疎通をはかる．それを何回か繰り返し，総合的な判断をして建築物を生み出していく．

a）建築物の企画から完成まで

建築物の企画から完成までのプロセスは，次のようにまとめられる（図13·1）．

①企画・基本計画

1）クライアントの要望を受けて，その要求を次のような項目に整理し分析していく．

（イ）建築物を建てる目的

どんなものを建てたいのかという，クライアントの建築物への構想（要望）に十分に耳を傾け，漠然とした要望や矛盾を整理し，その目的を明確にしていく．

（ロ）敷地条件…①立地（土地利用状況，周辺道路，交通アクセス，公共施設等）
　　　　　　　　②自然環境
　　　　　　　　③地形・地盤
　　　　　　　　④敷地形状・方位
　　　　　　　　⑤インフラ整備度（道路，電気，ガス，電話，上下水道）
　　　　　　　　⑥法規

（ハ）規模・予算

敷地条件，法規，工法などのバランスを考慮して，規模予算を決定する．

2）整理・分析したものを取捨選択して調整をし，計画のコンセプト（概念・目標）を設定する．そして，それらの具体的な構想としてエスキース等を描き，クライアントと繰り返しコミュニケーションをとりながら，実現可能な基本案をまとめ上げる．

②基本設計

建築の全体像を基本計画をもとに，より具体的な形にしていく作業．

模型や基本設計図書を作成し，クライアントに承認してもらう．

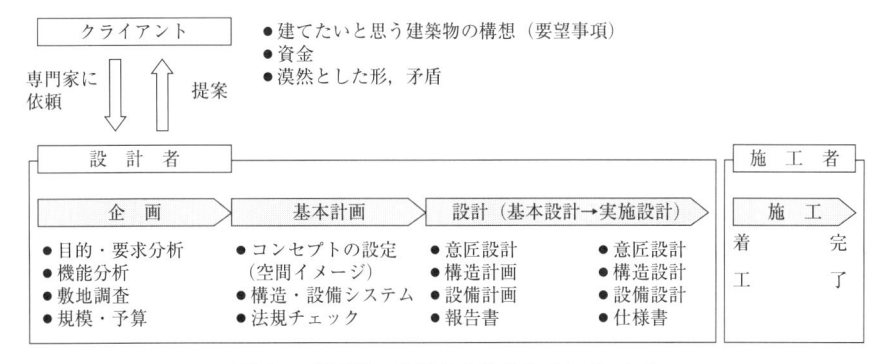

図13・1　建築物の企画から完成までのプロセス

図13・2　住宅におけるクライアントの要求

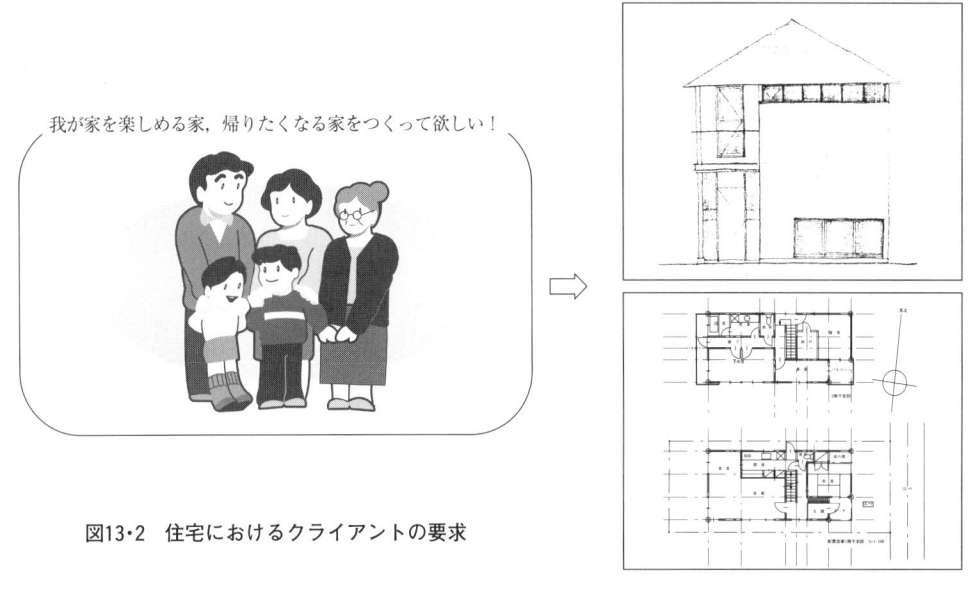

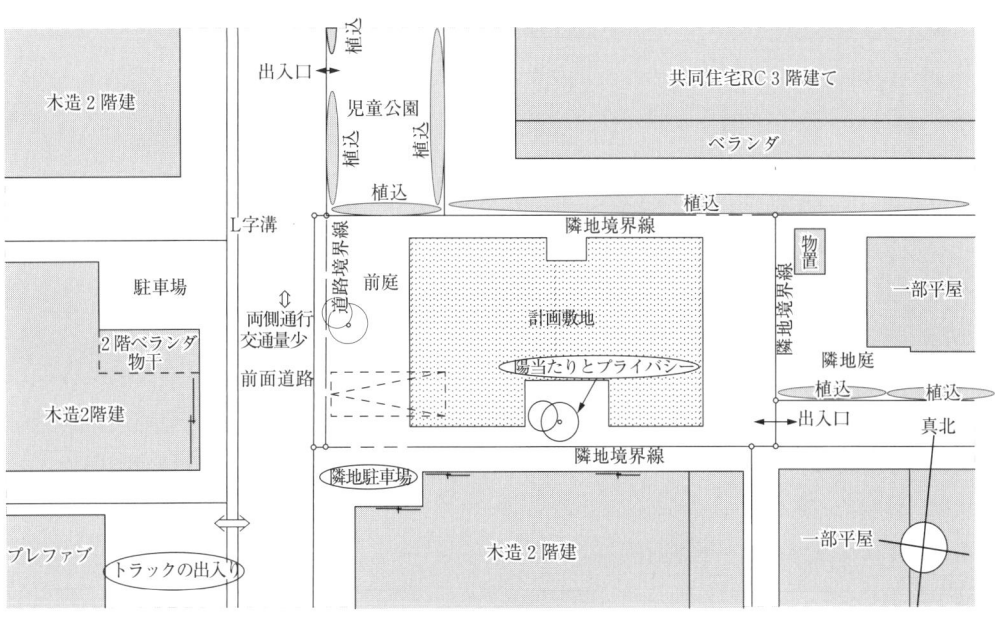

図13・3　敷地条件の例

③実施設計

建築物の細部を設計し，設計者の意図を施工者に正確に伝える設計図を作成する作業．実施設計図書や仕様書を作成する．

④施工

実施設計図書に基づいて工事費が見積られ，見積額が予算と合えば，その金額をもって契約，施工となる．しかし予算と合わないことの方が多く，設計図の見直しや予算を再調整したあと，契約・施工ということになる．

b）計画の基本

①機能計画

機能計画は，必要な機能を整理・秩序づけることである．

　　　機能分離　……機能の異なるものは分け離し，類似のものはまとめること

が基本である．

ゾーニングやグルーピングと呼ばれ，企画や基本計画でクライアントの要望を分析する時に全体の空間構成を計画するうえで必要なことである．

②動線計画（サーキュレーション）

人や物の移動の軌跡を動線といい，動線計画は人や物の移動ルートを決定することである．

建築計画では

　　1）　動線分離　……異種の動線は分離し，交差させない
　　2）　単純動線　……動線は短く単純であるほど合理的

が基本である．

たとえば，建物配置を考える時，人と車の建物へのアプローチは明確に分け，できるだけ屈曲しないように計画することなどである．

③機能分離と機能融合

計画の基本は機能分離し，その機能性を高めることが一般的だが，異なる方向から考えると，かえって不都合になる場合がある．機能分離に対しては，機能融合，あるいは機能複合がある．

（例1）道路について，歩車分離と共存の考え方がある．

（例2）狭小住宅で間仕切りを設けないワンルームにし，そこに様々な機能をもたせたフレキシブルな空間にすること．

（例3）複合建築が多様な施設を混在させ，単調さを防ぎ，にぎわいをつくることに有効であることなど．

このようなことから，計画においては再度検討と創造をして，当初のコンセプトまで振り返り，根本的に見直していくことも重要である．

④規模計画

建築の規模決定は，需要予測つまり利用予測人数に面積原単位をかけて行う．

1人当りの必要な面積を面積原単位といい，それに収容人数をかけて延べ面積を算出する．面積原単位は，建物の種類によって異なっている．

　　　面積原単位×収容人数＝延べ面積

により，求められた規模は，敷地の状況や法的規制，予算，あるいは建物の採算性等に照らし合わせ再検討して，最終的に決めていく．

図13・4 エスキスの例

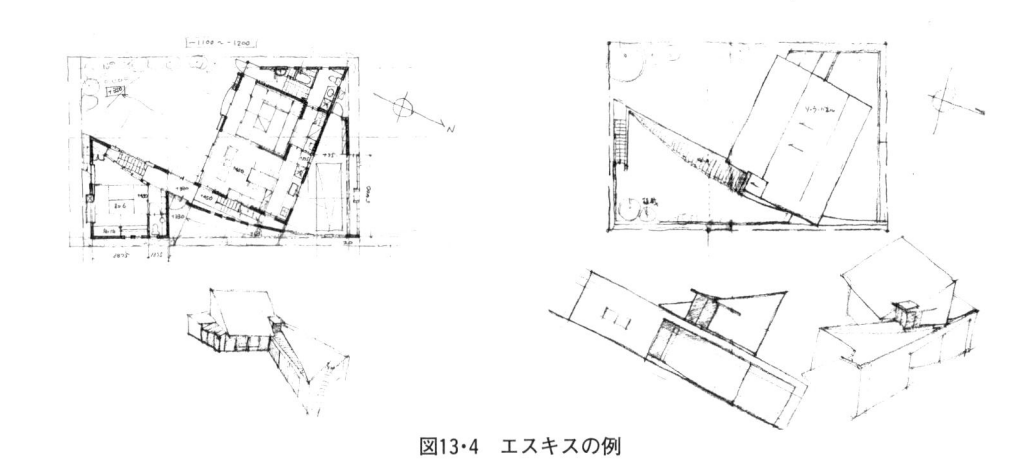

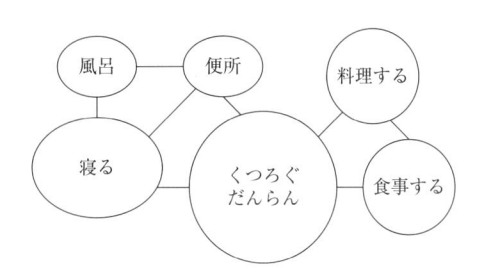

図13・5 機能図

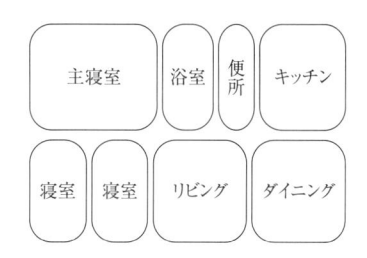

図13・6 機能分離　機能の異なるものは分け離し、類似のものを近接させる

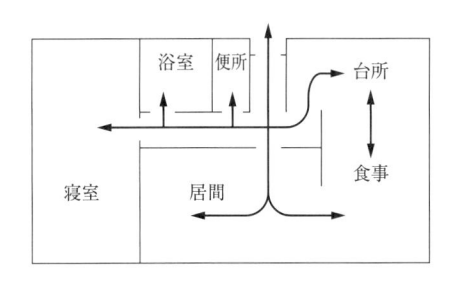

図13・7 動線図　*3

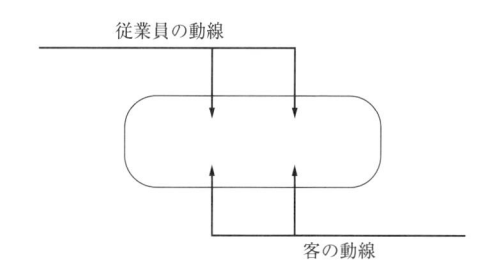

図13・8 動線分離　異なった機能の動線を分離する　*3

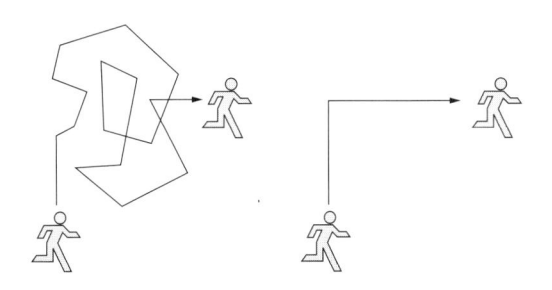

図13・9 動線は単純明快なほうがよい　*3

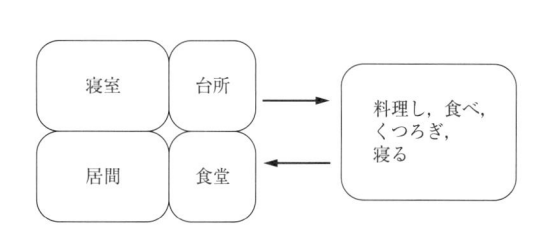

図13・10 機能分離と機能融合

13・3　構造計画

　建築構造の目的は，建築物に生じる力をバランスよく分散させ，地盤に伝えることにより，骨組の安全性を確保することにある．建築の形態は，その構造と密接に関係しており，基本計画の初期の段階から地盤調査などの情報に基づき，構造システムの想定をして力の流れが明快な構造形式，種別を選定し，使用目的・空間の規模・耐用年数・耐火性能及び予算に応じたものになるように，意匠と構造とがコミュニケーションをとりながら，検討し，総合的判断をしておかなければ計画そのものが成り立たないこともあり得る．特に耐震に対するチェックは安全性の面から重要であり，耐震構造にしてバランスよく耐震壁を配置することはもちろん，免震構造や制震構造といった考え方も知っておくべきである．

13・4　設備計画

　建築物の生活空間の環境を良好にするために設備計画をする．

　省エネルギー，防災，設置機器の多様化の面からも重要性が増しており，構造計画と同様，基本計画の当初から他の部門と密接に関連をもたせて計画する必要がある．

　建築設備として，次のようなものがある．
　①給排水・衛生設備
　②空気調和設備・換気設備
　③ガス設備
　④電気設備
　⑤その他

13・5　避難・防災計画

　建築物は，多くの人々が安全に利用できる容れ物でなければならないので，災害時に速やかに避難できるように計画しなければならない．

　建築基準法等の法令を満たし，より高い安全性を確保する総合的見地に立った計画とする必要がある．特に不特定多数の利用する特殊建築物は，より多くのことが求められている．

a）2方向避難

　防災避難上，いかなる方向に逃れても，避難できることが安全上重要であるが，最低2方向に避難通路を確保しなければならない．

b）建築物の不燃化

　出火延焼防止のために，火源と可燃物が接触しないように
　①建築物の耐火・防火性能を適切なものとする
　②一定区画ごとの防火区画……面積区画，縦穴区画等
　③室内仕上面の不燃化……内装制限，フラッシュオーバーの抑制
が重要な対策となる．

- フラッシュオーバー：出火の炎が拡大して，可燃性ガスが天井付近に蓄積し，一時に爆発的に燃焼して室全体に炎がまわる現象のこと．
- 縦　穴　区　画：階段・吹抜・ダクトスペースなど，縦穴部分の防火区画のこと．

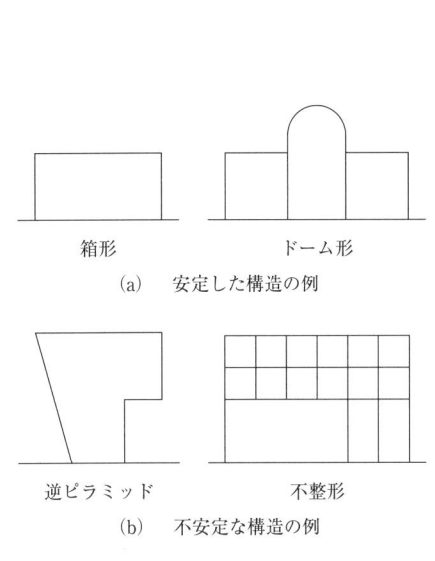

図13・11　構造の例　*3

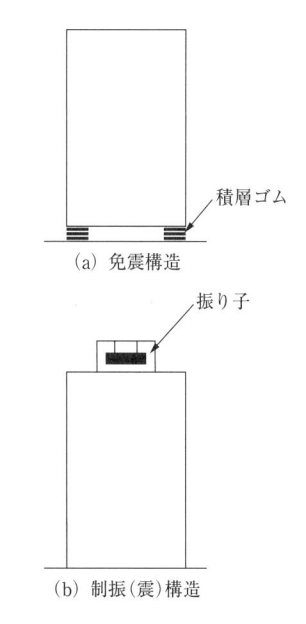

(a) 安定した構造の例
箱形　　ドーム形

(b) 不安定な構造の例
逆ピラミッド　　不整形

図13・12　免震構造と制振(震)構造　*3

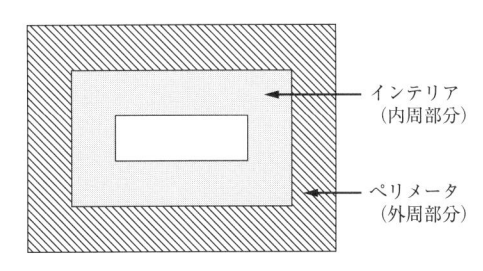

(a) 免震構造　　積層ゴム

(b) 制振(震)構造　　振り子

図13・13　設備計画の例（事務所ビルにおける空調のゾーニング）*3

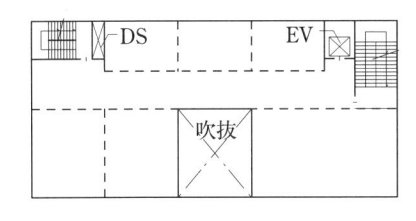

インテリア（内周部分）
ペリメータ（外周部分）

図13・15　縦穴区画の例

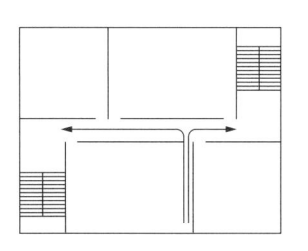

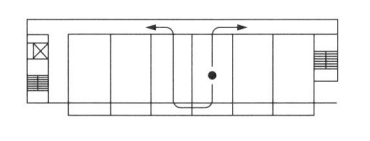

図13・14　2方向避難

13・6　高齢者・身体障害者のための計画

　日本の人口において，年々割合が高くなっている高齢者，そして身体障害者や子供などの社会的弱者が，広く社会に受け入れられるような建築・都市づくりがいま求められている．それは，従来のような収容施設面での保護といった形ではなく，誰もが加齢とともに直面するであろう機能低下や障害が生じても，住み慣れた地域で，基本的にそのまま日常生活を不自由なく続けることができる居住環境をつくることである．

　法的には，不特定多数の人々が利用する特殊建築物に対して，平成6年「高齢者，身体障害者等が円滑に利用できる特定建築物の建築の促進に関する法律（ハートビル法）」が平成18年に新たにバリアフリー法として施行され，高齢社会における住宅のあり方について，平成7年「長寿社会対応住宅設計の補足基準」が通知されている．

- ユニバーサル・デザイン：ユニバーサル・デザインとは，すべての人に使いやすい空間・製品・場所の設計のことである．そのためには，アクセシブル（近づきやすい），アダプタブル（適応しやすい），バリアフリー，トランスジェネレーション（超世代）などが重要となる．

【問題1】　一戸建住宅の敷地の選定に当たっての検討事項として，最も必要性が少ないものは，次のうちどれか．
1．地形と地盤の状態
2．日照・日射の状態
3．電気，ガス，上下水道などの施設の整備状況
4．商店や公共施設
5．春と秋の風向きと風速

【問題2】　敷地選定に関する次の記述のうち，建物の用途との関係で，不適当なものはどれか．
1．事務所の敷地は，都心の商業地域にあって，付近に一群の官庁街，ビジネスセンターが控えている所が望ましい．
2．小売店舗は，人の集散する目立ちやすい場所を選び，かつ，扱う商品に応じて客層の動線についての細かい検討が必要である．
3．駐車ビルの車の出入口は，出入に便利なように，幹線道路に直接接して設けるのが適当である．
4．倉庫は，一般に，水路と陸路による交通の便の良い場所が適当であるが，同時に，地盤沈下，高潮等についても検討が必要である．
5．卸売市場は，貨物駅に近く専用側線の引き込みでもでき，水路による交通の便も良い所が望ましい．

【問題3】　建築物の基本設計段階で，特に考慮する必要のないものは，次のうちどれか．
1．建築物の用途
2．内装材料
3．規模と予算
4．敷地の条件
5．気候・風土

【問題4】　建築計画に関する記述で，最も不適当なものは次のうちどれか．
1．平面計画は，配置計画を考えて行う．
2．設備計画は，平面計画と並行して行う．
3．避難計画は，敷地の条件を考えて行う．
4．構造計画は，平面計画が完了してから行う．
5．動線計画は，機能や安全性の面から人や物の動きを考える．

【問題5】　高齢者や身体障害者等に配慮した建築に関する用語として，最も関係の少ないものは，次のうちどれか．
1．バリアフリー
2．スプロール化
3．ハートビル法
4．シルバーハウジング
5．ノーマライゼーション

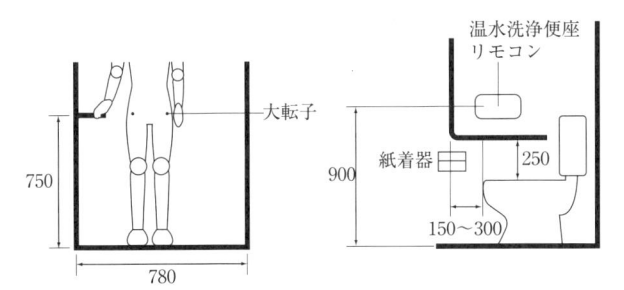

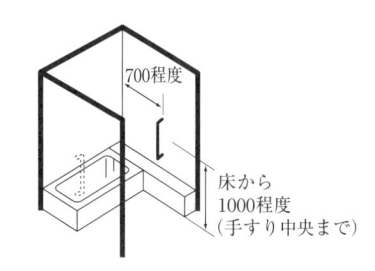

手すりの高さは床から750mmが標準．使用する人が限られている場合は，その人の高さに合わせるのがよく，大腿骨のつけ根の大転子（だいてんし）の高さが目安となる．

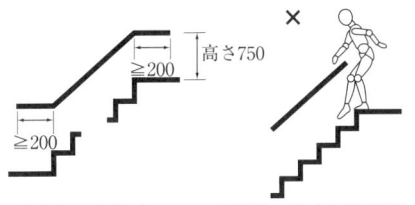

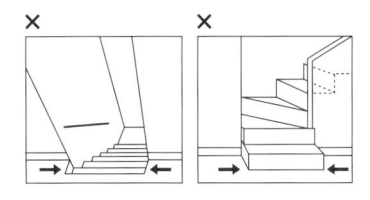

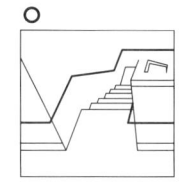

手すりの高さは750mmが標準．手すり端部はできるかぎり200mm以上水平に延ばし，降りる際に，廊下からスムーズに階段へ移動できるようにする．

図13・16　手すりの位置（「長寿社会対応住宅設計指針」より）

行く時と帰る時の両方の動線を考え，目線の先に配置するのが良い．

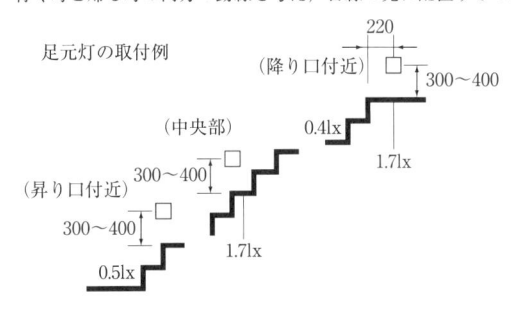

足元灯の取付例

図13・17　足元灯の位置（「長寿社会対応住宅設計指針」より）

14 各部の計画

建築は，その中で人間が様々な生活を営むものなので，建築空間の諸寸法や位置，面積を決定する時，人間の人体寸法，動作寸法等の人間工学に添ったものが基礎となると考えればわかりやすい．

① 人体寸法……人体そのものの寸法
② 動作寸法……人体と手足の動く範囲の寸法
③ 動作空間……人間がものに対して，ある動作をするのに必要な空間
　　　　　　　（人体寸法または動作寸法＋ものの寸法＋ゆとりの寸法）
④ 行動空間……動作空間をいくつか集めて，あるまとまった生活行為（たとえば食事をする，就寝するといった生活上の一まとまりの動作）が行われる空間

人体寸法から動作寸法へ，さらに動作空間，行動空間へと，必要な寸法にあきやゆとりを含めて合理的使用を考えると，その空間ができ上がる．

一般的に建築の寸法は，成人の人体寸法と動作寸法がもとになるが，すべての人に配慮するという考え方から，幼児や児童の寸法や身障者や老人の動きまで考慮する必要もある．

14・1 高さに関する寸法

人間の動作は，立位，椅座位，平座位，臥位（横になる）の四つの姿勢を基本としており，特に高さに関する建築の寸法はこれらと密接な関係がある．

	各　　　部	高さ〔cm〕
立　　位	出入口内法高さ	175〜200
	電灯（スイッチ）	120
	バルコニー手すり	110
	立食い形式飲食店カウンター	100
	扉のドアノブ	90
	台所流し台（上端）	85
	スーパーマーケットレジカウンター	70
	手荷物受渡し用カウンター	65
	洗面台（上端）	75
椅　座　位 （椅子に座る）	車椅子利用者用カウンター	75
	食事用テーブル	70
	事務机	70
平　座　位 （床に座る）	和風浴槽の深さ	60
	肘掛け窓台の高さ	45

(a) 人体寸法

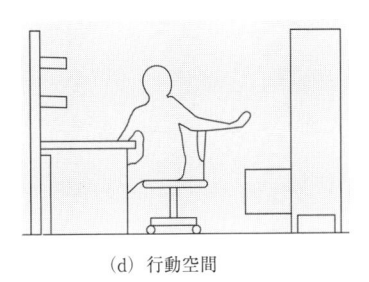

(b) 動作寸法

(c) 動作空間

(d) 行動空間

図14・1　寸法と空間 *3

- 電灯スイッチ
- バルコニー手すり
- 流し台
- 洗面台
- テーブル
- 椅子座面
- 和風浴槽の深さ
- 肘掛け窓台

170cm
120cm
110cm
85cm
75cm
70cm
40cm
60cm
45cm
30cm

立位　椅座位　平座位　臥位

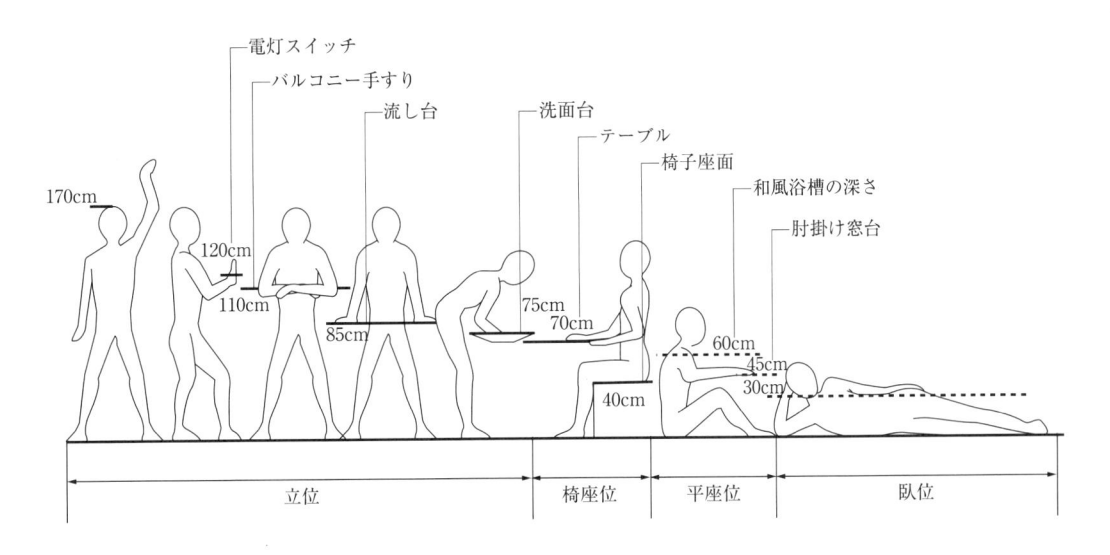

図14・2　姿勢と寸法 *3

14・2　各室の所要床面積

動作や行動をそれに必要な家具との関係で考えていけば，建築の中で，広さとしての面積，大きさとしての容積が数値で表される．

		所要床面積
a）椅子だけでよい行動		1.0m²/人
	劇場・映画館客席 公民館の集会室	0.5～0.7m²/席 0.6m²/人程度
b）椅子とテーブルを使う行動		2.0m²/人
	レストラン客席 小中学校普通教室 理科教室 図書館の閲覧室 事務所の会議室	1.0～1.5m²/席 1.5～2 m²/人 3 m²/人 1.5～3.5m²/人 2～4 m²/人
c）執務行動 　作業面と付属家具が必要な行動		5.0m²/人
	一般事務室 銀行営業室	5～8 m²/人 6.0m²/人
d）就寝行動 　就寝を含む，くつろぎ，収納等，個人の最小生活行為ができる一連の行動		10.0m²/人
	住宅の寝室 寄宿舎の居住室 病院の病室 　（医療法個室　　6.3m²/人以上 　　2床室以上4.3m²/人以上） ホテルシングル 　2人以上	5～10m²/人 5～10m²/人 5～15m²/人 15～20m²/人 10m²/人

※建築物各室の気積

住宅の寝室	10～17m³/程度
多目的ホール客席	6～8 m³/席
映画館の客席	4～6 m³/席
音楽ホールの客席	8～12m³/席

※気積とは容積のことで所要面積×天井高で表される．

14・3　通行空間の寸法

人間が歩行のように，移動行動をしている場合，廊下・出入口の幅，階段・スロープの幅，勾配の寸法や扉の開き勝手が重要となる．

a）廊下幅

人1人が歩行するのに必要な廊下の幅は，人体の肩幅約60cmに左右にゆとりをつけて，80cm程度あればよいが，2人の人がすれ違うことができないし，外開き扉のある所では危険も大きい．
特に不特定多数が利用する施設では，その最小寸法が法で規定されている．

b）出入口の幅

出入口の幅も人1人が通るには60cmで済むが，荷物をもっていたり，ワゴン，車椅子で通過することもあるので，あらかじめ，それらに対するゆとりをもった寸法にしておく必要がある．また扉の開閉方法により，出入口廻りに必要なスペースが変わってくる．

c）階段・スロープの寸法，勾配

階段は昇り降りが楽で，安全であることが大切である．

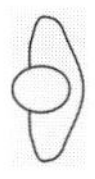

(a) 人体寸法
60×30cm：0.2m²

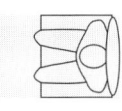

(b) 椅子のみの空間
80×120cm：1.0m²

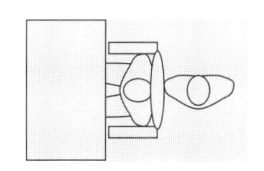

(c) 椅子とテーブルの行動空間
120×160cm：2.0m²

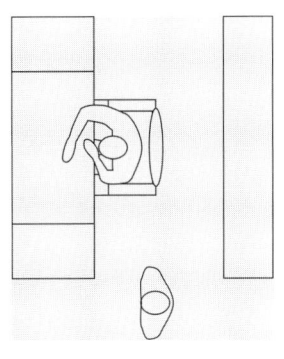

(d) 事務行動の空間
200×250cm：5.0m²

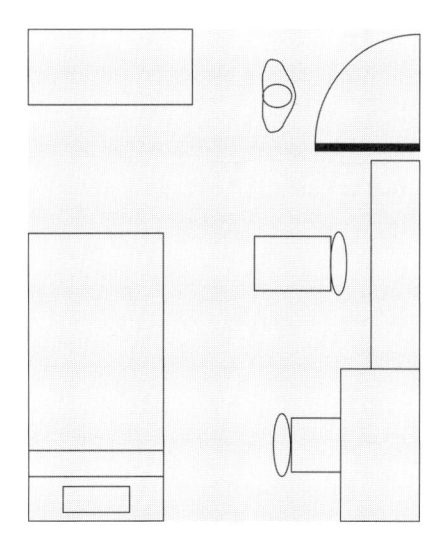

(e) 個室空間
350×300cm：10.0m²

図14・3 所要床面積 *3

(a) 一般 80cm

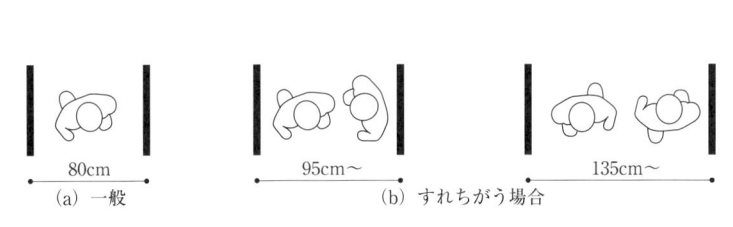

(b) すれちがう場合 95cm〜

135cm〜

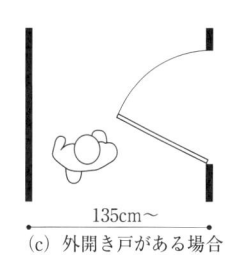

(c) 外開き戸がある場合 135cm〜

図14・4 廊下の幅

表14・1 廊下の幅（令119条による）

用途・規模	廊下の幅	
	中廊下	片廊下
小・中・高校の児童・生徒用	2.3m以上	1.8m以上
病院の患者用	1.6m以上	1.2m以上
共同住宅の住戸もしくは居室の床面積の合計が100m²を超える階の共用のもの		
居室の床面積の合計が200m²（地階では100m²）を超える階のもの（3室以下の専用のものを除く）		

表14・2 出入口の幅

便所のブース	55〜60cm
一般出入口の最小幅	60cm以上
浴室	70〜75cm
居室・事務室	80〜90cm
病室（ストレッチャーの出入り）	100〜120cm

勾配は踏面と蹴上げの比であるが，勾配が緩いほど昇りやすいわけではない．最適勾配は，30〜35°といわれているが，設計上その条件を満たすことは難しいし，また昇りと降りでは使いやすい勾配は違うのである．蹴上げと踏面の関係については一考を要する．階段・踊り場の幅，蹴上げ・踏面の寸法についても，法で規定されている．後述のように，不特定多数が利用する施設については，さらにバリアフリー法で規定し，住宅についても，長寿社会に対応して，指針により，法規よりも緩やかな階段を推奨している．

　建築で高低差のあるところを人や物が移動するとき，階段に代わりスロープ（斜路）が必要なこともある．高齢者が段差のあるところを行き来する時など，その解消に有効である．これについても，法で規定されている．

d）扉の開き勝手

　扉の開き勝手は，以下のように開くことを原則とする．
　　①プライバシーの高い方から低い方へ
　　②避難の面からは，避難する方向へ
　　③安全性の面からは，通行量が少ない方へ
　　④防水上は，雨水がかかる方へ
　　⑤機能面からは，収納物品がない方へ
　　⑥作法上は，人を招き入れる方へ

　ただし，玄関扉は，防犯上及び作法上は，内開きがよいが，日本では雨仕舞や玄関スペースの狭さなどの理由から，現実的には，外開きが主となっているというように，扉の開き勝手は，様々な状況を考慮して決める必要がある．

　　ア）外開き扉
　　　①外部に面する扉
　　　②劇場・映画館・集会室などの不特定多数の収容室
　　　③避難階段の避難階の扉
　　　④共同住宅の玄関扉
　　　⑤銀行の金庫室
　　　⑥病院の患者用便所の扉
　　イ）内開き扉
　　　①病室扉
　　　②居室・事務室などの扉
　　　③浴室の扉
　　　④公共用の便所の扉
　　　⑤雪国の外部扉（積雪のため，扉が外に開かない）

● 引戸：開閉が容易であることや，開閉のために出入口廻りにスペースをとらない，人にぶつからないといった点から，車椅子使用者の便所や居室の出入口，また小学校の教室の出入口は引戸とすることが多い．ただ，引戸は気密性が悪く，錠が不完全等の難点もある．

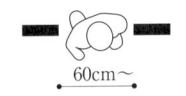

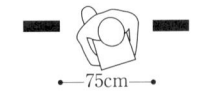

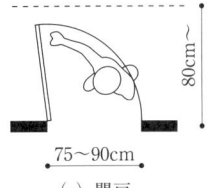

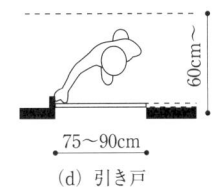

(a) 人だけが通れる　60cm〜
(b) 荷物をもって通る　75cm
(c) 開戸　75〜90cm　80cm〜
(d) 引き戸　75〜90cm　60cm〜

表14・3　階段の寸法（建築基準法施行令23条，24条による）

階段の種類		階段の幅，踊場の幅	けあげの寸法	踏面の寸法	踊場の位置	直階段の踊場の踏幅
(1)	小学校の児童用		≤16cm			
(2)	①中学校・高校の生徒用 ②物品販売業を営む店舗 　（床面積の合計＞1500m²） ③劇場，映画館，演芸場，観覧場，公会堂，集会場などの客用	≥140cm	≤18cm	≥26cm	≤3mごと	≥120cm
(3)	①〔地上階〕直上階の居室の床面積の合計＞200m² ②〔地階・地下工作物内〕居室の床面積の合計＞100m²	≥120cm	≤20cm	≥24cm	≤4mごと	
(4)	(1)，(2)，(3)までに掲げる階段以外および住宅以外	≥75cm	≤22cm	≥21cm		
(5)	住宅		≤23cm	≥15cm		

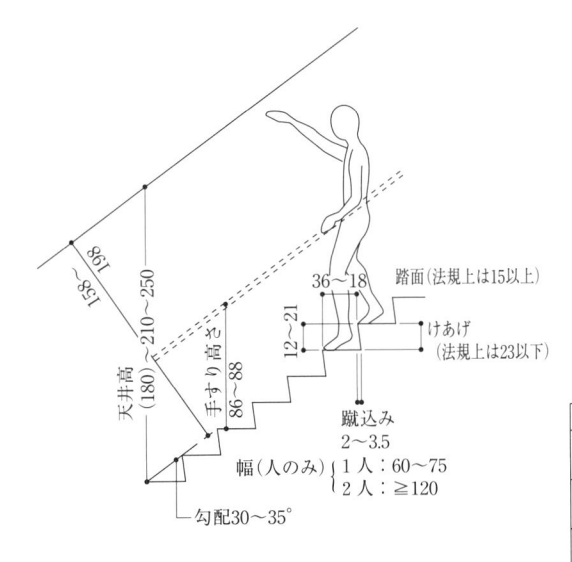

天井高(180) 210〜250
手すり高さ 86〜88
198〜138
踏面（法規上は15以上） 36〜18
けあげ（法規上は23以下） 12〜21
蹴込み 2〜3.5
幅（人のみ） 1人：60〜75　2人：≥120
勾配 30〜35°

図14・6　階段の寸法（単位cm）

表14・4　傾斜路の勾配

自動車用斜路	1/6以下	
階段に代わる歩行者用斜路	1/8以下	すべりにくい材料で仕上げる
劇場などの廊下・通路	1/10以下	
車椅子用斜路 屋内	1/12以下	1/20以下が望ましい
車椅子用斜路 屋外	1/15以下	

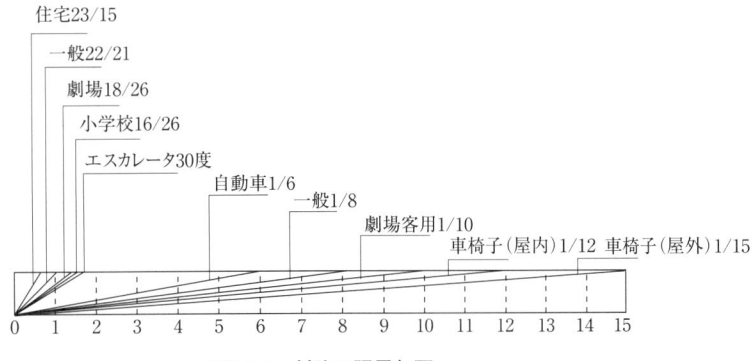

住宅23/15
一般22/21
劇場18/26
小学校16/26
エスカレータ30度
自動車1/6
一般1/8
劇場客用1/10
車椅子(屋内)1/12　車椅子(屋外)1/15

図14・7　斜路の限界勾配

14·4　バリアフリーの寸法

バリアフリーとは，加齢や病気・事故により心身の障害や運動能力の低下などでハンディキャップを負っている人々の行動を阻む物理的・制度的・心理的障壁（バリア）がないという考え方のことである．

加齢からくる身体機能のレベル，障害のレベルによって，必要な動作空間も異なってくるが，ここでは車椅子を使用する時の寸法を中心にまとめる．車椅子の幅は57～65cm，奥行は90～110cmあり，これにゆとりを加えて，動作空間を考慮することにより各寸法が確保される．

a）出入口
引戸または外開き戸がよく，開き戸の場合，取手はレバーハンドルにする．

幅は，手動車椅子の場合……80cm以上，電動車椅子の場合……90cm以上

b）廊下幅
車椅子1台が通行するには，両側に手すりを設けることを考えると90cm以上，車椅子同士がすれ違うには180cm以上が必要となる．

手すりの設置高さは床仕上面（階段の場合，段鼻）から75cmを標準とする．

c）階段・スロープ
段差は，自立した生活や行動のバリアとなりやすいので，できる限り段差はつくらないようにするのが基本的な考え方であるが，すべてをそれで押し通すことはできない．階段は，緩やかな勾配で，昇り降りしやすく，転落などがおきないように手すりをつけ，廻り階段はできるだけ採用せず，踊り場のついた階段にする必要がある．

住宅については「長寿社会対応住宅設計指針」で，次のようなことを推奨している．

踏面（T）と蹴上げ（R）の関係が，$55cm≦T+2R≦65cm$を満たし，かつ勾配　7/11以下．

また，通称「バリアフリー法」では，階段幅内法が140cm以上，踏面が30cm以上，蹴上げが16cm以下，としている．

スロープについては，屋内のスロープ（斜路）の勾配……1/12以下，屋外のスロープ（斜路）の勾配……1/15以下とし，高低差75cmごとに踊り場を設けること，としている．

d）エレベーター
出入口幅……80cm以上

かご内法……1.4×1.35m以上

操作盤高さ……0.7～1.2mの範囲

e）便所
内法……2.0×2.0m以上

f）駐車場
乗降に必要な車間寸法は，介護者がいる場合120cm以上が必要．

駐車スペースの幅として，350cm以上が必要．

g）その他
カウンター・電話台等の上端の高さ：70～75cm

浴槽の縁の高さ：30～50cm（推奨35～45cm）

65×65cm　　110×110cm

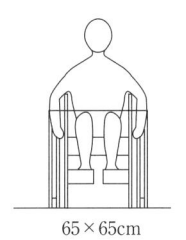

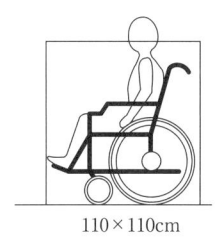

図14・8　車椅子の寸法

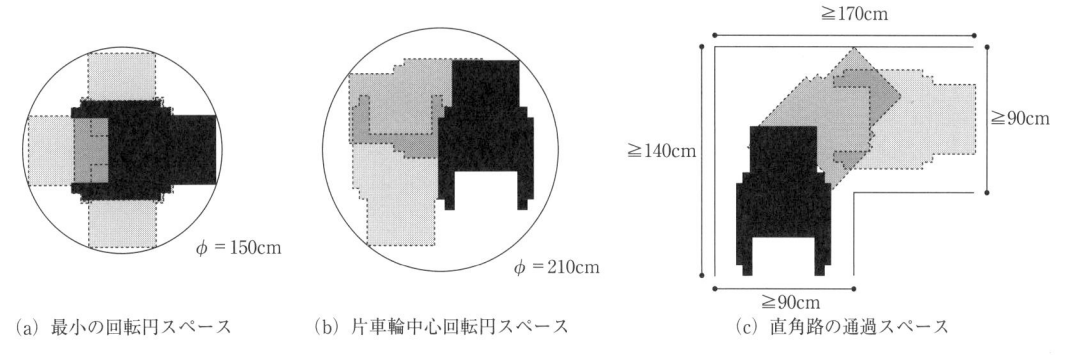

(a) 最小の回転円スペース　$\phi=150\text{cm}$

(b) 片車輪中心回転円スペース　$\phi=210\text{cm}$

(c) 直角路の通過スペース　≧170cm，≧140cm，≧90cm，≧90cm

図14・9　車椅子（手動）の最小動作空間

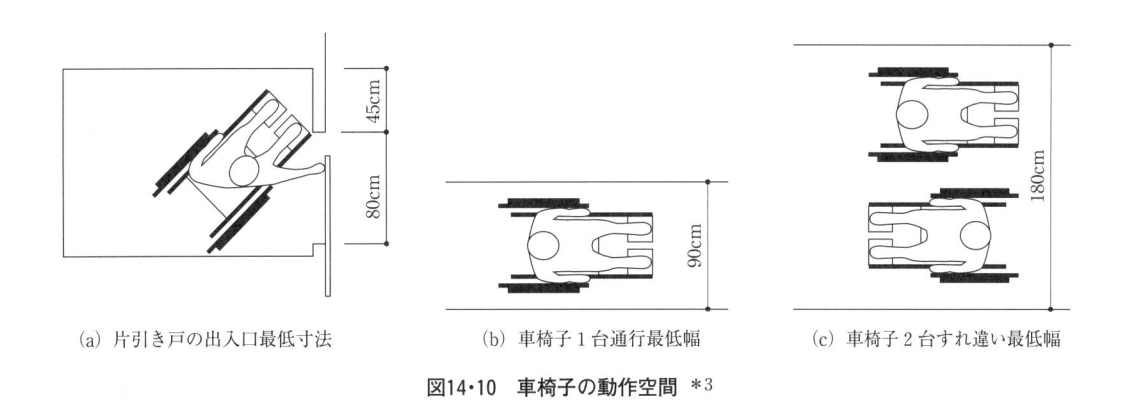

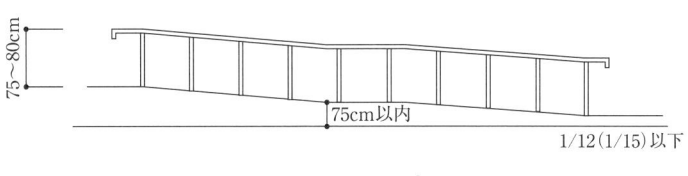

(a) 片引き戸の出入口最低寸法　45cm，80cm

(b) 車椅子1台通行最低幅　90cm

(c) 車椅子2台すれ違い最低幅　180cm

図14・10　車椅子の動作空間 *3

75～80cm　　75cm以内　　1/12（1/15）以下

図14・11　スロープ

77

14・5　モデュール

モデュールは，建築空間や構成材の寸法を決めるための単位寸法，または寸法体系をいう．人間の生活に適合した建築をつくるための基準尺度として用いられるようになった．黄金比・整数倍系列・フィボナチ級数などがある．

- 整　　数　　比…1：2，1：3，1：4などの単純な比率．
- 黄　　金　　比…ある長さを2分する時，短い部分と長い部分の比が長い部分と全体の比と等しく，1：1.618…になるもの．線分を黄金比で割けることを黄金分割といい，その神秘さや安定感によりギリシア時代から造形美を得るため，よく用いられてきた．
- フィボナチ級数…1，2，3，5，8，13，21，34…のように，前の2項の和に等しいものが次に並ぶというもので，隣り合う2項の比は次第に黄金比に近づいていく．

フランスの建築家ル・コルビュジエにより，考案されたモデュロール（人体寸法を整数比・黄金比・フィボナチ級数から構成される比例尺度と組み合わせた基準尺度），ISO（国際標準化機構）規格ですべての寸法を単位寸法（10cm）で決めようとするのも，また日本建築が畳の大きさ一間＝6尺＝1820mmを単位とする寸法体系をとってきたことも，モデュールの考え方である．

- モデューラーコーディネーション…建築の寸法関係をモデュールによって調整し，建築空間に寸法上の秩序を与えることを，モデューラーコーディネーション（モデュール割）という．建築技術の進歩につれて，モデューラーコーディネーションは寸法の標準化，互換性の保証という面から，建築計画の合理化・標準化のための手段に重要となり，工業化・量産化を進めるうえでも必要となっている．

【問題1】　建築物の各部とその寸法・数値との組合せとして，最も不適当なものは，次のうちどれか．
1．車椅子使用者用の屋内斜路の勾配―――1/6
2．住宅の電灯スイッチの床からの高さ―――1.2m
3．病院の病棟の中廊下の幅―――2.2m
4．和風浴槽の深さ―――0.6m
5．小学校普通教室の天井の高さ―――3.0m

【問題2】　室の用途，収容人員及び床面積との組合わせで，最も不適当なものは，次のうちどれか．

	室の用途	収容人員	床面積
1	会議室	30人	150m²
2	事務室	50人	300m²
3	オーディトリアムの客席	500人	300m²
4	病院の病室	4人	20m²
5	小学校の普通教室	40人	40m²

【問題3】　カウンターの高さに関する記述で，最も不適当なものはどれか．
1．住宅の洗面台カウンターの高さを，75cmとした．
2．スーパーマーケットのレジカウンターの高さを70cmとした．
3．手荷物受渡し用カウンターの高さを，65cmとした．
4．車いす利用者用カウンターの高さを，95cmとした．
5．立食い型式の飲食店のカウンターの高さを，105cmとした．

【問題4】　車椅子使用者の利用を考慮した公共建築物の計画に関する次の記述のうち，最も不適当なものはどれか．
1．車椅子使用者用便所において，床面から高さ120cmの位置に衣服掛けを設けた．
2．車椅子使用者と健常歩行者がすれ違うことができるように，廊下の有効幅を150cmとした．
3．エレベーターの乗降ロビーは，180cm×180cmの広さとした．
4．主要な階段は，回り階段とした．
5．公衆電話の電話台の上端の高さを床面から70cmとした．

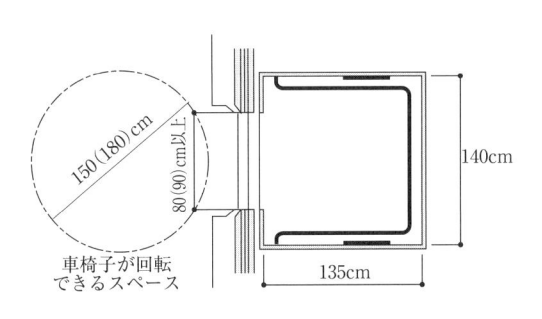

図14・12　エレベーター

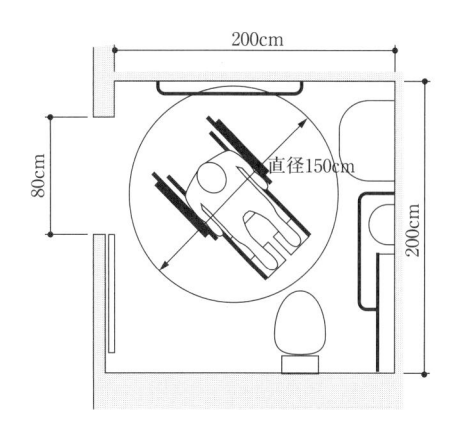

図14・13　車椅子用便所最低寸法 *3

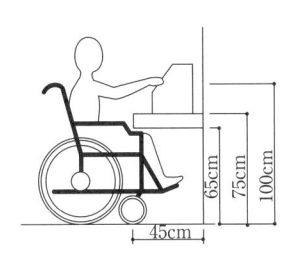

図14・14　カウンター・電話機の高さ *3

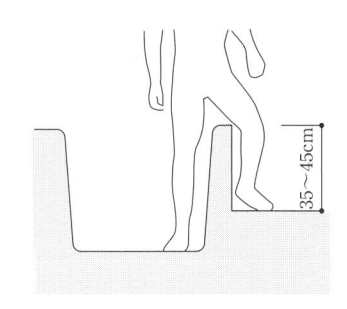

図14・15　浴槽の縁の高さ

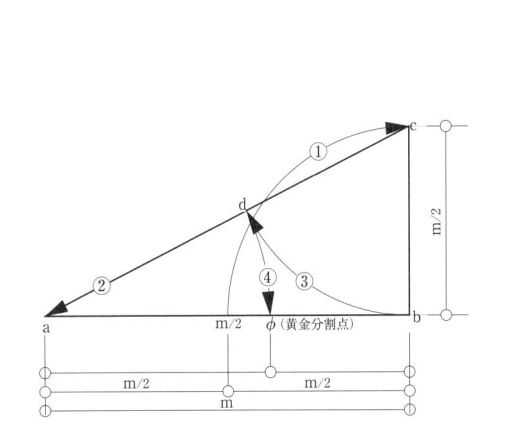

(a) 黄金比の作図

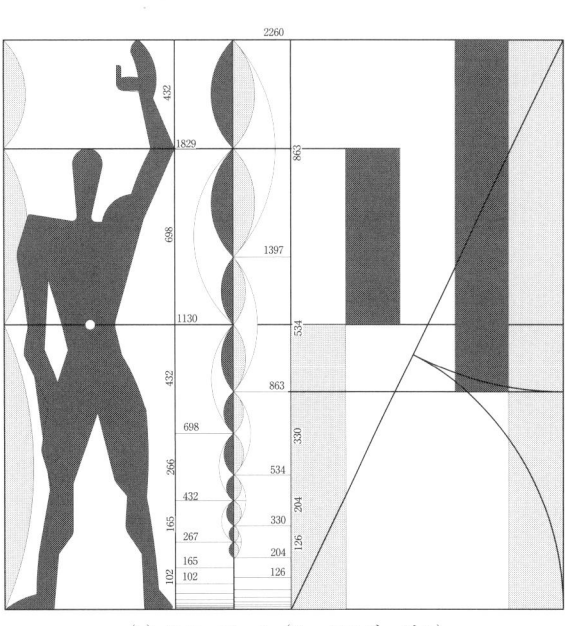

(b) モデュロール（ル・コルビュジエ）

図14・16　比例

15 構法・材料・生産

15・1 主体構造

建築物の主体構造には次のようなものがある．

a）木造

主要構造部の構成方法や組立方式の違いにより，次のような構法がある．

①軸組構法（在来工法）：土台・柱・梁などの軸組を主体とする伝統的な構造形式（書院造り，数寄屋造りなど）

②壁式構法：木材で組んだ枠に合板などを打ち付けた平面材で，壁体や床版を組み立てる構造形式．枠組壁構法，パネル構法などがある．

③丸太組構法（ログハウス）：丸太などを井桁のように組み上げ，これを壁（ログウォール）とする構造形式．わが国では，正倉院の校倉造りがこれである．

b）鉄筋コンクリート造（RC造）

鉄筋を組み，周囲に型枠を建てて，コンクリートを打設することにより，鉄筋とコンクリートが一体になった構造．

①ラーメン構造：柱と梁が剛に接合され，スラブと一体に構成される形式．

②壁構造：柱・梁に代わり，耐力壁で構造体を構成するもの．

c）鉄骨造（S造）

鋼材を用いた柱・梁による軸組構造のラーメン構造と，接点をピンとして扱う三角形を組み立てたトラス構造などがある．

d）鉄骨鉄筋コンクリート造（SRC造）

鉄骨の骨組のまわりに鉄筋を配置し，コンクリートを打ち込んだ構造形式．

e）組積造

石・レンガ・コンクリートブロックなどを積み上げて壁を構成する構造形式．

15・2 建築材料

a）構造材料

建築構造材として，木，コンクリート，鋼（スチール）がよく利用される．

下記に示すように，それぞれの特性および特徴を考慮して構造材料を選択する必要がある．

木	引張り比強度（引張り強度/比重）は木が最も大きく，圧縮強度もコンクリートよりやや大きいが耐火性に劣る．加工性がよく，材料豊富で安価のため一般普及している．木造でも，全体を不燃材で覆ったり，集成材等の大断面構造を使用し，強度を均一化し，燃えしろを確保することにより，燃えにくいものも可能．
鉄筋コンクリート	強度面では，木より劣るが，耐火，耐久性があり，自由な造形が可能．材料豊富．重量が大きいのが弱点．経年変化で中性化が進むと，鉄筋が錆びることにより，耐久性低下．
鋼（スチール）	強度が大きく，建物を軽量化できる．大スパンや高層建築物に適する．耐火性に劣るので，耐火被膜が必要．軽量鉄骨造（LGS）は，外壁の内部結露による錆発生に注意．

(a)-① 木造軸組構法

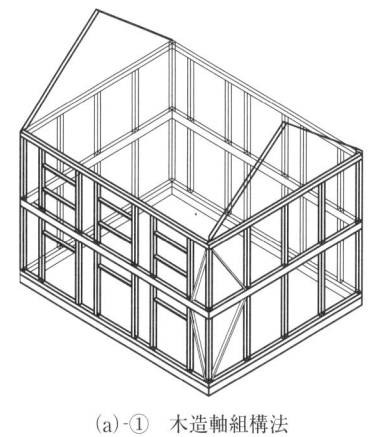

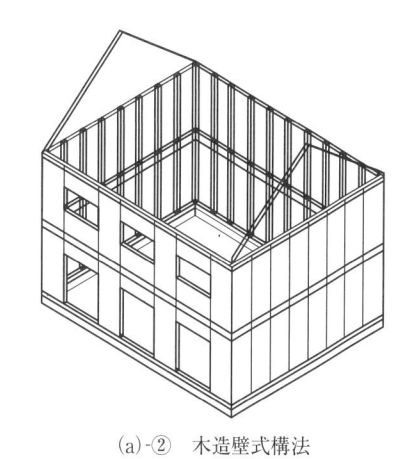

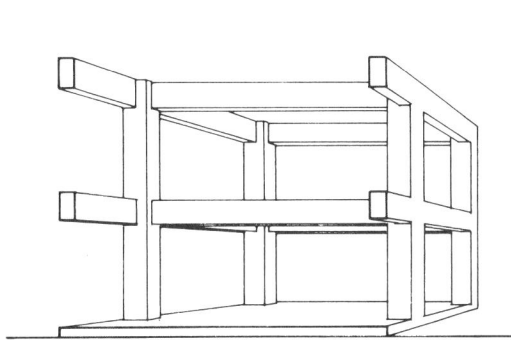

(a)-② 木造壁式構法

(b)-① 鉄筋コンクリートラーメン構造

(b)-② 鉄筋コンクリート壁構造

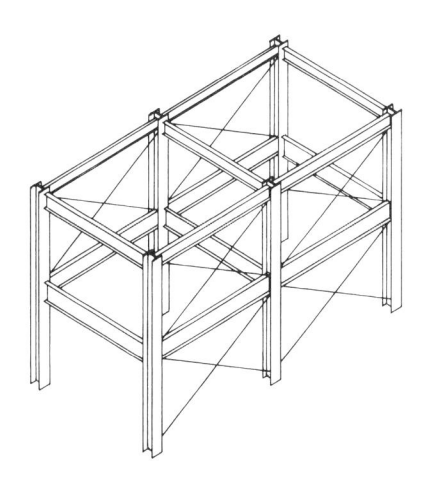

(c)-① 鉄骨ラーメン構造

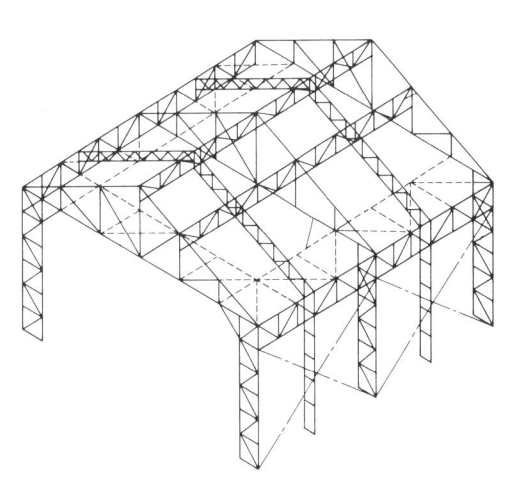

(c)-② 鉄骨トラス構造

図15・1　主体構造の種類

b）仕上材料
- 屋根

  ア）屋根形式：代表的なものは，図15・2のとおり．

  イ）屋根勾配は，屋根葺き材の透水性，1ピースの大きさ，降水量，積雪量，風圧力，屋根の大きさ，デザインによって決まる．一般に表15・1のとおり．

- 床・壁・天井

  床は主に耐衝撃性，耐摩耗性，耐水性，すべり度，遮音性について，壁・天井は，防火性，防湿性，断熱性，吸音性，遮音性について，考慮しながら材料を選択するが，その性能は仕上げ材料のみで定まるのではなく，下地構法，部材の大きさ，施工性にも大きく影響を受ける．

15・3　開口部（窓・扉）

窓・扉の種類は次のとおりであるが，その選択にあたり，デザインの他に雨仕舞，気密性，遮音性，清掃のしやすさ，通風・排煙，耐久性などを考慮して決める．

a）窓

　引き違い窓……構造が簡単で，開閉に場所をとらず故障が少ない．気密性・雨仕舞が悪い．

　外開き窓……気密性・換気量が大きく，雨仕舞がよい．

　　　　　　　全面開放ができるが，網戸がつけにくい．

　はめ殺し窓……窓枠に直接ガラス等を固定し，開閉できない窓．

　すべり出し窓…気密性・換気量が大きく，雨仕舞がよい．

　上げ下げ窓……上下同じに開閉でき，開口面積が調整しやすい．換気に便利．

　　　　　　　　引き違い窓と同じく開閉に場所をとらず，網戸をつけやすいが，重りのバランスで上下するので故障が多い．

b）扉

　引　き　戸……開閉に場所をとらない，気密性が乏しい．錠が不完全．

　開　き　戸……気密性に優れている．蝶番が破損しやすい．

　自　由　戸……人の多く集まる所の玄関に用いられる．

　　　　　　　　デパート，ビルなどに適する．

　　　　　　　　気密性が不完全．

　回　転　扉……気密性がよい．風が入りにくく，出入りをゆっくりさせる．

　　　　　　　　避難には難がある．

　アコーディオンドア…室を簡易に仕切れるが，気密性と遮音性不良．

建具金物として，錠や取手，蝶番，ドアなどについても留意する必要がある．

15・4　建築生産

建設業の経済規模は大きく（GNPの約20％が建設投資），経済全体の拡大にも大きく影響していくことから，建築生産に対して質と量の確保が社会的に要求されてきた．建築生産の状況，特徴を振り返り，計画の合理化，標準化，生産における工業化，量産化が図られるようになってきたということである．

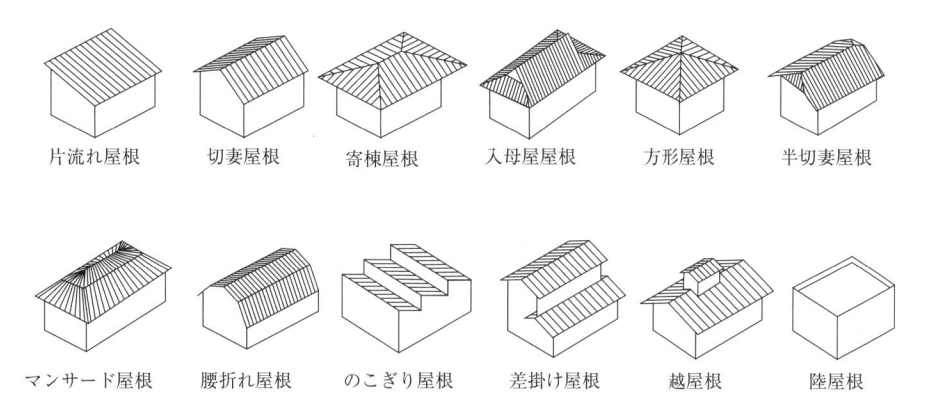

図15・2 屋根の形式

片流れ屋根　切妻屋根　寄棟屋根　入母屋屋根　方形屋根　半切妻屋根
マンサード屋根　腰折れ屋根　のこぎり屋根　差掛け屋根　越屋根　陸屋根

表15・1 屋根材料と屋根の最小勾配

茅　　葺　　き	10/10〜	
天然スレート葺き	5/10〜	重量大，風に弱い
瓦　　葺　　き	4/10〜5/10	重量大，地震に不利
アスファルトシングル葺き	3/10〜4/10	重量小
金属板平葺き	2.5/10〜	重量小，断熱性小
波形鉄板・波形スレート葺き	2/10〜	重量小，断熱性小
金属板瓦棒葺き	1/10〜	重量小，断熱性小
モルタル防水	1/100〜2/100	重量大，防水性劣る
アスファルト防水	1/100〜1/200	重量大

表15・2 内装材料の例

種類	内　容	良い点	悪い点
磁器質タイル	高温で焼き締まって磁化したタイル	耐水性	吸音性
石こうボード	焼石こうの両面を厚紙ではさんで成板したもの	防火性	防湿性
プリント合板	合板の表面に木目や模様を印刷したもの	汚れにくさ	耐熱性
石綿セメント板	石綿をセメントに混ぜ，成板したもの，石綿板，石綿スレート板ともいう	耐熱性	手ざわり
岩綿板（ロックウール）	岩綿に接着剤などを加えて成型した板	防音性，防火性	手ざわり

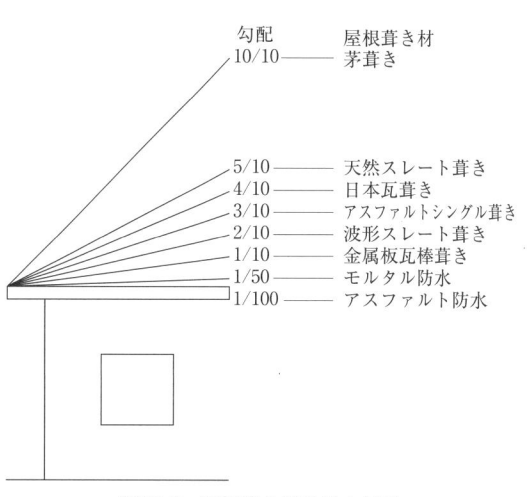

図15・3 屋根葺き材の最小勾配

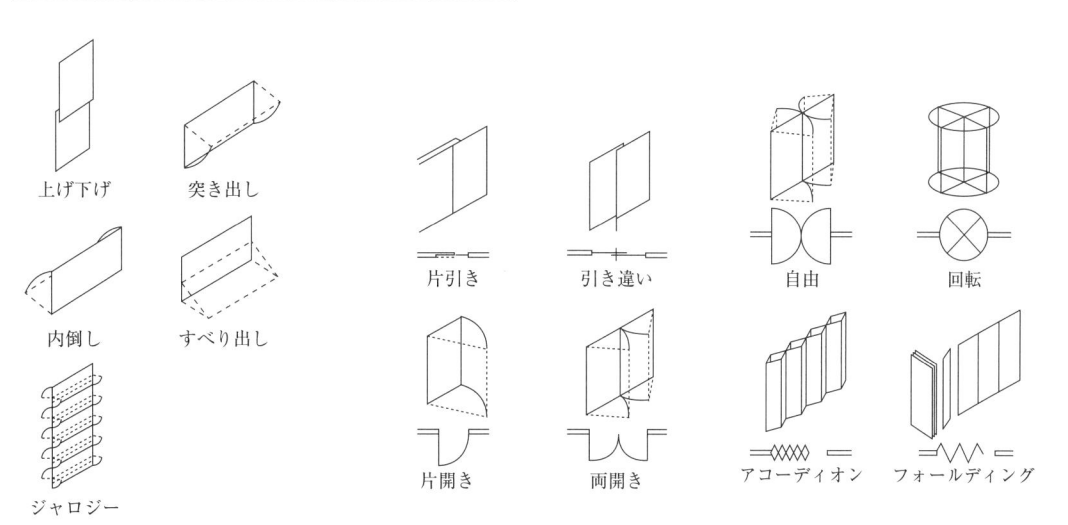

勾配　屋根葺き材
10/10 ── 茅葺き
5/10 ── 天然スレート葺き
4/10 ── 日本瓦葺き
3/10 ── アスファルトシングル葺き
2/10 ── 波形スレート葺き
1/10 ── 金属板瓦棒葺き
1/50 ── モルタル防水
1/100 ── アスファルト防水

上げ下げ　突き出し
内倒し　すべり出し
ジャロジー

片引き　引き違い　自由　回転
片開き　両開き　アコーディオン　フォールディング

図15・4 窓の種類　　　　　図15・5 扉の種類

a）建築生産の特徴

(1) 一 品 生 産……敷地・建築の内容・規模・形態が一つとして同じでないこと．
(2) 屋外(現場)生産……工事は屋外で行われ，自然条件に左右されやすく，品質管理が難しい．
(3) 総合組立生産……多種多様な建築部材，専門工事により，有機的に総合生産される．
(4) 受 注 生 産……工事の注文を受けてから工事を行う．
(5) 労 働 集 約 性……他の製造業より労働力に頼る比重が高い．
(6) 多重下請構造……多種多様で，何段階もの下請けのある工事に依存している．

b）モデュラーコーディネーション

柱間や間仕切壁の位置，床・壁・天井等のパネル割付，窓の位置・寸法などを，モデュールにより調整することで，計画の標準化，量産化を高め，プレファブ化にもつながる．

c）プレファブリケーション

現場で組み立てる前に，あらかじめ工場で，材料と部材の大半を作っておくこと．
生産性の向上，質の均一性，精度の向上，現場の工程短縮，コストダウン等の利点がある．
量産とよく混同されるが，一品生産のものでもプレファブされることがある．しかし，量産化・工業化にはプレファブリケーションは必要である．
単品部材は仕上げまで工場加工し，現場ではその組み合わせ作業だけにするのがよく，部材は大きいほうが現場での組み合わせ作業時間は少ないが，運搬の問題や量産性への対立といった問題も生じてくる．

● カーテンウォール：カーテンのように構造体から分離した非耐力壁の総称．一般にはパネル化されて，工場で生産され，現場で取り付けられる．建築物の軽量化・工期短縮・施工の合理化に有利．

【問題1】 A～Dの用語と関係が深いア～エの用語の説明の組合せとして，最も適当なものは，次のうちどれか．

A．ツーバイフォー　　ア．軸組構造
B．ログハウス　　　　イ．校倉造り
C．コンクリートブロック造　ウ．枠組壁工法
D．数寄屋造り　　　　エ．組積造

	A	B	C	D
1	ア	イ	エ	ウ
2	イ	ウ	エ	ア
3	ウ	イ	エ	ア
4	ウ	エ	ア	イ
5	エ	ウ	ア	イ

【問題2】 屋根仕上A～Cと一般に採用される最小勾配ア～ウとの組合せとして，最も適当なものは，次のうちどれか．

A　アスファルトシングル葺
B　天然スレート葺
C　金属板瓦棒葺
ア　2/10～3/10
イ　3/10～4/10
ウ　4/10～6/10

	A	B	C
1	ア	イ	ウ
2	ア	ウ	イ
3	イ	ア	ウ
4	イ	ウ	ア
5	ウ	イ	ア

【問題3】 次の記述のうち，最も適当なものはどれか．

1. 多人数を収容する室の扉は，外開きとする．
2. 外部に面する扉は，一般に，雨仕舞の点からは内開きがよい．
3. アコーディオンドアは，遮音性・気密性に優れている．
4. 浴室の扉は，防水の点からは，外開きがよい．
5. 公共用の便所のブースの扉は，安全性の面からは外開きがよい．

【問題4】 木造建築の工法に関する次の記述のうち，最も不適当なものはどれか．

1. プレカット方式とは，部材の接合部などを工場であらかじめ加工して建てる方式である．
2. ツーバイフォー工法（枠組壁工法）では，必ずしも，2インチ×4インチの部材だけが使用されるわけではない．
3. 在来軸組工法の継手や仕口は，ツーバイフォー工法と比較して，多様である．
4. プレカット方式とは，ツーバイフォー工法特有の工場加工方式である．
5. ログハウスに用いられる丸太組工法は，従来，校倉造りと呼ばれてきた工法に近いものである．

表15・3　各種プレファブ工法

軸組工法	構造体としての柱・梁等をプレファブ化したもの．他の工法に比べて大きいスパンが可能．鉄骨系住宅，共同住宅に用いられる．
パネル工法	構造体として壁・床スラブをプレファブ化したもの．PC板※によるパネル式工法は中層共同住宅に適している． ※PC板（プレキャストコンクリート板）：壁板や床板等，あらかじめ工場で作ったコンクリート部材
スペースユニット工法	箱状の立体的なユニットを工場生産するもの．運搬方法に制限が伴う．カプセルやサニタリーユニット等がある．
枠組壁工法 （ツーバイフォー）	主として断面が2インチ×4インチ，あるいはその整数倍の木材を枠組とし，構造用合板をくぎ打ちしてつくったパネルで建築物を構成している．壁式構造で，壁配置と壁量の確保に留意する．
プレカット方式	部材の接合部などをあらかじめ工場で加工し建てる方式．木造在来工法でも継手や仕口等を工場で加工しておくことがあり，ツーバイフォー工法特有の工場生産方式ではない．

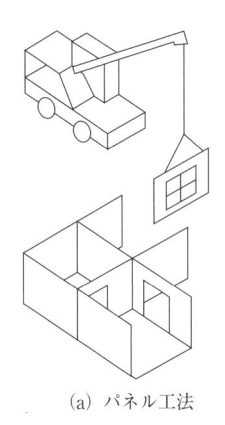

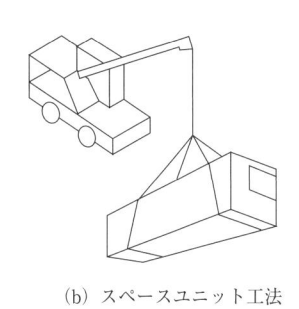

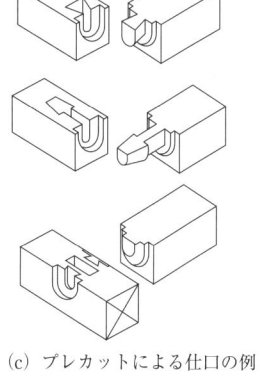

(a) パネル工法　　(b) スペースユニット工法　　(c) プレカットによる仕口の例

図15・6　プレファブリケーション

16 住　　宅

　その中で人の基本的生活行為が行なわれる住宅は，最も身近で重要な建物である．その集合の仕方により，①独立住宅，②集合住宅，③集団住宅地（団地）に分類される．それぞれについて，構成方法や各部計画の方法を理解し，快適な住空間の計画技術を学ぶ．

16・1　独立住宅

　独立住宅は，他の住宅に接続せず，1戸が独立して建つ戸建住宅である．

a）配置計画

　　計画は，まず設計条件の把握をすることに始まる．そのなかで
　敷地条件　①敷地と道路の位置関係，高低差
　　　　　　②方位
　　　　　　③敷地形状，面積，地形，地盤
　　　　　　④周辺環境，近隣関係
　　　　　　⑤電気・ガス・水道等の整備度
を事前に調査したうえで
　　　　　　①道路から玄関に至るアプローチのためのスペース
　　　　　　②駐車のためのスペース
　　　　　　③庭のためのスペース
　　　　　　④サービスヤードのためのスペース
の各スペースを確保して，人と車の動線が交差しないことや，日照・通風・防火・避難などの面から検討を加えて，建物の配置計画をする．

b）平面計画

　　[機能計画]…住宅内の機能や目的により，ブロック分けゾーニングすること．
　　　　　　たとえば，・プライベートスペースとパブリックスペースを分ける．
　　　　　　　　　　　・居室ゾーンと水まわりゾーン（サニタリースペース）を分ける．
　　[動線計画]…人や物・車などの動きを明確にし，合理的にすること．
の二つを基本に計画する．
　住宅の平面計画の原則として，次のようなものがある．
　　①食寝分離……食事をする空間と寝室は別にすること．
　　②就寝分離……親と子供の寝室，男性と女性の寝室を分けること．
　　③公室と私室の分離…家族で使う居間・応接室等と，プライベートな寝室は離して配置すること．
　　④動線は単純で短く…たとえば，家事労働を効率よくするため，台所とユーティリティを近接
　　　　　　　　　　　させること等．

c）プランタイプ

①片廊下型・中廊下型：通路の片側に水まわりや居室を並べたものが片廊下型，両側に並べたものが中廊下型．日照を得るのに東西に長くなりやすく，プライバシーは確保しやすいが，通風に難点があり，また，北側に配置された居室は，日照の点からも不利．

②1室型：ひとつの空間に，間仕切を設けず家具や可動間仕切で，それぞれの機能にフレキシブル

図16・2 敷地の形状の例

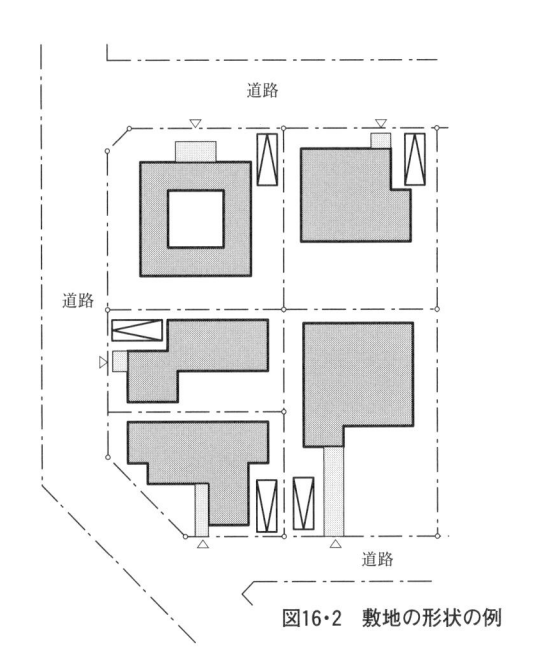

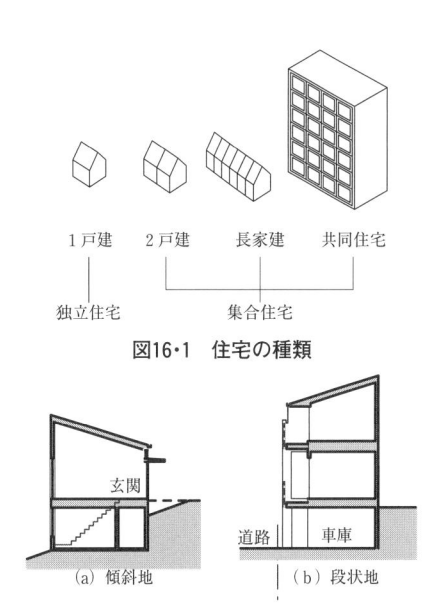

図16・1 住宅の種類

図16・3 高低差のある敷地の例

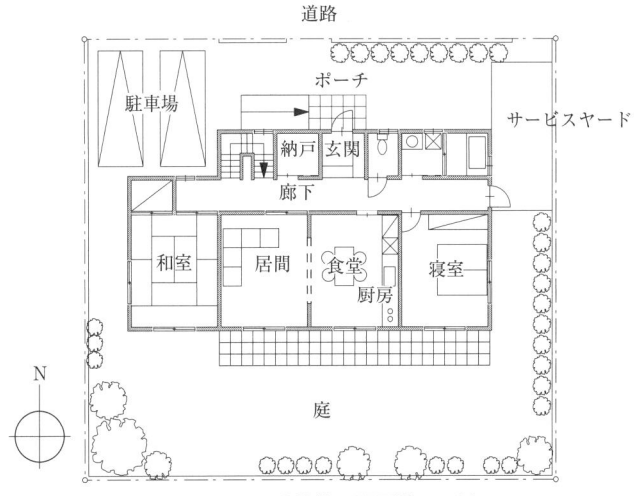

図16・4 建築物の配置計画の例

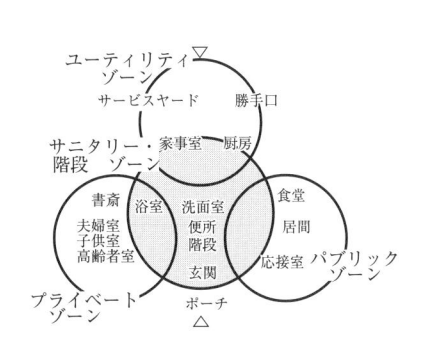

図16・5 住宅のゾーニングの例

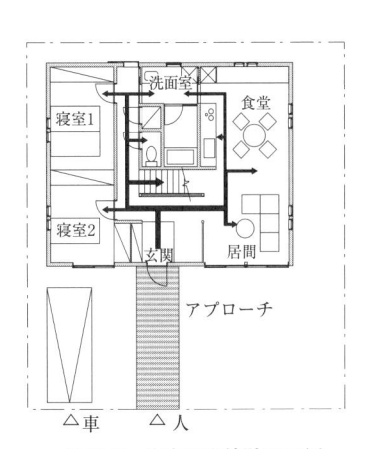

図16・6 住宅の動線計画の例

に対応する．そのため一方で，プライバシーについて考慮しなければならない．狭小住宅向き．

③コア型：水まわり，階段，通路等を集中し，建物の核（コア）とする．給排水設備を集中した設備コア，耐震壁等の構造関係を集中した構造コアがある．動線を短くし易く，廊下が少なくなるため，居室の居住性が高くとれる．

④コートハウス型：敷地周囲を壁で囲み，中庭をとって，各室を散りばめる．1戸の住宅としてのプライバシーがとれ，中庭から各室の日照・通風を得ることができる．

d) 各室計画

①居間・食事室：居間は家族が団らんする生活行為すべての中心の場であり，食事室は食事での会話を通じてコミュニケーションをはかる場である．南向きか東向きに配置し，明るく通風の得られる場所がよい．居間（L），食事室（D），台所（K）の組み合わせにより，図16・8のような形態がある．

②台所：調理作業を行う家事としての中心の場である．準備→流し台→調理台→ガス台→配膳の作業動線を考慮し，能率よく，明るく，清潔にする．

③家事室：ユーティリティとも呼ばれ，台所や浴室・脱衣室などに隣接させ，調理以外の家事作業を能率的に行う場である．いろいろな作業ができるように多目的な性格をもち，勝手口，サービスヤードまでの動線を考慮する．

④寝室：寝室は就寝のためのプライベートな場所であり，プライバシーの高いものほど奥にという考え方から，道路側への配置を避けたりする．寝室1人当りの所要面積は $5 \sim 8 \mathrm{m}^2 /$ 人（気積 $10 \sim 17 \mathrm{m}^3 /$ 人）．

⑤水まわり：浴室・洗面所・便所をまとめてサニタリーともよぶ．給排水衛生上は，台所とまとめて配置する方がよい．

e) 住宅設備（寸法等は前述）

f) 高齢者・身障者の住宅

バリアフリーについての考え方は，前述（69，76ページ）を参考に配慮する．

独立住宅では，具体的に次のような点に留意する．

①移動に支障がなく，自立した生活ができるように生活空間（老人室等）は1階に置き，日の当たる南側に設ける．
②段差はできるだけなくし，滑りにくくする．
③近くに便所や浴室を設ける．
④廊下は広く，車椅子が通るには90cm以上が必要．
⑤動くことの手助けとなる手すりを設ける（廊下，便所，浴室など）．
　　手すり高さ……床面から75cmの高さ
⑥便所の扉は引戸または外開き戸．
⑦ドアの取手はレバーハンドル式にする．

g) 二世帯住宅

二世帯住宅は，親世帯とその子供の世帯が住む住宅である．二つの世帯がどのような関係で生活するのか，そのつながり方とある程度の分離を考慮し，高齢者の安全性や快適性にも配慮して，どのようなライフスタイルをめざすのか十分に検討しなければならない．

● ライフサイクル：人が生まれてから死ぬまでの家族構成や生活環境の変化のこと．

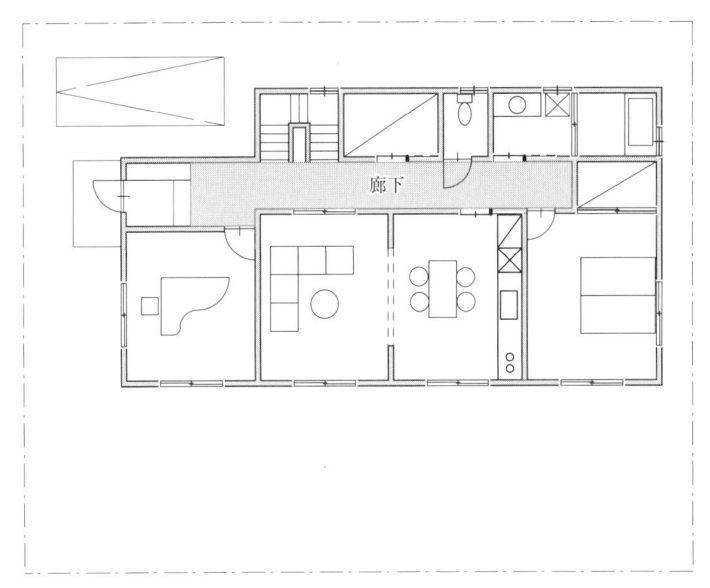

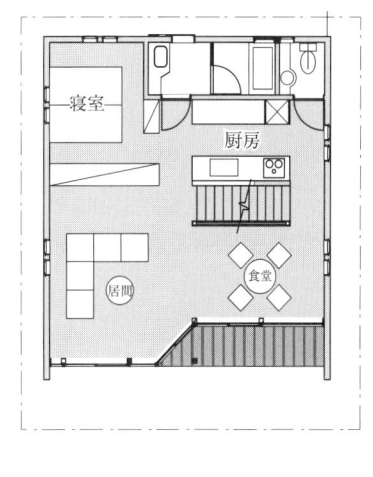

(a) 中廊下型

(b) 1室型

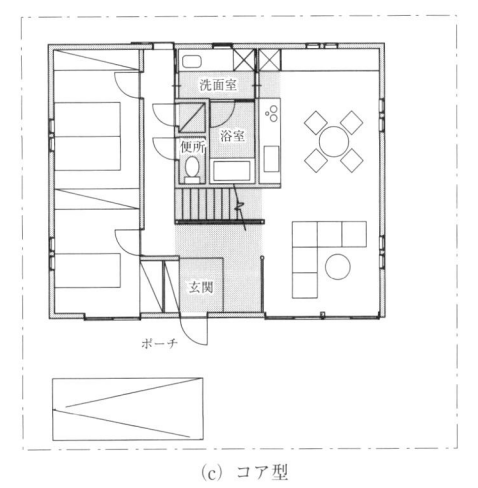

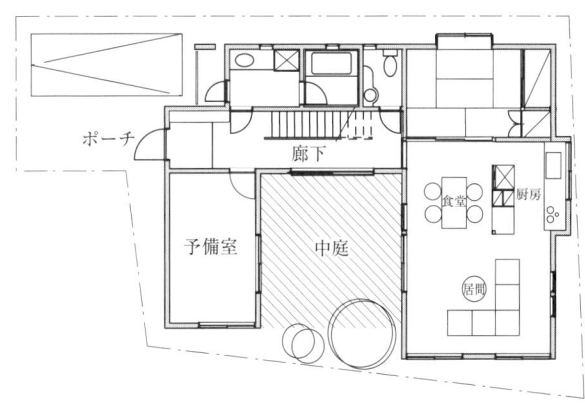

(c) コア型

(d) コートハウス型

図16・7 プランタイプの例

ダイニングルーム（D）	K D　L	食事専用室，食事室としての独立性が高い
ダイニングキッチン（DK）	DK　L	食事室と台所を兼用している室．居間の独立性が保たれる．調理と食事・後かたづけの作業性がよく家事能率がよい．
リビングダイニング（LD）	K LD	居間と食事室が一室になったもので家族の団らんの場として広く使える．
リビングキッチン（LDK）	LDK	台所・食事室・居間を一室にまとめたもの．団らんに参加しながら台所作業ができる．

図16・8 居間・食事室の形式

16・2 集合住宅

集合住宅は，2戸以上の住戸が集合して1棟を構成する住宅である．

生活の異なる人々が，お互い協力して生活する環境をつくりだすため，コミュニティと個人領域（プライバシー）のバランスがとれた計画が重要となる．

a）集合住宅の分類

集合住宅は，住戸が集合して構成されるので，その様々な構成方法の種類，特徴を知る必要がある．

①集合形式による分類

連続住宅	2戸以上の住戸を横に連続して一棟とした住宅
共同住宅	複数の住戸が縦と横に立体的に積み上げられ，廊下や階段などの共用部分を持つ一棟の住宅

②階数による分類

低層集合住宅	1～2階建	①各戸が接地性が高い． ②建設費が安いが，戸数密度が低い． 　郊外に適し，テラスハウス，コートハウス，タウンハウス等がある．
中層集合住宅	3～5階建	①階段・廊下でアクセスするが，近年バリアフリーの考え方からエレベーターが設置されている． ②共用部分の面積の割合が少なく，鉄筋コンクリート壁構造や，プレハブも可能であり，経済的である．
高層集合住宅	6階建以上	①エレベーター設置が必要である． ②構造費は高くなるが，戸数密度を高くできる． ③地価の高い都市内部に適し，不燃化に有効．

③通路形式による分類

住戸へのアクセスの検討は，集合住宅のコミュニティのあり方に大きく影響する．アクセスには階段やエレベーターが必要であり，その通路形式により図16・12のように，階段室型，片廊下型，中廊下型，ツインコリダー型，ポイントハウス型，スキップフロア型の6種類に大別される．各形式は，日照，採光，通風など，様々な長所短所があるので，採用にあたりその検討が必要である．

④住戸形式による分類

住棟内の住戸の断面形態の違いで，図16・13のような形式がある．

b）各種の住棟タイプ

①テラスハウス：各住戸が専用の庭をもつ，接地型低層連続住宅．独立住宅よりは高密度で，独立住宅の感覚をもった集合住宅．連続する隣家とのプライバシーに配慮が必要．

②タウンハウス：各住戸の専用敷地の他に，コモンスペース（共有庭）をもつ低層集合住宅．戸建住宅の独立性と集合住宅の屋外環境の良さをあわせ持っている．

③コートハウス：住宅の中心に設けた中庭（オープンスペース）の周囲に居室を配列した都市型低層住宅．中庭によりプライバシー，日照，通風は確保されるが，街路に対しては閉鎖的．

④コーポラティブハウス：入居予定者が組合をつくり，土地の入手をはじめ，企画から設計・建設・居住・管理に至るプロセスに参加して建てた共同住宅．

⑤コレクティブハウス：個人のプライバシーを尊重しながら，子育てや家事などの作業を協同で担いあうといった相互扶助を行う集合住宅．

⑥高齢者に配慮した集合住宅：シニア住宅，シルバーハウジング，ケア付住宅といったものがある．

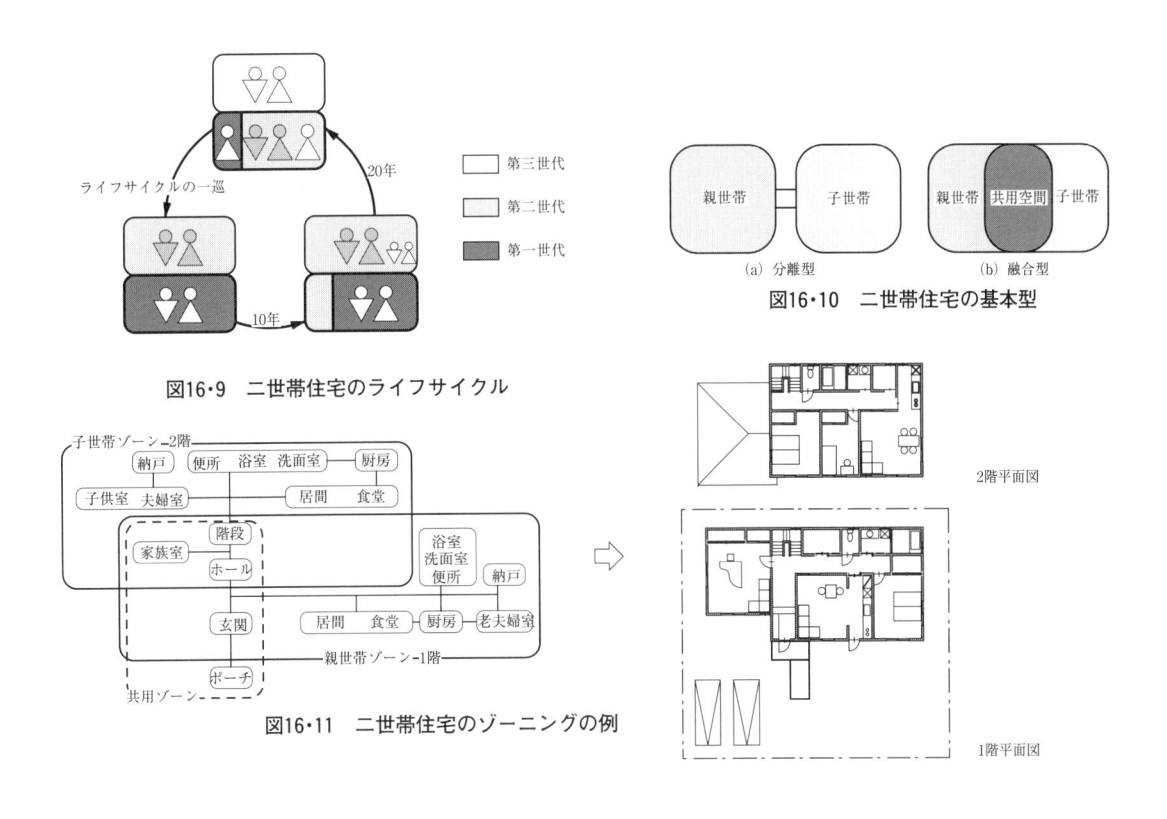

図16・9 二世帯住宅のライフサイクル

図16・10 二世帯住宅の基本型
(a) 分離型
(b) 融合型

図16・11 二世帯住宅のゾーニングの例

形式	特徴	平面
階段室型	●各住戸を，階段室に面して配置する形式 ●両面に開口部がとれるので通風採光がよい ●共用部分の面積が少なく，各住戸の独立性が高いので，プライバシーを確保しやすい ●方位に影響されにくく，任意の配置がしやすい ●低・中層集合住宅に適している	
片廊下型	●各住戸を，廊下の片側に面して配置する形式 ●プライバシーの確保，通風の良さについては，階段室より劣る ●エレベーター1基当りの利用戸数が多く，経済性は良い ●中・高層集合住宅に適している	
中廊下型	●各住戸を，廊下をはさんで両側に配置する形式 ●プライバシーの確保，通風や日照の良さは，他に比べ劣る ●エレベーターの利用度が高くなる ●住棟配置は南北軸が適当で，狭い敷地に適している ●中・高層集合住宅に適している	
ツインコリダー型	●片廊下型の廊下側を向かい合わせに並べ，渡り廊下などで結合した形式 ●通風の良さ，換気の良さは，中廊下型にくらべると高い ●住棟配置は南北軸が適当で，住戸の密度を高めに配置できる ●中・高層集合住宅に適している	
ポイントハウス型	●各住戸を，ホールを中心に，階段，エレベーターをコアにして配置する形式 ●方位によって，日照・通風条件が大きく異なる ●通路面積が少なくてすみ，最も住戸密度を高くできる ●中・高・超高層集合住宅に適している ●2方向避難が困難	
スキップフロア型	●階段室型を基本に，エレベーターの停止階だけに片廊下を用いた形式で，複合型ともいう ●廊下は，1～2階ごとに設けるのが一般的である ●共用廊下の面積が少なく，エレベーター停止階が少ないので効率がよい ●非廊下階の住戸への動線が長く，避難に配慮が必要となる ●各住戸のプライバシーの確保，採光，通風の良さなど，条件をよくできる ●高層用集合住宅に適している	

図16・12 通路形式による分類

c）配置計画

隣棟間隔，住棟の形状および方位，敷地内動線を十分に検討して配置計画をする．南面率を高くして，日照条件を良くすることが重要であるが，単調にならないようにする必要がある．

住棟の配置形式には次のようなものがある．

① 平行配置：住棟を東西軸に並列配置する形式．隣棟間隔を日照条件，プライバシー等に配慮して決める．隣棟間隔を30m以上とるのが望ましい．

景観が単調にならないように，様々な手法をとっている．
- イ．高層住宅，中層住宅，低層住宅を混用する
- ロ．住棟の長い建物を並列配置しないようにする
- ハ．ポイントハウスのような塔状のものも計画する

② 囲み配置：広場を囲んで数棟の住棟を配置する形式．各住戸のプライバシーや視野の開放感は優れているが，居住条件が均一でないので，住棟形式を適切に選ばなければならない．広場は，子供の遊び場や緑地にする．

③ スーパーブロック：内部への自動車の通過交通を排除した大街区のこと．

d）住戸計画

① 基本方針

住戸計画は家族構成やライフスタイルにより，様々な構成が考えられ，居住者の個性化への対応，また居住者の高齢化への対応も必要になってきている．

住戸内の計画そのものは同じ住宅であるので，独立住宅でも集合住宅でも変わらないが，集合住宅は隣人が存在するので，その相互関係には十分配慮して，プライバシー，日照，通風を確保し，各住戸の界壁や床は遮音性を確保できるようにする．

高層階の住戸では，日常生活上また生理的にも様々な問題が発生するので，適切に対処しなければならない．避難の安全確保も十分な対策が必要．

② バルコニー

専用部分の屋内生活の延長空間であるバルコニーは高さに対する不安を除去するという面や，避難経路としても，また下階から上階への延焼防止といった面からも，有効である．

次の点に留意する．
- イ）転落防止のため…バルコニー手すり高さ　1.1m，縦格子間隔　11cm以下
- ロ）隣接または他階へ避難移動が可能であるように計画するが，反面，防犯上の配慮必要．
- ハ）リビングバルコニー（居間の延長として戸外生活を楽しむ）とサービスバルコニー（物干や台所の延長として利用）があり，それぞれ別個にとることが望ましい．

e）共用部分

集合住宅には，居住者が個人的に利用する専用部分と居住者が共同で利用する共用部分とがある．居住者の通行，住戸へのアクセスのためのスペースとして，玄関，ホール，EVホール，廊下，階段が共用部分の主なるスペースであり，日常生活での使い易さとともに，避難が必要となった際の安全性についても十分考慮する必要がある．これらは法的にも規定されている．

これまでの共同住宅は，共用廊下と住戸との関係をプライバシーの面から閉鎖的に扱ってきたが，近年，近隣とのコミュニケーションをはかる場として，共用廊下側にリビングを配置して開放的に計画したリビングアクセス，また住戸が玄関だけでなくバルコニーからもアプローチでき，

形　式	特　徴	断　面
フラット型	●各住戸が一層で構成される形式 ●上下に動線が生じないので，平面はシンプルになり構造も単純である ●各室の構成が自由でプランは作りやすい ●プライバシーが保ちにくくメゾネット型に比べて共用廊下面積が多くなる	
スキップフロア型	●住戸内での床レベル差を構成する形式．斜面住宅に利用しやすい ●異なる性質のスペースを分けることができ，空間に変化がつく	
メゾネット型	●各住戸が二層以上で構成される形式．通風，居住性にすぐれる ●共用部分の面積はフラット型よりも少ない ●通風採光に有利でありプライバシーが確保しやすい ●住戸内を変化ある豊かな空間に構成することができる ●各住戸内に専用階段があり，小規模住宅に適さない	

図16・13　住戸形式による分類

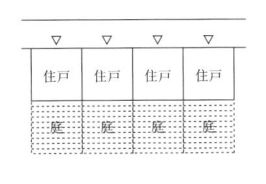

(a) テラスハウス　　(b) タウンハウス　　(c) コートハウス

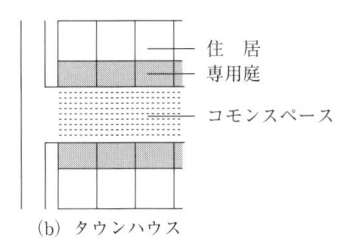

図16・14　各種の住棟タイプ

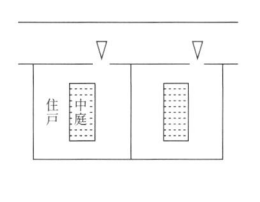

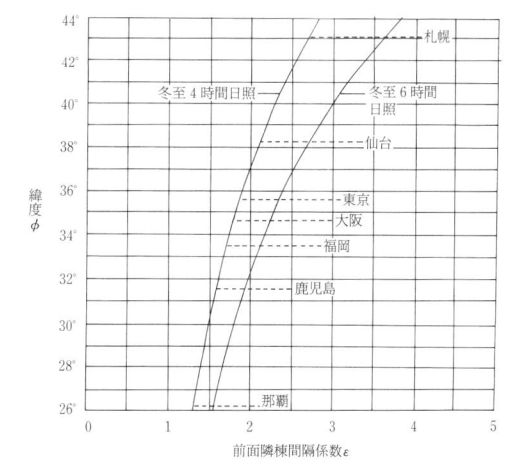

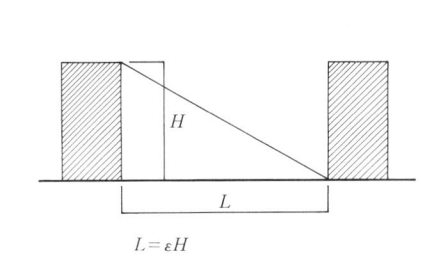

$L = \varepsilon H$

H：日影を生じさせる部分の最高高さ [m]
L：隣棟間隔 [m]
ε：前面隣棟間隔係数（右図から求める）

図16・15　緯度と隣棟間隔の関係（柏原士郎監修『建築計画』実教出版による）

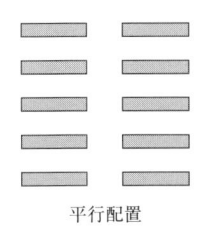

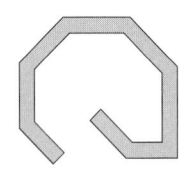

平行配置　　囲み型配置　　スーパーブロックの大きな囲い込み配置

図16・16　柱棟配置の形式

縁側のような利用ができるバルコニーアクセスなどもみられるようになった．

16・3　住宅地計画

集団住宅地（住宅団地）は，独立住宅，集合住宅などを多数集団で建てた場所のことである．住宅地計画の基本理念として，近隣住区理論がある．

a）近隣住区理論

1920年，C. A. ペリーによって提唱された住宅地の構成理論．

①段階構成

　人間はそれぞれの人間関係をもった集団枠組の中で生活している．その最小枠組が家族であり，家族が集まり近隣グループ，近隣グループが集まり近隣分区，次に近隣住区を形成する．その上に，地区，さらに大きな社会となる．こうしたコミュニティの段階を構成して，住宅地を組織しようとする構成理論．

②基本単位

　小学校1校を必要とする人口に対し，教育・レクリエーション等の生活施設を配置し，形態的・社会的まとまりのあるコミュニティが近隣住区であり，これを計画の基本単位としている．

b）団地計画

①歩行者と車の分離と共存

　ア）歩車分離

　　団地内の安全性確保のため，歩行者と車の動線は分離する．

- ラドバーンシステム：アメリカのラドバーン地区において開発された歩車分離の方式．車は外周道路からクルドサック（袋小路）で住戸に達し，行き止まり部分で車は折り返す．歩行者は住戸裏側の歩行者専用道路で出入りし，車道を横切らない．
- ペデストリアンデッキ：歩行者と車を立体的に分離した歩行者専用路．
- そ　　の　　他：歩行者専用の区域設定，時間帯をずらした交通規制の方法がある．

　イ）歩車共存

　　住宅地内の道路を交通施設としてのみとらえないで，市民生活の場としても機能させようとする考え方．

- ボ ン エ ル フ：オランダで始められ，車を低速化させるように道路に工夫をした歩車共存道路．

②住棟配置：住棟の配置は，隣棟間隔を適切にとり，日照条件，防火上の安全性，プライバシーが確保されているか，検討する必要がある．

③土地利用比率：一般に，計画人口が大きいほど道路，公共施設，緑地が必要になるので住宅用地部分の比率は小さくなる．

図16・17　バルコニーの例

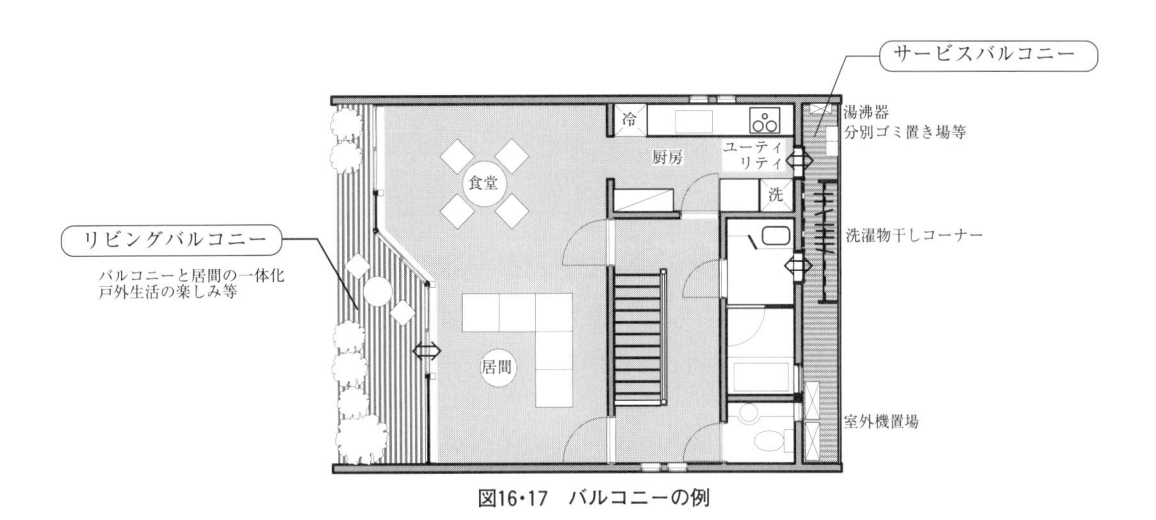

表16・1　計画単位と所要施設

	戸数［戸］	人口［人］	利用圏誘致距離[m]	施　　設
近隣グループ	20～100	60～300		プレイロット
近 隣 分 区	500～1000	2000～4000	250～500	保育所，幼稚園，警察派出所，診療所，集会所，日用品店，児童公園
近 隣 住 区	2000～3000	8000～10000	500～800	小学校，近隣公園，郵便局，消防派出所，図書館，最寄商店街
地　　　　区	4000～10000	16000～40000	1000	中学校，地区公園，病院，市役所出張所，スーパーマーケット

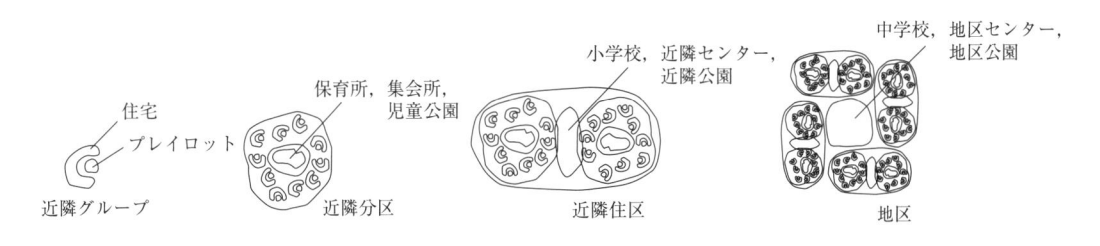

図16・18　段階構成　*3

用地区分	中層住宅団地	大規模ニュータウン (3000戸以上)
住　宅	65%	40%
公共施設	10%	10%
道　路	20%	25%
緑　地	5%程度	25%

● スプロール現象：市街地が郊外に向かって無秩序・無計画に拡大していく現象で，都市計画の大きな課題であり，土地問題や交通計画等の関連した問題を解決する必要がある．

上記のことから，基本単位である近隣住区の計画にあたり，次のことに注意する必要がある．
1) 住区の外周部は幹線道路で区画し，幹線道路は住区内を通過してはならない．
2) 住区内街路は，ループ状・袋小路状とする．
3) 近隣住区内の商店は，住区の周辺部交差点近くに配置．

【問題1】 一戸建て住宅の計画に関する次の記述のうち，最も不適当なものはどれか．
1．ダイニングキッチンを採用して，配膳・後片付け作業の能率を高めた．
2．勝手口廻りに，サービスヤードを設けた．
3．ツインベッドを用いる夫婦寝室の広さを，収納スペースを含めて，内法面積で9m²とした．
4．埋め込み型の浴槽の縁の高さは，洗い場の床面から30cmとした．
5．階段の手すりの高さを，踏面の先端の位置で測って80cmとした．

【問題2】 高齢者や身体障害者を配慮した住宅に関する次の記述のうち，最も不適当なものはどれか．
1．ドアのとっ手を，レバーハンドル式でなくドアノブ式とした．
2．階段の勾配は，7/11以下となるように考慮して，踏面26cm，蹴上げ16cmとした．
3．便所の出入り口の有効幅は，90cmとした．
4．床の高低差をできるだけ避けた．
5．高齢者の寝室と便所・浴室・洗面所とは，近接させて配置した．

【問題3】 中層又は高層集合住宅の計画に関する次の記述のうち，最も不適当なものはどれか．
1．テラスハウス型は，各住戸に庭を取ることができ，プライバシーを保ちやすい．
2．階段室型は，片廊下型に比べて各住戸のプライバシーを確保しやすい．
3．スキップフロア型は，片廊下に比べて共用廊下の面積を少なくできる．
4．メゾネット型は，居住性はよいが専用面積が大きい住戸には適さない．
5．ポイントハウスは塔状に高く，計画によっては住宅地の景観に変化をもたらすことができる．

【問題4】 住宅地の計画に関する次の記述のうち，最も不適当なものはどれか．
1．2,000戸程度の住宅団地の計画において，公園緑地施設として近隣公園を計画する．
2．我が国の大規模なニュータウン計画における緑地用地の比率は，全計画面積の40～50%程度である．
3．人と車の分離をはかる目的で，それを立体的に計画する場合に，ペデストリアンデッキを設ける．
4．近隣住区理論に基づく場合，住宅地は，近隣グループ，近隣分区，近隣住区，地区など段階的な計画単位により構成される．
5．スプロール現象とは，市街地が，無計画，無秩序に拡大していく都市周辺部の現象をいう．

図16・19　ラドバーンシステム

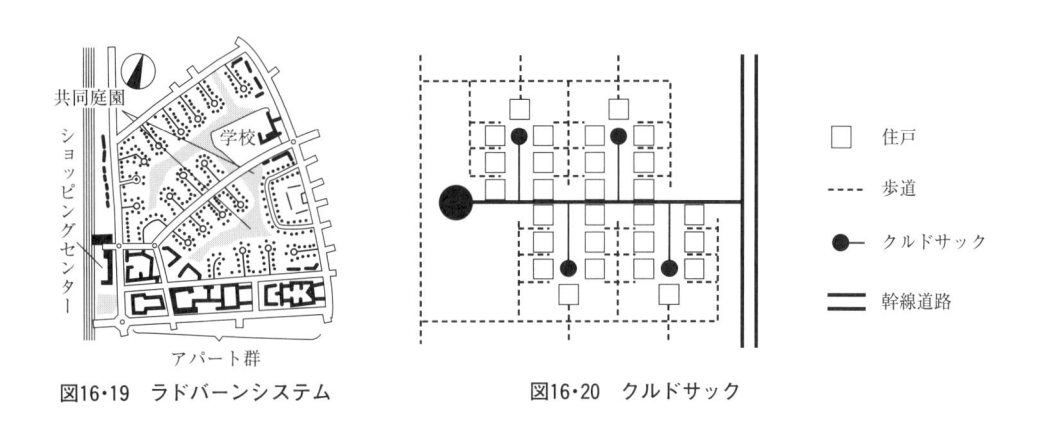

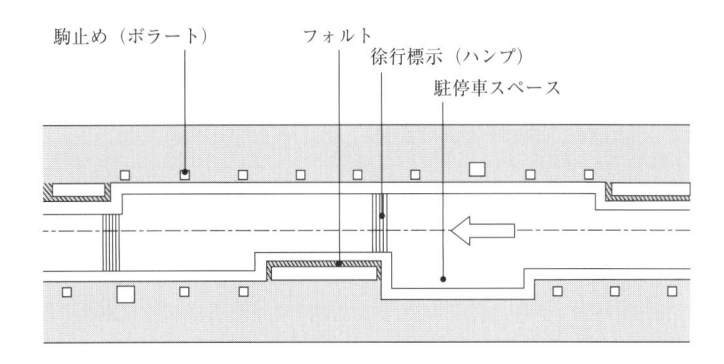

共同庭園
ショッピングセンター
学校
アパート群

図16・20　クルドサック

住戸
歩道
クルドサック
幹線道路

図16・21　ボンエルフ（生活道路）

駒止め（ボラート）
フォルト
徐行標示（ハンプ）
駐停車スペース

17 商業施設

17・1 事務所

生産・流通・サービスの事務のための施設を事務所という．

そこで行われる執務作業の内容を的確に把握し，業務を効率よく行える空間をつくり出すことが求められる．また，同時に執務空間の快適性や都市景観の中での外壁デザインの重要性も認識されてきた．

a) 事務所の種類

所有形態により，次のように分類される．

①自社ビル………単独の企業専用のビル．
②貸しビル………賃貸しを目的とするビル．
③区分所有ビル…複数のオーナーが資金を提供し合って建設し，区分所有するビル．

b) 貸事務所の機能と構成

貸事務所の機能は収益部分と非収益部分があり，空間構成は，その賃貸形式や規模によって多少の違いはあるが，一般的に図17・1に示すように構成される．

①賃貸形式
　1) 全階貸し………建築物全体を，一つの企業や団体などに一括して賃貸しする形式．
　2) フロア貸し……それぞれの階を一つの単位とし，一つの企業などに賃貸しする形式．
　3) ブロック貸し…それぞれの階をいくつかのブロックに分け，個別に賃貸しする形式．
　4) 小部屋貸し……柱間などを単位にして，小さく分けて賃貸しする形式．

②レンタブル比

延べ面積に対する貸室面積（賃貸しできる収益部分の面積）の比率をレンタブル比といい，次式で表す．

$$レンタブル比[\%] = \frac{貸室面積の合計}{延べ面積} \times 100$$

この数値は，収益部分の面積効率の重要な指標となるため，これを高めることが，計画上必要である．一般的な貸事務所のレンタブル比は次のとおりである．

貸事務所のレンタブル比

延べ面積に対するレンタブル比	基準階の床面積に対するレンタブル比
70〜80%	75〜85%

c) 平面計画と断面計画

①基準階と特殊階

計画空間は，基準階と特殊階に分けられ，基準階の計画は収益性を大きく左右する事務空間をもつため，全体計画の良否にかかわる．

- 基準階……高層建築などで同じ平面が繰り返される階．
　　　　　　執務空間と交通・サービス・設備等の共用空間からなる．
- 特殊階……エントランス等のアプローチ空間，設備空間，管理空間，貸店舗などのある階で，1階や地階，最上階が多い．

貸事務所	収益部分	事務	執務	一般事務室, 役員室
				受付, ホール
			情報	会議・集会室, 応接室, ショールーム
				図書資料室, 書庫, コンピューター室, コピー・印刷機室
		その他		リフレッシュ室, 社員食堂・売店等
				貸店舗, 貸倉庫, 貸駐車場
	非収益部分	共用部分	交通	玄関, エントランスホール
				廊下, エレベーター・エスカレーター, 階段, 駐車場
			サービス	便所, 洗面室, 化粧室, 湯沸室
				倉庫
		非共用部分	設備	空調・ボイラー室, 電気室
				エレベーター機械室
				ポンプ, 受水槽
				設備シャフト
			管理	管理事務室, 防災センター
				守衛・警備室, 休憩室

図17・1　貸事務所の構成

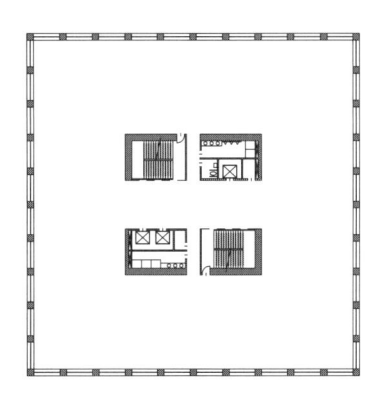

図17・2　平面計画の例

図17・3　断面計画の例

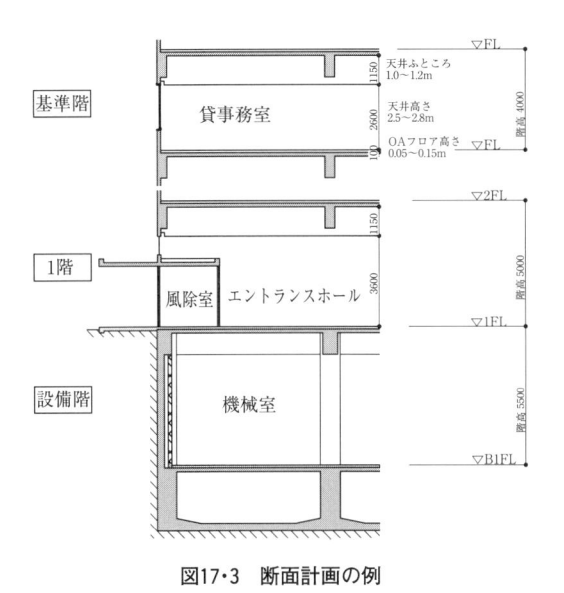

表17・1　階高

基準階	3.5～4.0m程度
1　階	基準階+0.5～1m
地下機械室など	5m以上

事務所建築の計画では，基準階の繰り返しが多いため，モジュール割（モジューラーコーディネーション）を用いて，柱間や間仕切，窓の位置，寸法を決定し，計画の標準化や合理化をはかることが重要となる．（モジュール・モジュール割は78ページ参照）

柱割は，柱の配置が構造的に安全でかつ経済的に効率のよいものとなるよう計画すること．均等でモジュール割を考慮する．経済的スパン（柱間隔）6〜8m．

②コアプラン

サービス・交通・設備等の共用空間を集約させて，コア（核）とし，事務空間と分離したプランを，コアプランという．

コアプランは基準階のレンタブル比を高めるために有効であり，構造・設備の集約，動線短縮のメリットもある．

コアプランの種類と特徴は図17・5．

③共用部分

1) エントランスホール

平面プラン全体の中心部分に設けて，十分なゆとりをもたせる．また，主階段・エレベーターはホールに面し，利用者にわかりやすい効率的な配置とする．

2) 廊下・階段

廊下の幅，階段の寸法は表17・2，表17・3のとおり．

階段はエレベーターに近接して設け，避難計画は2方向に確保する．

主階段は玄関の近くに設ける．

3) エレベーター

設置台数は朝の出勤ピーク時の5分間を基準として計画．

4) その他

夜間出入口は管理のため，1箇所にする．

d）事務室の計画

事務所建築において，事務室はもっとも重要な空間である．業務内容に適した施設，設備が必要とされ，働く人々の快適性もあわせて確保するようにすべきである．

執務空間の寸法は，人体寸法を基準にした空間であるべきであり，テナントが代わったり，事務機構が変化するたびに生じるオフィスレイアウト（間仕切位置と机の配置）の変更にも対応できるフレキシビリティ（融通性）のある空間であることが求められる．そのためモジュール割されていることが必要であり，基準単位ごとに，空間調和の照明・防災などの設備も計画しておく．

①所要床面積等

延べ面積	10〜20m²/人
事務室の所要面積	5〜8m²/人
会議室の所要面積	2〜4m²/人程度
新鮮空気量	30m³/h・人
事務室の机上照度	400〜500lx

②天井の高さ

1) 天井高は一般的に2.4m〜2.7m．

図17・4 柱割りの例

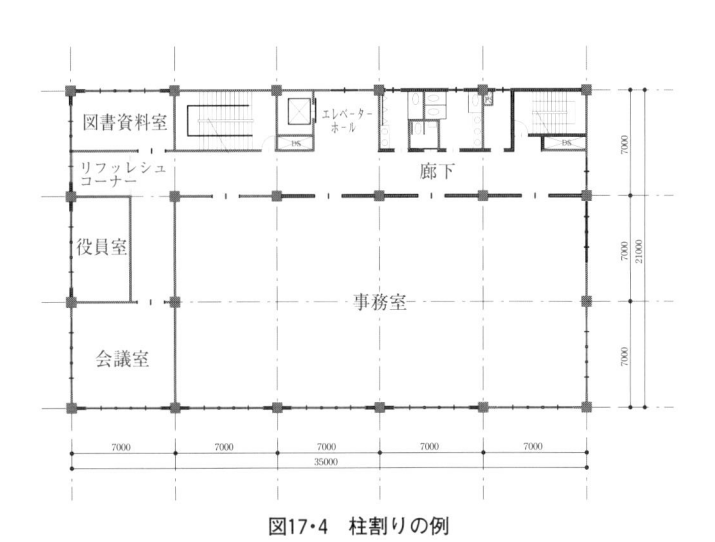

形　式	特　徴	図	
センターコア	レンタブル比が高い 建物の四周に事務室がとれ，大床面積向き 構造計画上有利 2方向避難不利 高層用		平面の中央にコアを配置
オープンコア	コアが事務室を分断するので，一定規模以上の床面積向き 構造計画上有利 2方向避難明解 高層用		平面の中央部全体をコア
サイドコア	レンタブル比が比較的高い 小床面積向き 建築物が偏心，構造計画上不利 2方向避難不利 低・中層用		平面の片サイドにコアを配置
ツインコア （ダブルコア）	中央に大空間はできるが，ブロック貸し等の時，廊下が必要になりレンタブル比がさがる 中床面積向き 構造・設備計画上有利 2方向避難有利 中・高層用		平面の両サイドにコアを配置
外コア （分離コア）	事務室の自由度が高く，独立性を保ちやすい 小床面積向き 構造計画上不利 2方向避難不利 中・高層用		事務空間からコアを分離して，外側に配置

図17・5　コアプランの種類

表17・2　廊下の幅

種　類	令119条での規定	実用的な寸法
中廊下	160cm以上	190～250cm
片廊下	120cm以上	150～200cm

表17・3　階段の寸法

	令23～25条の規定	実用的な寸法
蹴　上	20cm以下	15～20cm
踏　面	24cm以上	25～30cm
階段および踊り場の幅	120cm以上	150cm程度
踊り場の設置	高さ4m以内ごとに	高さ4m以内でも中間に設ける

2）天井のふところは，空調やスプリンクラー等の配管のため必要．
　　　3）床は，大量の配線・配管を自由に行うため，床を二重床（フリーアクセスフロア）にすることが多い．
　③オフィスレイアウト
　　机の配置形式は，図17・9のようなものがある．
　　同向配列は，対向配列に比べ，1人当りの所要床面積が大きい．
　④出入口
　　事務室の廊下に面するドアは安全のため，内開きとする．

e）設備

①集中化で経済性が向上する．また集中管理を行うことで，省エネルギー，省資源が実現できる．給湯室，洗面所，便所等のサービス空間は各階とも同じような位置になるように配置する．
②設備階
　電気や空調機械などの設備関係の諸室が集中する階．
③空調設備の系統を方位，使用時間帯によって分割するゾーニングが用いられる．
④OAは，事務室の冷房負荷を増加させる傾向がある．
⑤ごみ排出物比率（重量）は，紙類がもっとも多いので，紙類専用のごみ置場を設けた方がよい．

● タスクアンビエント照明・タスクアンビエント空調：オフィス等の室内全体のなかで，居住者が長時間にわたって滞在する部分を「タスク域（居住域）」，比較的短時間しか滞在しない部分を「アンビエント域」という．タスク域は質の高い快適環境，アンビエント域は条件を緩和して，多少幅のある環境を許容する．室内全体を均一にするのではなく，それぞれの領域に適した照明や空調をすることで，省エネルギー化を図る手法をいう．

17・2　工場・倉庫

a）計画方針

①敷地は工業用水・排水設備が整い，製品輸送に便利な土地を選ぶ．
②近隣に騒音などの被害を与えないこと．
③のこぎり屋根・高窓は均等な昼光照度分布を得やすい．
④換気のため，越屋根としたり，屋根面にベンチレーターを設ける．
⑤カラーコンディショニング（色彩調整）により，作業能率の向上をはかる．
⑥作業者の空調は，室内全体でなく，作業域に対して局所的に行う．
⑦無窓の工場は，有窓の工場より外部気候の変動を受けにくいので，空調効率はよくなるが，内部騒音が増加するので，吸音材・遮音材等により，騒音防止の配慮が必要．
⑧天井走行クレーンの荷重は，構造計画上考慮する．
⑨クリーンルームは，製品の高品質化のために設けられる．
⑩重量物を扱う倉庫や工場は，平家建にすることが多い．

b）クリーンルーム（清浄室，無塵室）

　精密機械，電子部品の製造を行うため，室内の浮遊粉塵，エアゾル，温湿度，圧力を制御し，清浄度を一定に保った室内空間．その室の使用目的に合わせてコントロールし，精密機械工場だけでなく，病院の手術室にも設置される．

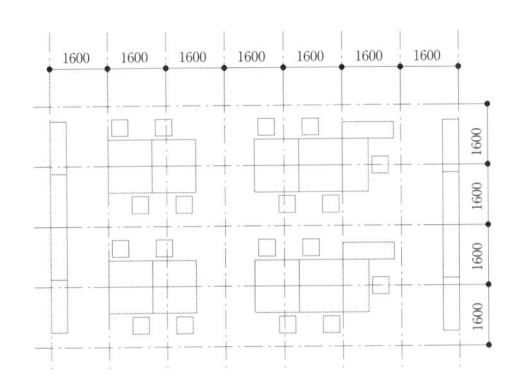

図17・6　モデュールによるデスクレイアウトの例

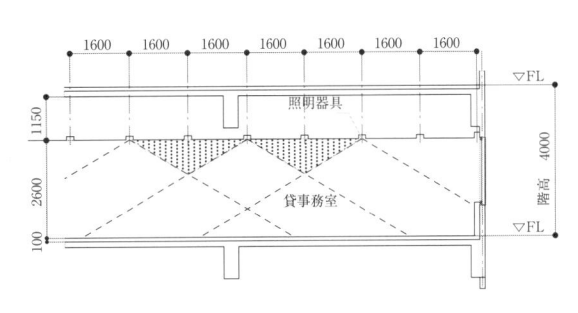

図17・7　モデュールによる照明レイアウトの例

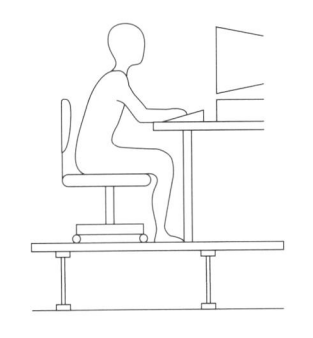

図17・8　フリーアクセスフロアの例

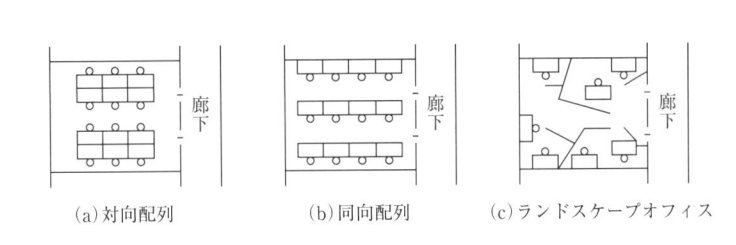

図17・9　オフィスレイアウト
(a) 対向配列　(b) 同向配列　(c) ランドスケープオフィス

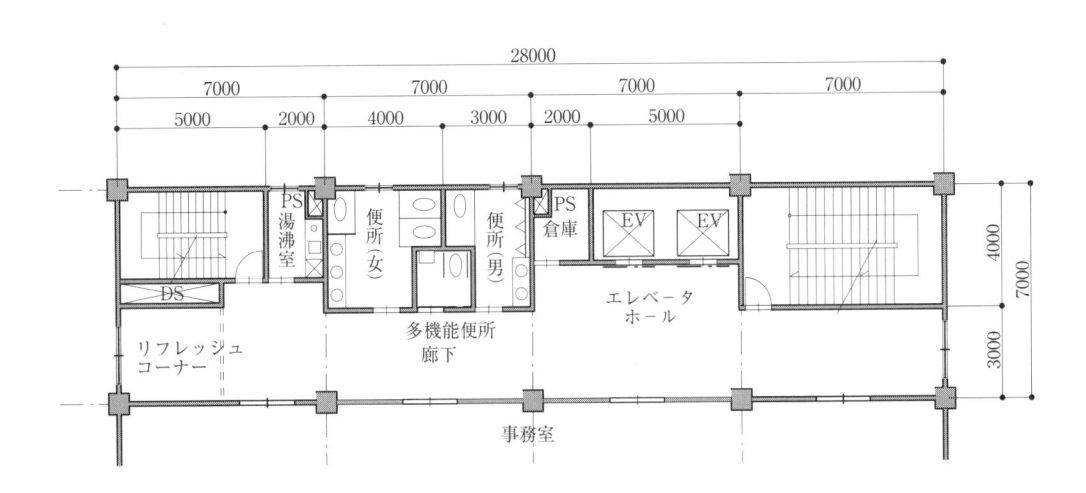

図17・10　コア部分の計画の例

17・3　百貨店・スーパーマーケット・一般店舗

a）立地

①百貨店のような大規模小売店舗は，購買客を多く引き寄せることが必要なので，客の便宜のよい交通の集中する地点や広い駐車場を確保できる場所に立地することが重要．しかし，駅前から少し離れた方が，一般店舗も繁栄させるにはよい．

②百貨店の出入口は分散配置して，周辺道路への客の集中を避ける．

③駅と複合した百貨店では，駅の乗降客の流れと客の流れを交差させないように．また，商品の搬入・搬出経路と駅前広場の自動車の動線が交差しないように動線分離をはかる．

④商品が傷まないために，店舗の種類により，その方位は不利有利がある．

店舗併用住宅では店舗と住宅の出入口は別に設ける方がよい．

b）店頭計画

入りやすい店頭，見やすいショーウインドの計画をする．

①店頭形式（図17・12）

　1）開放型…店頭全面を開放．客の出入りがしやすく，食料品や雑貨等に向く．

　2）閉鎖型…出入口以外をショーウインド等で閉鎖，高級専門店向き．

②ショーウインド

ショーウインドは一般に1階で，ファサードのポイントとなるデザインエレメントである．

　1）ショーウインドの計画

　　イ．取り扱う商品により，テーマをもたせた演出が必要．

　　ロ．ショーウインドのガラス面が太陽光により乱反射しないように，深い庇をつけるか，ガラス面に傾斜をつける．

　　ハ．ショーウインド内の商品を見やすくするために内部を外部より明るくする．

　　ニ．商品が小さいほど，高さは人の目線に合わせ奥行を浅くする．

　2）ショーウインドの形式は図17・14．

c）売場計画

①動線計画…客，店員，物品の3種類の動線

　イ．客の動線は適当に長く，店員は短くして能率よく．

　ロ．客と商品搬入の動線は交差させない．

　ハ．店員のロッカールームや休憩室は売場の近くに配置．

　ニ．売場の床は避難，商品運搬の便から高低差のない，掃除しやすく，滑らない材料とする．

　ホ．店員の通路幅…1.1m程度，客通路の幅…1.8m以上

②階段・エレベーター

階段は，客の歩行距離が平均化するように，エレベーターはわかりやすい位置に1箇所に2基以上設ける．

③照明

自然光より人工照明により演色性を考慮し，直接光が目に入らないようにする．

図17・11 店舗の構成

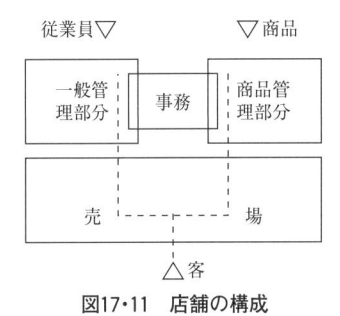

表17・4 デパートの売り場の面積配分

売 場 面 積	延べ面積の60～70%
純 売 場 面 積	延べ面積の40～60%
売場の通路面積	純売場面積の30～50%

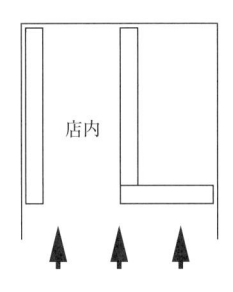

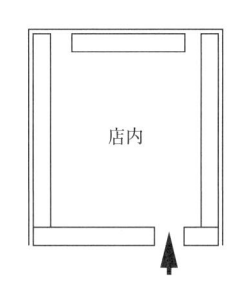

(a) 開放型　(b) 閉鎖型

図17・12 店頭の形式

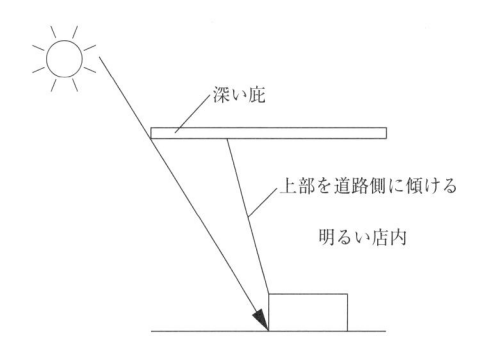

図17・13 ガラス反射の出にくいショーウインド

平型		道路に面した敷地境界線に沿って，ショーウインドや出入口を設ける形式
入込型		店舗の出入口が境界線よりやや後退した位置に設けられる形式
張出し型		ショーウインドの一部を道路側に張り出して設けた形式
広間型		入込型よりもさらに奥まった位置に出入口を設け，客だまりのスペースを確保した形式

図17・14 ショーウインドの形式

17・4 劇場・映画館

劇場・映画館・コンサートホール等は，見やすく，聞きやすくするとともに，不特定多数の人々が，利用する密室空間であるところから，安全対策と避難や防災面での配慮が必要である．

a）客席計画

①基本方針

1) 演技者が演技しにくいので，客席中央の縦通路は設けない方がよい．
2) 縦通路幅は80cm以上とするが，客席面積600m^{2}以上の場合は95cm以上にする．
3) 各通路は原則として，出入口に直結し，出入口の扉は外開きとする．
4) 客席床面積0.5～0.7m^2/席，客席気積（劇場）5～7m^3/席，客席幅45cm以上，前後間隔85cm以上とする．
5) 客席の椅子は吸音力の大きいものにする．
6) 空調機械室は騒音が出るので，ステージや客席の下に設けない．

②客席平面形式（図17・15）

③客席床形式（図17・16）

④客席平面・断面計画

1) サイトライン（可視線）

客席，特に端部の席から舞台の見える範囲を定めるための仮想線をいう．

2) 鑑賞のための平面的・立体的なサイトラインは図17・17のとおり．

劇場では，舞台中央から最後部客席までの距離は22m以下がよく，最高38mまで．客席左右両端角度は120度以下にする．

劇場では，客席から舞台見下ろし最大俯角は25度以下，映画館ではスクリーン中央への俯角は，最大15度以下とする．

⑤音響計画

1) 壁や天井の材料・形態に配慮して，反射音が集中したり，エコーが生じないようにする．
2) 客席形態は凸面を基本とし，音を集中させない．
3) 残響時間を，講演会等は短く，音楽会等では長めに設定する．

b）舞台・映写室

①ステージの形式

プロセニアムステージ	舞台と客席の間にプロセニアムアーチと呼ぶ額縁状の仕切枠がある形式
オープンステージ	舞台と客席が開放され一つの空間内にあるもの（図17・19）
アダプタブルステージ	いくつかの異なったタイプのステージに可変できるもの

②プロセニアムステージの関連用語（図17・20）

奈落	舞台下の地下空間．出演者や作業員の通路や回り舞台のための機械を設置
フライズ（フライロフト）	道具類，照明器具等が吊られて収納されている舞台上部の空間のこと
ホリゾント	背景の演出等に使用される舞台後方に設けられた壁のこと
上手・下手	客席から見て左側を下手，右側を上手という

c）ホワイエ

観客の休憩・歓談または待ち合わせ等に用いられる広間のこと．

(a) シューボックス型　(b) メガホン型　(c) 釣り鐘型
　（長方形型）　　　　（扇形型）

図17・15　客席平面形式

(a) 単床式　　　(b) 段　床　　(c) バルコニー式
　（フラット式）　（スタジアム式）

図17・16　客席床形式

120度

38m
劇場の後部座席までの最長距離
（身振りのわかる限界，オペラなど）

22m
劇場の最適距離の限界
（細かい動きのわかる限界，歌舞伎など）

俯角
25度以下（舞台）
15度以下（スクリーン）
スクリーン
舞台
仰角
30度以下（スクリーン）

図17・17　可視線（サイトライン） *3

反射材　　吸音材
音源　　　　　　　　　　　　音源

〈平面〉　　　　　　　　　　〈断面〉

図17・18　オーディトリアム

(a) エンドステージ　(b) センターステージ　(c) スラストステージ　(d) スペースステージ
　　　　　　　　　　（アリーナステージ）

図17・19　オープンステージの種類

上部　フライズ
下部　奈落
ホリゾント
舞台
下手　　上手
客席

すのこ
フライズ（フライロフト）
プロセニアムアーチ
本舞台
奈落　　客席

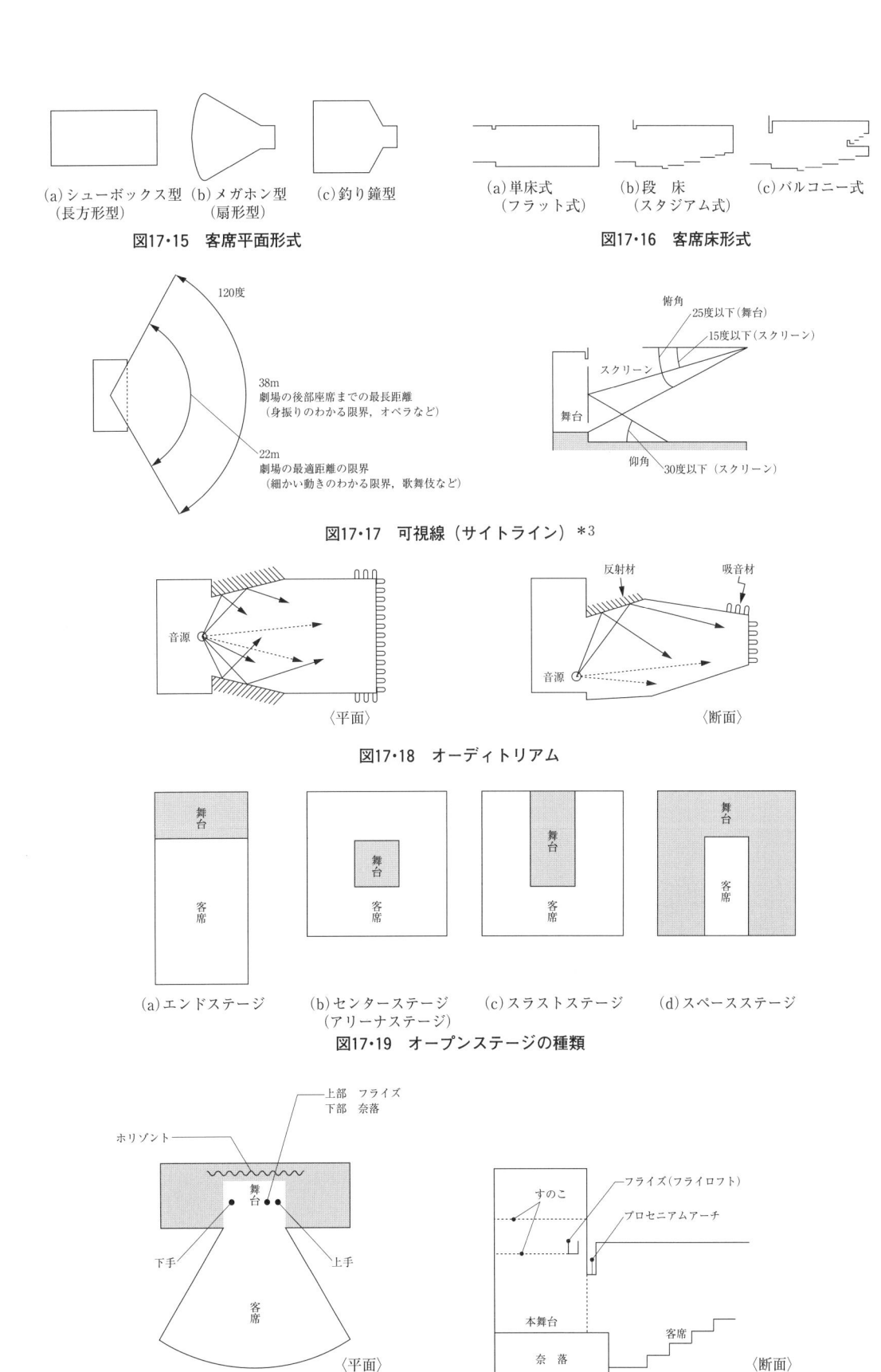

〈平面〉　　　　　　　　　　〈断面〉

図17・20　プロセニアムステージ

107

17・5　ホテル・寄宿舎

宿泊施設の計画では，2方向避難の確保が重要となる．

a）ホテル

①種類

ホテルには表17・5のような種類があり，その対象客および立地条件により，機能構成比率や客室構成に違いがある．

②機能構成

宿泊部分・共用部分・管理部分で構成される．

③各部計画

1）客室：客室面積…シングルルーム15〜22m^2/室，ツイン・ダブルルーム22〜32m^2/室．客室の配列形式は図17・21を参照する．

2）食堂・厨房：食堂面積…1〜2m^2/人．厨房の面積は食堂面積の40％前後．

3）ロビー：客室収容人員1人当り0.4m^2以上の面積とする．

4）フロント：宿泊部分と共用部分の接点に配置し，オフィスは客から直接見えない位置にする．

5）その他：クローク…客の手荷物を一時的に預かるための室．レストランにも設ける．

　　　　　リネン室…客室に備えるシーツやタオル等を収納しておく室．病院等にも設ける．

　　　　　パントリ…食器類やテーブルリネンを入れておく室，または配膳室．レストランにもある．

b）寄宿舎

①機能構成

居室部分と管理・共用部分で構成される．

②各部計画

寮室…1室当りの収容人数2〜4人，寮室床面積6m^2/人，採光の窓は法的には室面積の1/7．

17・6　駐車場・駐輪場

a）駐車場の種類

①地平式駐車場：空地や建物の1階（ピロティ部分）を駐車スペースとする．

②地下駐車場：地下部分を駐車スペースとするので，土地利用率は高いが，工事費が割高．

③立体駐車場：多層に駐車するので，土地利用効率が高い．自走式と機械式があり，機械式は図17・22のようなものがある．

b）駐車方式

駐車方式には，直角駐車，斜め（60°，45°）駐車，平行駐車がある．

①1台当りの所要駐車面積：直角駐車27m^2＜平行駐車28m^2＜60°駐車30m^2＜45°駐車32m^2．

②通路幅：平行駐車3.5m＜45°駐車3.8m＜60°駐車4.5m＜直角駐車5.0m．

③斜め駐車は，一般に直角駐車に比べて，出入りの操作は円滑であるが，所要駐車面積は直角駐車よりも大きい．

表17・5 ホテルの種類

種別	シティホテル		リゾートホテル
	コマーシャルホテル	レジデンシャルホテル	
対象客	仕事のための短期宿泊客	仕事,観光のための比較的長期間の宿泊客	観光,レクリエーションのための宿泊客
立地条件	市街地で交通の便のよい場所	市街地で比較的環境条件がよい場所	観光などで眺望・環境のよい場所
客室構成	シングルルームが主体,ほとんどバス付き,室は比較的狭い	シングルルームは少ない,すべてバス付き,室はゆとりがある	シングルルームは少ない,すべてバス付き,室はゆとりがある
パブリックスペース	比較的少ない	多くのスペースをもつ	比較的多い
室面積	40〜70㎡/室(ビジネスホテルでは30㎡/室以下)	60〜90㎡/室	80〜100㎡/室
構成比率 宿泊関係	50〜60%	30〜45%	45〜55%
構成比率 パブリックスペース	30〜20%	50〜40%	35〜25%
構成比率 管理関係	20%程度(事務関係8〜9%,料理関係5〜6%,機械その他5〜7%)		

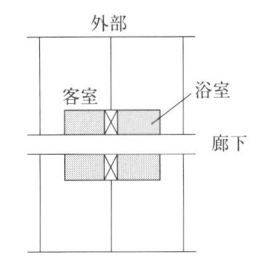

(a) 浴室を廊下側に配置する形式
・一般的な形式
・外壁長さが短く経済的

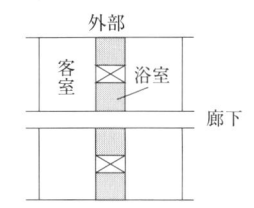

(b) 浴室を入り込ませる形式
・客室の奥行きを小さくできる
・客室を整形にとれスペースが節約できる

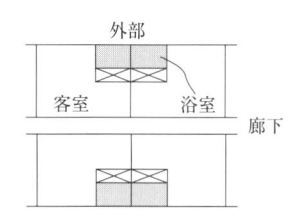

(c) 浴室を外気に面させる形式
・リゾート地のホテルや旅館に多い

図17・21 客室の配列形式

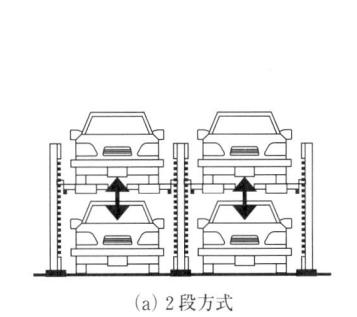

(a) 2段方式　　(b) エレベータ方式　　(c) メリーゴーラウンド方式

図17・22 駐車場の形式 *3

c）駐車面積の計画規準

①駐車面積：一般に1台の駐車スペース……6.0×2.5m，通路を含む駐車場面積…30m²/台，車椅子使用者用駐車スペース…6.0×3.5m

②車路幅員：一方通行3.5m以上，両方向5.5m以上（駐車場法）．

③車庫内梁下高さ，車路部分2.3m以上，駐車部分2.1m以上（駐車場法）．

④傾斜路の勾配，1/6（17%）以下で滑りにくい仕上げとする．

⑤出入口

　1）道路の交差点や曲がり角から5m以上離して設ける．

　2）公園，幼稚園・小学校から20m以上離す．

　3）道路より2m後退した地点で，車路中心位置から左右60°以上の範囲が見えること．

⑥換気が必要．

⑦防火構造にし，消火設備は炭酸ガス消火や泡消火などの自動消火設備を用いる．

d）駐輪場

1台当り0.5×2m＝1m²．

【問題1】 事務所ビルの計画に関する次の記述のうち，最も不適当なものはどれか．
1．センターコア方式の平面は，2方向避難を確保しにくい．
2．フリーアクセスフロアは，OA機器への対応に適している．
3．事務室における机の配置については，一般に，同向配列に比べて，対向配列のほうが1人当りの所要床面積が大きくなる．
4．事務室の天井の高さは，一般に3m程度，最低でも2.6m程度は必要である．
5．廊下や主要な設備部分を，集約化した．

【問題2】 商業建築に関する次の記述のうち，最も不適当なものはどれか．
1．レストランの客席部分の1人当りの床面積は2.5m²程度である．
2．事務所ビルの執務空間の計画において，1人当りの床面積を9m²とした．
3．物品販売店舗の計画において，ショーケースで囲まれた店員用の通路幅を1.1mとした．
4．貸事務所の基準階のレンダブル比は75～85%が一般的な値である．
5．屋内駐車場の自動車用傾斜路の勾配は1/8より緩やかなほうがよい．

【問題3】 次の商業建築と用語の組合せのうち，最も不適当なものはどれか．
1．レストラン────────クローク
2．コンサートホール─────ホワイエ
3．シティホテル───────リネン室
4．コンベンションホール───クリーンルーム
5．フィットネスクラブ────エアロビクススタジオ

【問題4】 乗用車専用の屋内駐車場の計画に関する次の記述のうち，最も不適当なものはどれか．
1．車路の床面からはり下までの高さを2.1mとした．
2．柱間（間口）を7.5mとれば，3台直角駐車できる．
3．直角駐車方式の屋外駐車場の面積は通路を含んで1台当り27m²程度である．
4．斜め駐車は，一般に，直角駐車に比べて，出入りの操作が円滑である．
5．後退駐車の場合，60度駐車は，直角駐車に比べて，通路幅が小さくてすむ．

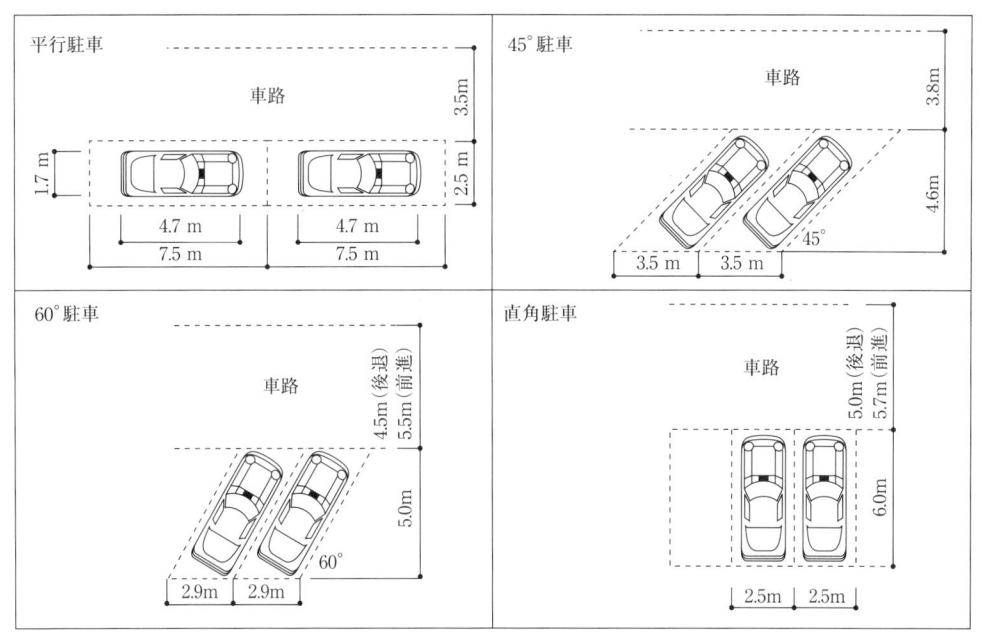

図17・23　駐車方式

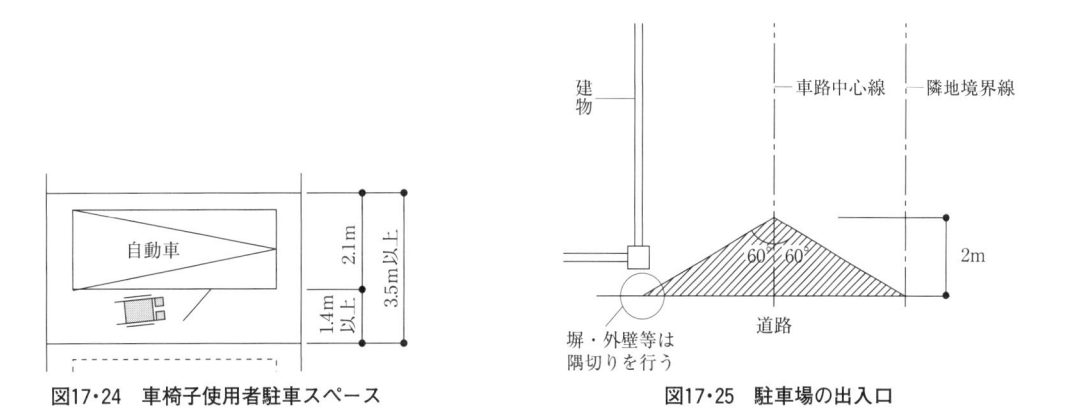

図17・24　車椅子使用者駐車スペース

図17・25　駐車場の出入口

18 社会施設

18・1 小学校・中学校

a）校地の位置
①通学区域の中心に位置するのがよい．
②通学距離は，徒歩通学で無理のない範囲
　　小学校　0.5～1.0km
　　中学校　1.0～2.0km
③近隣住区理論によれば，2000～2500戸（8000～10000人）の住区に一つの小学校の設置が要求される．
④校地・校舎は，周辺地域の防災拠点となる可能性を考慮する．

b）配置計画
①計画の基本方針
　1）敷地は運動場が平地として確保できればよい．自然の地形を活用して計画することが望ましい．
　2）運動場は一般に敷地の南側に配置するが，校舎との間に軽い空間的クッションを設けたりすることにより，落ち着いた学習環境をつくる．
　3）静的ブロック，動的ブロック，音を出すブロック等に区分して配置．
　4）小学校では心身の発育状態が著しく異なる．低学年（1・2年）と高学年（3年以上）の生活圏を分けて計画する… 高低分離の原則
　5）屋外運動場・体育館などを，地域利用施設（学校開放）として外部からも出入りしやすい位置に配置し，管理区分を明確にする．
　6）屋外運動場やアプローチが見通しやすい位置に職員室を配置．
　7）自動車・自転車の出入口を，児童・生徒の出入口と分ける．
②校舎の配置形式（図18・3）
　1）フィンガープラン
　　　手の指のように，各学年毎の棟を分散し廊下でつなぐ形式．
　　　建設が容易で管理しやすい．
　2）ユニットプラン
　　　いくつかの教室（関連ある諸室）を一まとまりにして計画の単位とし，これを分散して配置する形式．各単位の独立性がある．
③教室の配置形式（図18・4）
　1）片廊下型………廊下の片側に教室を配置．
　2）クラスター型…小ホールの周囲にいくつかの教室をまとめて1単位とし，ぶどうの房状に配置． ┐
　3）バッテリー型…階段室をはさんで2教室をセットする． ┘ ユニットプラン

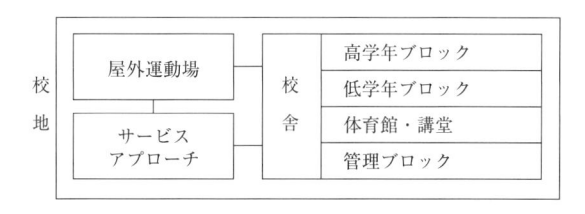

図18・1　小学校の構成

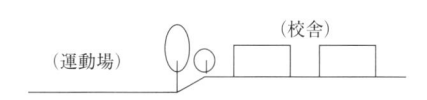

図18・2　校舎と運動場との空間分離の例
（GLのレベル差と植栽）

(a) フィンガープラン
(b) ユニットプラン

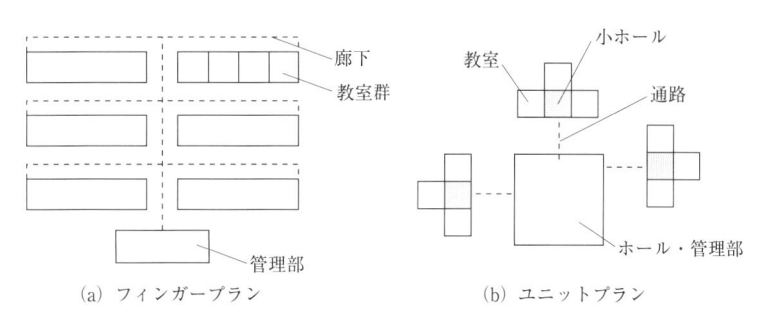

図18・3　校舎の配置形式

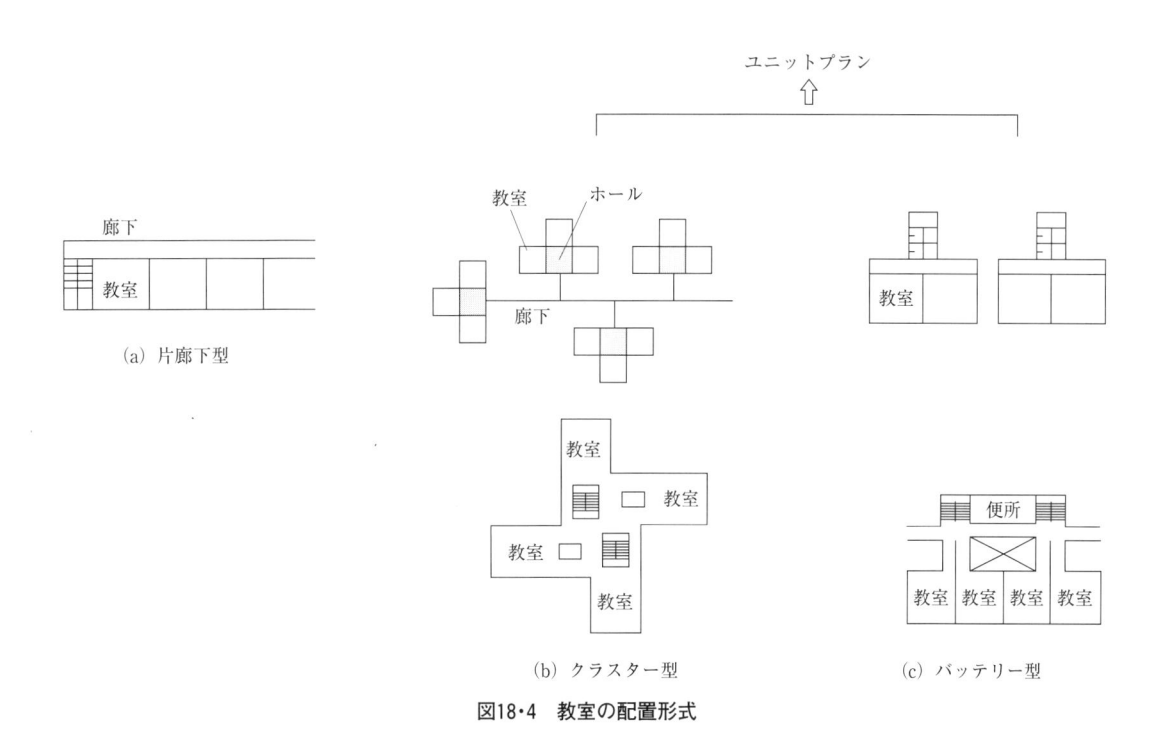

ユニットプラン

(a) 片廊下型

(b) クラスター型

(c) バッテリー型

図18・4　教室の配置形式

c）運営方式
　①総合教室型
　　・大部分の学習活動を各クラスルームの中だけで行う方式.
　　・教室の数は学級の数だけ必要．児童の教室移動がない．小学校低学年に適している．
　②特別教室型
　　・普通教科の学習は普通教室で，特別教科（理科・図工・音楽等）の学習を特別教室で行う方式．
　　・小学校の高学年以上に適する．最も一般的な方式．
　　・小学校では，高学年教室と特別教室を接近させて配置．
　③教科教室型
　　・全教科の授業を専用の教室で行う方式．
　　・学習効率が高くなり，教室数が少なくて済むが，児童の移動が毎時間起こるので，適切な動線計画をし，ロッカー（持ち物保管）も必要になる．
　　・中学校以上に適する．
　④プラトーン型
　　・全クラスを二分して，一方が普通教室を使用している時，他方は，特別教室を使用し，時間をおいて交替する方式．
　　・教室の利用効率は高いが，時間割の組み方が難しい．
　⑤オープンスクール
　　・児童・生徒が主体的に学習することを重視し，学級・学年・教科時間等の枠を取り払い，柔軟に対応する方式．

d）各部計画
　①普通教室
　　・床面積50m²以上（7m×9m＝63m²標準）．
　　・天井高3m以上．
　　・室内の照度を均一にすることが望ましい．
　　・出入口は引き戸で2箇所以上．
　②特別教室
　　・音の出る教室と静かな教室は分ける．
　　・各教室に準備室を隣接させ，普通教室より大きく計画．
　③オープンスペース
　　・多様な学習集団編成や学習形態に対応し，ゆとりのある学校生活を可能にするために設けられたオープンで多目的な学習及び生活スペース．
　④体育館・講堂
　　・兼用する場合は利用度の高い体育館を優先させて計画．
　　・父兄，地域社会の利用の便を考えて入口近くにする．

e）諸寸法
　①廊下幅・階段幅……表18・1，表18・2．
　②所要床面積……普通教室：1.8m²/人，理科教室：3m²/人．

(a) 総合教室型
　　クラスルームでほとんどの学習を行う

(b) 特別教室型
　　クラスルームで普通教科を行い，特別教科（理科，図工，音楽，家庭など）を特別教室で行う

(c) 教科教室型
　　全教科に専用の教室があり，生徒は移動して授業を受ける

(d) プラトーン型
　　全クラスを時間帯で普通教室群と特別教室群に2分し，何時間かごとに入れ替える

図18・5　教室の運営方式

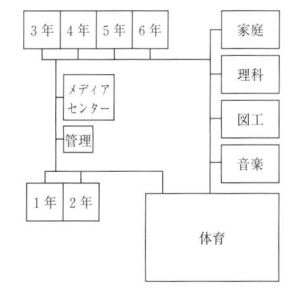

低学年を総合教室型，高学年を特別教室型にした小学校の例

図18・6　小学校の例

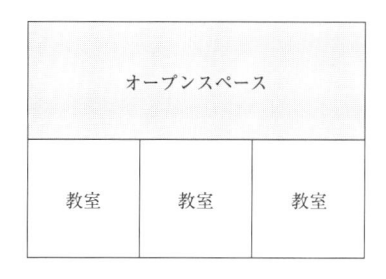

図18・7　オープンスペース

表18・1　小学校の児童用廊下，中学・高校の生徒用廊下の幅

中廊下	片廊下
2.3m以上	1.8m以上

表18・2　小学校の児童用階段，中学・高校の生徒用階段の寸法

階段の種別	階段・踊場の幅	蹴上げ	踏面	踊場を設けなくてよい高さ
小学校の児童用階段	140cm以上	16cm以下	26cm以上	3m以下
中学・高校の生徒用階段	140cm以上	18cm以下	26cm以上	3m以下

18・2　幼稚園・保育所

a）幼稚園と保育所の違い

保育所は，児童福祉法に基づく保護者の委託を受けて保育を行う施設（厚生労働省所管）であり，幼稚園は，学校教育法に基づく幼児教育施設（文部科学省所管）である．

この二つの施設は，目的や性格，根拠法令は異なっているが，計画する上では類似しているところもあり，これらの一元化は幼児施設の当面している重要な課題である．

b）立地

幼稚園……幼児の通園に安全で便利なところで，住宅地の中の静かな環境にあることが望ましい．

保育所……住宅地内の保護者の送迎に便利なところが望ましい．

c）配置計画と機能構成

①平屋建が原則．
②同一敷地内に屋外遊戯室を設ける．
③保育室は南面させる．
④乳児部分（満1歳未満）と幼児部分（満1歳以上）を分ける．

　　機能構成…図18・8を参照．

d）主要室の計画

①保育室

・保育室は原則として1階に設置（耐火構造で避難設備を備えていれば，2階にも設けることができる）．
・3歳児は4歳児・5歳児に比べ身体的に未熟であり，保育室を別にする．
　保育室の所要床面積…3歳児　$1.98m^2$/人，5歳児　$1.5m^2$/人．

②遊戯室

遊戯室は独立して設けた方がよいが，保育室と兼用もできる．
その場合，保育室を優先して計画する．

③乳児室

・乳児室とは，乳児が睡眠をとり，遊ぶところである．
・乳児と幼児は集団能力・活動能力が異なるので，乳児室は幼児の保育室に隣接させない．
　乳児室所要面積　　　$1.65m^2$/人（保育所設置基準）
　ほふく※室所要面積　$3.3m^2$/人（保育所設置基準）
　　※ほふくとは，手足ではうこと．

④便所

・保育室や遊戯室に隣接して設けるのがよい．
・大便器の仕切りは，中がのぞけるような高さにする…120cm

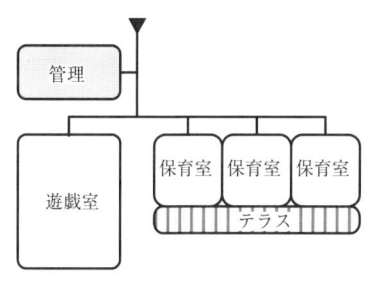

図18・8 保育所・幼稚園の機能構成

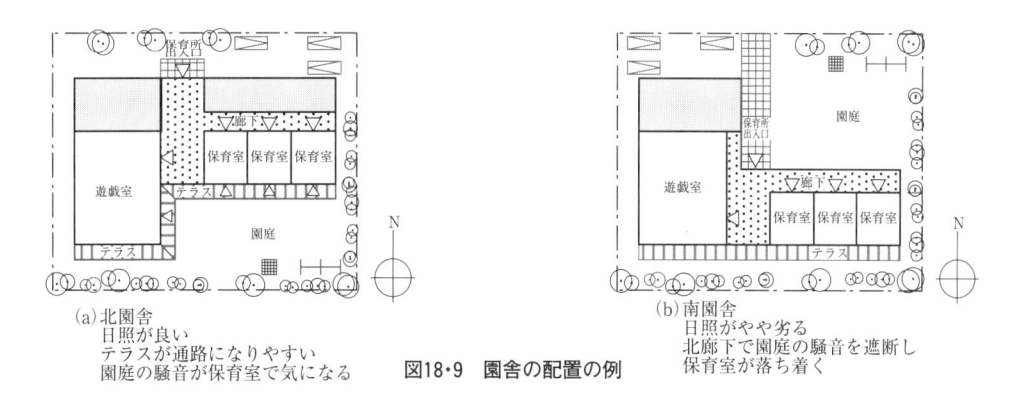

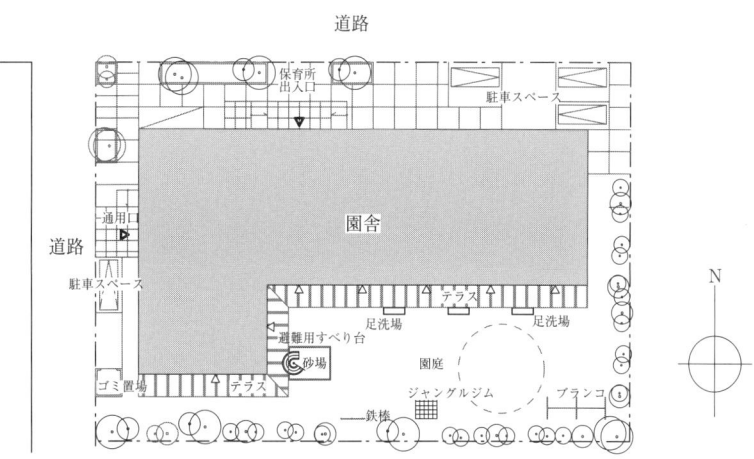

(a) 北園舎
日照が良い
テラスが通路になりやすい
園庭の騒音が保育室で気になる

(b) 南園舎
日照がやや劣る
北廊下で園庭の騒音を遮断し
保育室が落ち着く

図18・9 園舎の配置の例

図18・10 屋外スペースの配置の例

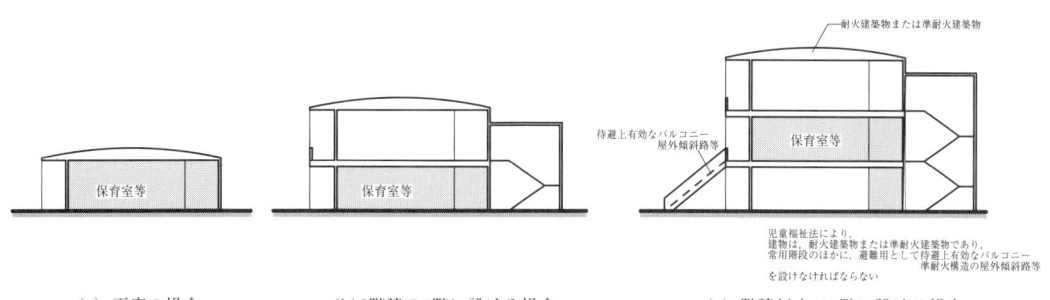

(a) 平家の場合
(b) 2階建の1階に設ける場合
(c) 2階建以上の2階に設ける場合

児童福祉法により、
建物は、耐火建築物または準耐火建築物であり、
常用階段のほかに、避難用として待避上有効なバルコニー
準耐火構造の屋外傾斜路等
を設けなければならない

図18・11 保育室の配置の例

18・3　病院・診療所

a) 病院の分類
① 診 療 所：19床以下の収容施設を有する医療施設
② 病　　 院：20床以上の収容施設を有する医療施設
③ 総合病院：100床以上の収容施設を有する病院で，一定の施設・設備の基準を満たした医療施設

b) 病院の構成
① 外 来 部：患者が通院しながら診療を受ける部門
② 病 棟 部：患者が入院して診療・看護を受ける部門
③ 中央診療部：高度化した検査・治療機能を集約した部門
　　　　　　　サプライセンター・薬局・放射線部・手術部・リハビリテーション部等
④ サービス部：給食・洗濯・空調設備・売店等
⑤ 管 理 部：受付・会計・事務室・医局・院長室等

c) 一般計画
① 全体計画は1病床当りで計画し，総合病院で40～50m²/床．
　病棟部の面積は，一般に病院の延べ面積の40%前後．
② ブロックプランの形態として，パビリオン型（分割型）とブロック型（集約型）とがある．
③ 内・外動線の分離，入院・外来・救急患者の動線分離をする．
　　　　　　　・医療スタッフ，物品搬入等の動線分離をする．

d) 各部門
① 外来部
　外来診療部は，できるだけ1階に設ける．
　診療所では，診察室と処置室を隣接させて配置．

② 病棟部
　1) 看護単位
　　看護師1チーム（10名程度）が看護するのに，適したベッド数の単位．
　2) 看護は24時間体制で行われ，30～40床を1看護単位として，ナースステーションで管理し，ナースステーションは病室部との動線が短く，病棟での出入りを管理できる位置に設ける．
　3) 集中治療病棟（ICU）
　　大手術後の患者や重症患者のために，高度な医療設備を有し，24時間体制で看護する．
　4) 病室面積10m²/人（医療法では，個室6.3m²/床，2床以上では4.3m²/床）
　5) デイルーム：患者が気分転換のために休憩や談話をしたりする所

③ その他
　1) 手術部
　　総合病院で手術室…1台/90床
　　なるべく同一階で通り抜けのない位置に設ける．
　　一般にスパンや階高を大きくとれる位置に設ける．

図18・12 病院の部門構成

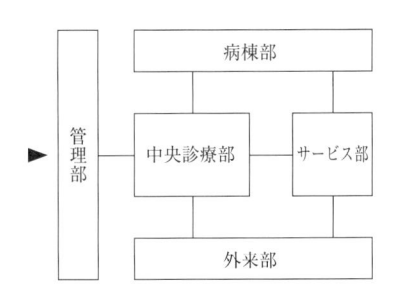

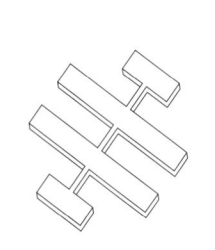

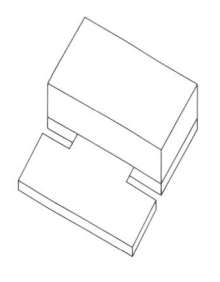

(a) パビリオン型（並列型）　(b) 病棟集約型（病棟分離型）

図18・13 病院のブロックプランの型

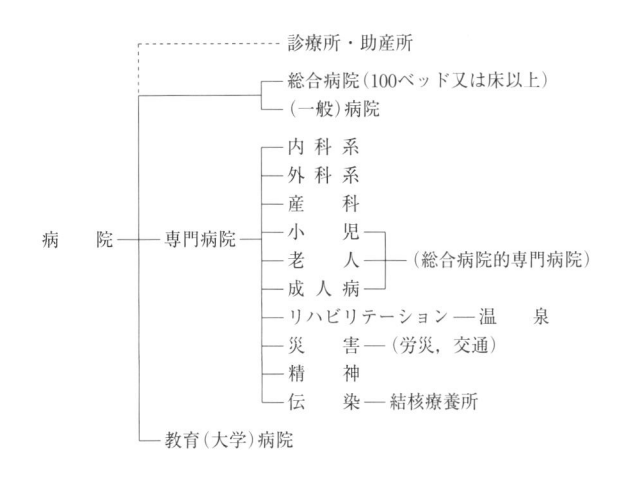

```
                    ┌──── 診療所・助産所
                    ├──── 総合病院（100ベッド又は床以上）
                    │   └─ （一般）病院
                    │     ┌── 内 科 系
                    │     ├── 外 科 系
                    │     ├── 産　 科
病　院 ──┬── 専門病院 ─┼── 小　 児
            │     ├── 老　 人 ──（総合病院的専門病院）
            │     ├── 成 人 病
            │     ├── リハビリテーション ── 温　泉
            │     ├── 災　 害 ──（労災，交通）
            │     ├── 精　 神
            │     └── 伝　 染 ── 結核療養所
            └── 教育（大学）病院
```

図18・14 病院の種類

2）サプライセンター（中央材料室）

各補給先の中心的な位置に配置し，手術部に近接させる．

3）X線室

湿度を低くし，床・壁・天井・扉を鉛かコンクリートで覆う．

床材の電気的絶縁性を考慮する．

18・4 老人福祉施設

老人福祉施設は，老人福祉法で定められた収容施設をいう．

a）施設の種類

老人福祉センター		地域の老人に対し，健康・教養・趣味・レクリエーションのための総合的なサービスを行う施設をいう．小規模なものを「老人憩の家」という．
老人ホーム	軽費老人ホーム	60歳以上の低所得の老人が対象
	養護老人ホーム	家庭的，経済的に恵まれない65歳以上の健康な老人が対象
	特別養護老人ホーム	障害のため常時介護を必要とする65歳以上の老人が対象． 従来型：居室の定員4人以上，床面積10.65m²/人以上
コレクティブハウス		居住者が相互に助け合い，調理や洗濯などの作業を共同で行うための施設をもった集合住宅をいう
介護老人保険施設		高齢者のなかで脳卒中や寝たきりの生活を余儀なくされている人には，病院での治療より，むしろ介護やリハビリテーションを生活面から必要としている人が多数いる．介護老人保健施設は，このような高齢者に対して介護・機能訓練などと共に，日常生活の世話をしながら，家庭への復帰と家庭生活における自立の支援を目的としている施設である．

b）在宅福祉…在宅老人の生活を支援するための福祉

①デイサービス……………昼間・入浴や機能回復訓練を行う．

②ショートステイ…………短期間だけ老人ホームに入所する．

③ホームヘルプサービス…ホームヘルパーが家庭に出向き，身の回りの世話をする．

c）一般計画

①敷地内に大きな高低差がないようにする．

②建築物は低層とし，2階建以上はエレベーター・斜路を設ける．

③建物内外はバリアフリーの計画をし，車椅子使用者も自由に移動できるようにする．

④階段の勾配はゆるく，避難のためのスロープ・バルコニー等も考慮する．

⑤居室

・居住環境は各室均一．

・居室は個室または2人室とする．男女別を原則とし，必要により同室とする．

・プライバシーを考慮する．

・視力が低下しがちなので，照明の照度は高め．

・各居室の快適温度は標準より3〜4℃高温で計画．

⑥居室・便所の扉は非常の際，外部から開けられるようにする．

18・5 コミュニティ施設（コミュニティセンター・公民館・児童館）

　コミュニティ施設とは，地域単位ごとに設置され，地域住民の日常的な交流・集会・文化活動等を行うための公共施設の総称であり，設置主体・目的により，公民館，児童館，コミュニティセンターなど様々な名称がある．

　コミュニティセンターと公民館は，機能上ほぼ同じであるが，コミュニティセンターの方がより複合的で，保健福祉部門を含む場合もある．

a）一般計画

①これらの施設は，コミュニティの社会的要求に対応する施設であり，住民の身近にあって，自主的に多様に利用でき，自由に立ち寄れる空間であることが大切である．

②既存の公共施設とのネットワークを考慮する．

③利用圏は，1km程度以内（徒歩10〜20分）．

④エントランス共用部分＋研修・集会部分＋児童・老人部分＋…，管理部分と多機能にわたって構成されるので，機能分離と動線計画を十分に配慮する．

（例1）公民館の計画において，集会室をエントランスホールの近くに配置する．

（例2）公民館では，玄関ホールと展示スペースを接近させて配置するのがよい．

（例3）児童館の計画において，学童保育のための施設などと併設する場合，出入口は別々にする．

【問題1】　学校の計画に関する次の記述のうち，最も不適当なものはどれか．
1．幼稚園の保育室は，南面させることが望ましい．
2．幼稚園の幼児用の便所ブースは，大人が外から安全を確認できる高さとする．
3．小学校において，児童の出入口と自動車の出入口とは，分離して計画する．
4．小学校において，低学年と高学年の領域を，区別せずに配置する．
5．小学校において，高学年教室と特別教室を，接近させて配置する．

【問題2】　各種建築物の計画に関する次の記述のうち，最も不適当なものはどれか．
1．病院の手術部は，スパンや階高が自由に決定できる位置に設けることが望ましい．
2．博物館の小規模な展示室においては，原則として一筆書きの動線計画とする．
3．有窓の工場は，一般に無窓の工場に比べて，冷房負荷を詳細に検討する必要がある．
4．診療所における患者用の便所のブースの扉は，外開きとする．
5．保育所の計画において，便所を保育室から離して配置した．

【問題3】　社会福祉施設等に関する次の記述のうち，最も不適当なものはどれか．
1．コレクティブハウスは，複数の家族が共同で生活する集合住宅であり，高齢者用住宅としても注目されている．
2．児童館の計画において，学童保育のための施設などと併設する場合，出入口は別々にする．
3．特別養護老人ホームは，常時介護を必要とし，自宅で介護を受けられない老人のための施設である．
4．保育所の計画において，保育室は，乳児と幼児を一緒にする方が望ましい．
5．老人憩の家は，地域の高齢者に開放された，交流，レクリエーションなどに利用される施設である．

【問題4】　公共建築の計画に関する次の記述のうち，最も不適当なものはどれか．
1．幼稚園の便所は，保育室や遊戯室に近接して設けるのがよい．
2．保育所の遊戯室と保育室は，兼用しない方がよい．
3．公民館は住民の地域活動の場である．
4．病院の病棟の看護師室は，病室群の中心になるように配置するのがよい．
5．小学校は，教科教室型のプランにするのがよい．

19 文化施設

19・1 図書館

　図書館は生涯学習の機会提供，文化的情報の提供，文化的資料の保存・伝達という機能をもって，地域社会に資料と施設を提供して，情報文化の利用を保証，サービスする施設である．

　最近の図書館は，書籍の保存・閲覧から貸出重視へ大きく変化し，図書のほかにAV機能の発達により，映像や音声等の充実化，利用者に便利な開架スペースの拡大化の傾向にある．また，インターネットに象徴される情報ネットワークの進展は，情報を扱う図書館にも反映され，情報のデータベース化，利用者によるセルフサービス，いくつかの図書館でシステムを組み，サービスネットワークを設定する等，開放的なものになりつつある．

a）図書館の種類

　利用者や所蔵資料により，次のように分類される．
　①国立国会図書館
　②公共図書館 ── 地域図書館（市町村立）
　　　　　　　 └─ 広域参考図書館（都道府県立）
　③学校図書館
　④専門図書館

　この中で，特に地域図書館は，地域中心館，分館，移動図書館（ブックモビール）で構成されるシステムをつくり，地域社会の文化的要求に対応している．

b）機能構成

　①図書館の機能構成は次のとおり．

利用者ゾーン	開架・貸出部分	閲覧室，開架貸出室，ブラウジングコーナー，児童コーナー等
	レファレンス部分	レファレンス室，郷土資料室
	集会，AV等	集会室，視聴覚室，映写室等
サービスゾーン	事務作業等	事務室，整理作業室
	保存書庫部分	閉架書庫，AV資料室等
	移動図書館（ブックモビール）	作業室，車庫

　②地域図書館では，地域中心館が，レファレンスサービス，保存等の機能を，分館が貸出し機能を中心とし，移動図書館は，貸出し及び広報宣伝機能を，それぞれの位置づけにより受け持っている．これにより，分館については次のようなことを配慮する．
　　1）住民が気軽に利用できることを目的とし，住民の徒歩圏に配置．
　　2）駅前等交通の便のよいところ，繁華街等人通りの多いところに設け，建物外部の人から館内の様子が見えるようにしたりする．
　　3）貸出し中心であることから，蔵書量の増大に伴う増築スペースを確保する必要性は少ない．
　　4）できるだけ多くの図書を開架式で提供し，貸出し機能を十分に発揮させる．

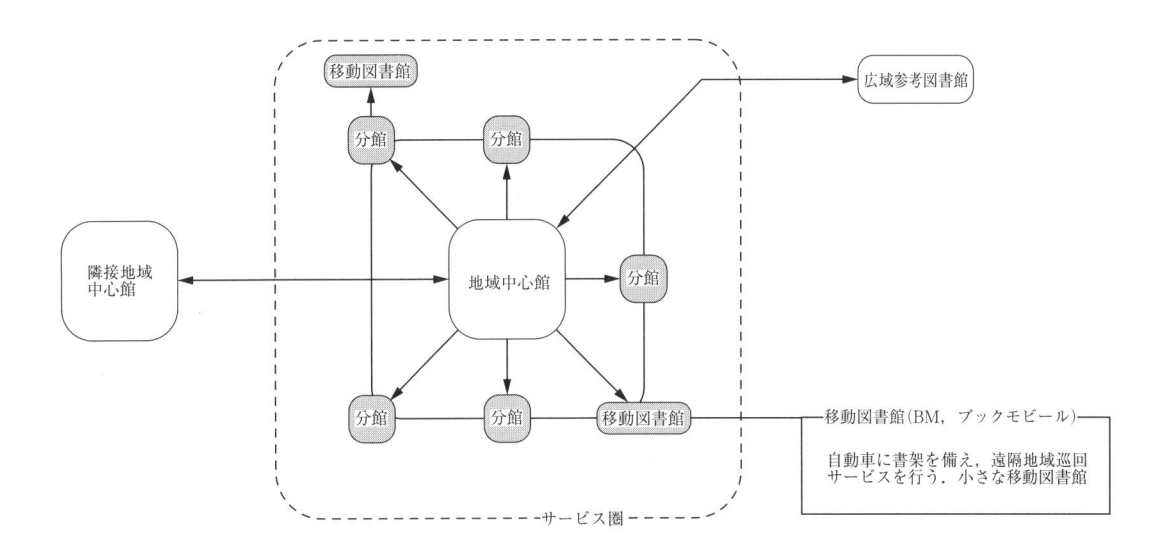

図19・1　地域図書館のシステム

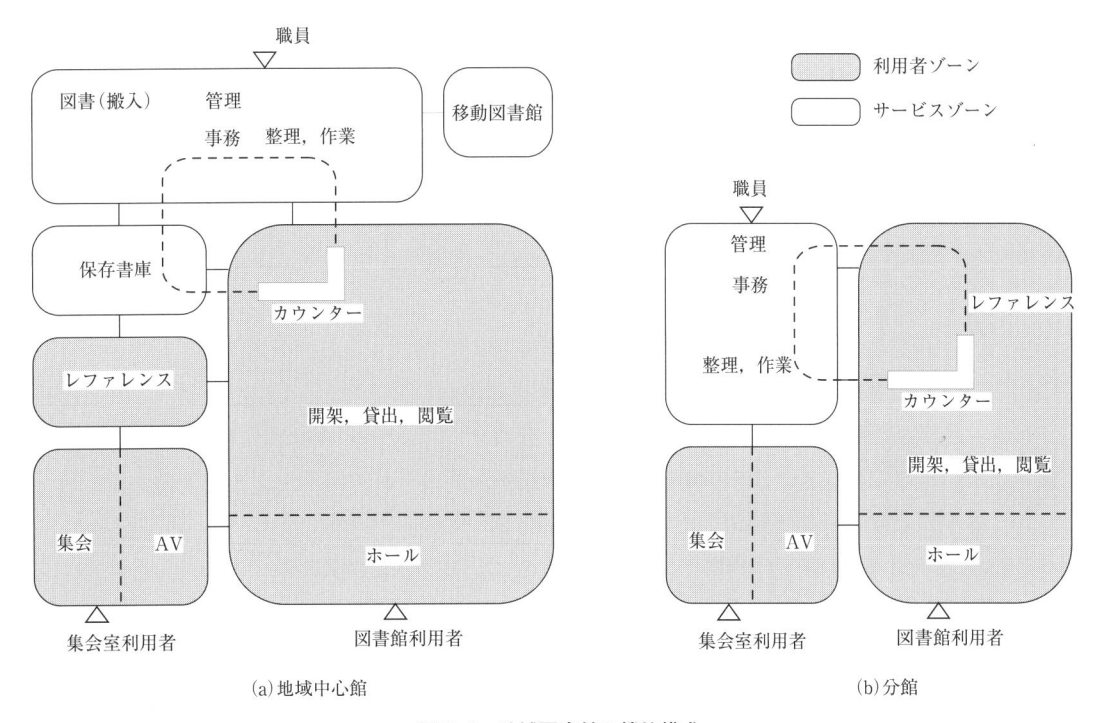

図19・2　地域図書館の機能構成

(a) 地域中心館

(b) 分館

c）出納システム

利用者が目的とする図書を探しだし，閲覧するまでの手続きを出納システムと呼ぶ．次の四つのシステムがある．

自由開架式	閲覧者が自分で自由に本を取り出し検閲を受けずに閲覧できる方式．図書の紛失率が大きく傷みが最も大きい
安全開架式	閲覧者が自分で本を取り出した後，書庫の出口で検閲を受ける方式．図書の紛失が少なくなる
半開架式	ガラス又は金網張りの書架の本の背表紙を見て，係員に出してもらい，チェックを経て閲覧する方式
閉架式	図書を目録カード等から選び出し，係員に本を出してもらい，チェックを経て閲覧する方式．サービスに難点があるが図書の収蔵量が多く，専門書や貴重本の収蔵に適する

d）平面計画

①動線計画

地域図書館では，利用者の動線と図書館職員の動線，図書・資料の動線の三つを基本に計画し，次の点に留意する．

1）様々な動線は単純明快に，なるべく短くする．
　1．利用者の出入口は，全体が見通しやすい位置に．
　2．カウンター（コントロールデスク）は利用者サービスの中心なので，利用者の出入口に近く配置し，その背後に事務・作業室を隣接する．

2）異なる動線は，交差しないようにする．
　1．利用者と職員の出入口は別にし，館内でも分離する．
　2．利用者出入口は成人と児童で共用させてもよいが，閲覧室は分離する．

3）不特定多数の人々が利用することを考慮して，避難動線を確保する．

②各部計画

1）閲覧室
　1．公共図書館の一般閲覧室の面積　1.5～3.3m²/人．
　2．閲覧室は他室への通り抜け通路とならないようにする．
　3．児童閲覧室は自由開架式とし，出入口近くに，レファレンスルームから離して設ける．

2）レファレンスルーム（参考図書室・調査相談室）
　1．研究等のために，参考資料・図書を検索したり相談するスペース．
　2．目録ケース，辞書，年鑑等を自由開架式で設置し，係員も十分にサービスを行える落ち着いた場となるように配慮する．

3）ブラウジングコーナー（新聞・雑誌閲覧室）
　利用者が，新聞・雑誌などを気軽に読書するためのスペース．
　人の出入りが多く，短時間利用が多いので，出入口付近に置く．

4）書庫
　開架式では約180冊/m²，閉架式では約220冊/m²の収蔵力がある．収蔵力を高めるため，積層書架や集密書架とする等，適切な方式を選ぶ必要がある．

5）BDS（ブックディクションシステム）
　図書館内の図書を手続きをせずに持ち出そうとすると警報が鳴るシステムで，図書館の出入り口に設置されている．

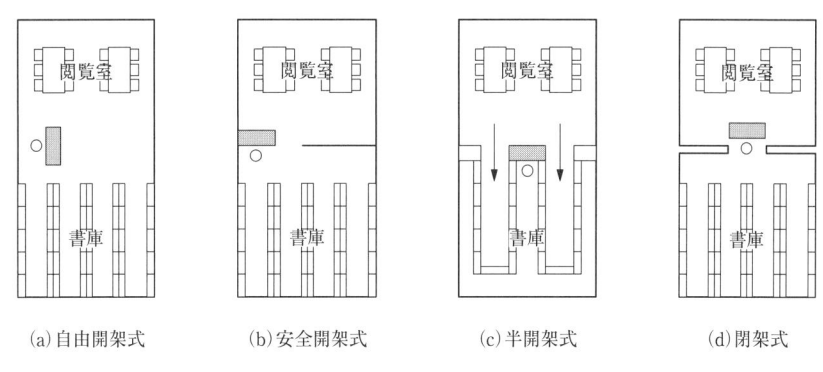

(a) 自由開架式　　(b) 安全開架式　　(c) 半開架式　　(d) 閉架式

図19・3　出納システムによる閲覧室と書架

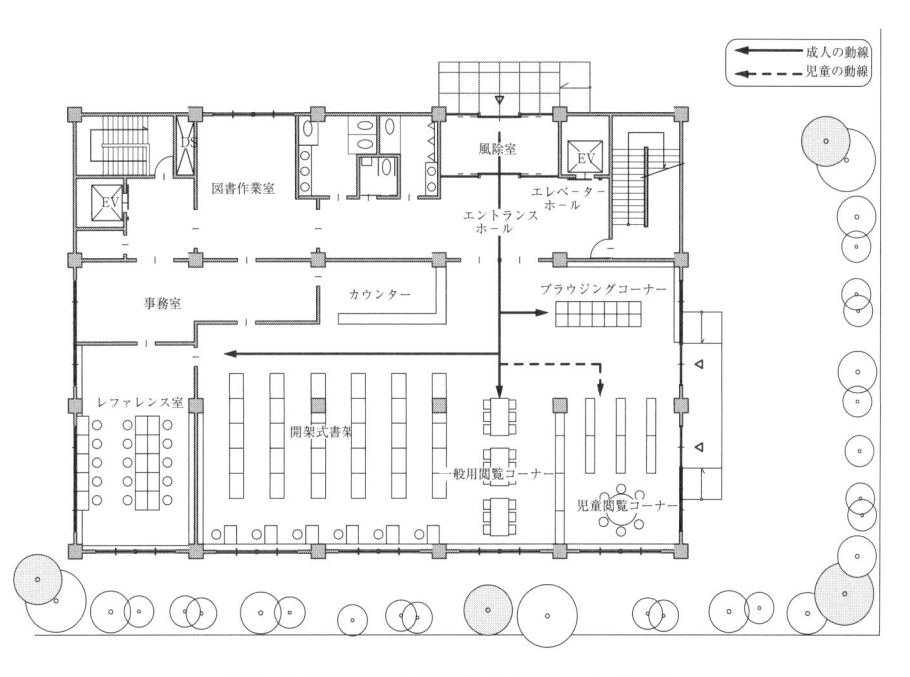

図19・4　地域図書館（分館）のプランニングの例

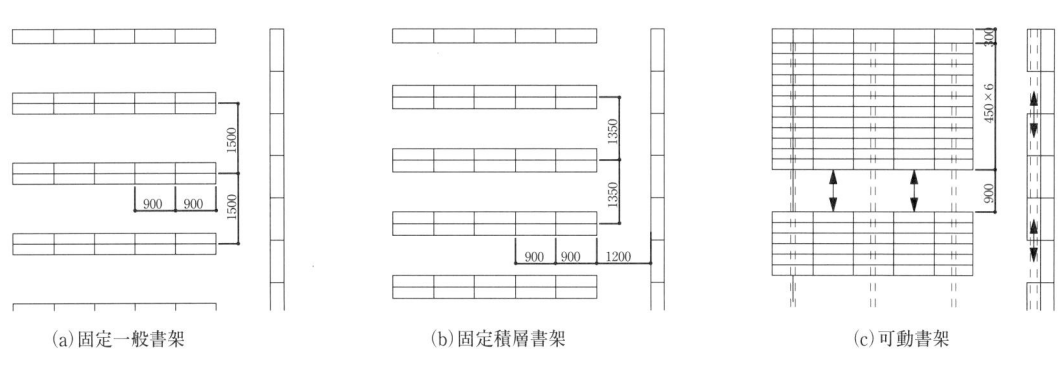

(a) 固定一般書架　　(b) 固定積層書架　　(c) 可動書架

図19・5　書架の例

19・2 博物館・美術館

博物館は自然科学，人文科学に関する資料を収集して整理保管し，展示して一般公衆が利用することにより，その教養・研究・レクリエーション等に資するための事業を行い，それらに関する調査・研究をする機関である（博物館法）．美術館は，人文系博物館の一種である．

a）機能構成

利用者ゾーン	ホール部分	エントランスホール，ラウンジ，ミュージアムショップ等
	展示部分	常設展示室，企画展示室等
	教育・研修部分	多目的ホール，研修室，工房等
サービスゾーン	収蔵・保管部分	収蔵庫，荷解き室等
	調査・研究部分	学芸員室，研究室等
	管理部分	事務室，会議室等

b）展示計画

展示は博物館の重要な機能である．

① 巡回方式

観客が入口から展示室をめぐり，出口に至る動線の形式を巡回形式といい，三つの基本形式がある（図19・7）．

一筆書き型 （接室順路形式）	各展示室をつないで配列した形式．小規模施設向き．1室が混雑すると観客の流れが停滞する．
中央ホール型 （ホール接続形式）	各展示室が，中央のホールに接する形式．鑑賞の自由度がある．中規模施設向き．
廊下型 （廊下接続方式）	各展示室を廊下で接続していく形式．展示替えや動線の自由度があるが動線が長くなる可能性もある．大規模施設向き．

② 基本方針

1) 展示空間の動線は原則として後戻りせずに交差させないようにする．
2) 利用者が展示物を見ることに集中できるように，段差等を設けず歩きやすくする．
3) 休憩コーナーを適宜設けて，自由な鑑賞ができるようにする．
    （例）外の景色が見えるラウンジ等を設ける．
4) 展示部分の床面積は延べ面積の約40%とする．
5) 照明は，人工照明が主体．JIS推奨照度基準では，日本画150〜300lx，洋画300〜750lx．実際は，これより低い照度で展示している．
    最近では，人工照明と自然採光のバランスのとれた計画が望まれている．
    南向き採光は不向き，自然採光方式には，頂光採光（トップライト），頂側光採光（トップサイドライト），高側光採光（ハイサイドライト）等がある（図19・8）．

c）収蔵・保管部分

① 収蔵庫は，搬出入の便利な位置に配置．
② 燻蒸室（くんじょう）は，搬出入口と収蔵庫または，展示室の間に設ける．
③ 収蔵庫は断熱性と調湿性の高い保存環境をつくる．
    常時一定の温湿度を保つように空気調和を行い，他空間とは別系統とする．
④ 収蔵庫は外部の影響を緩和するため，鉄筋コンクリート構造体と絶縁した木造空間を中に

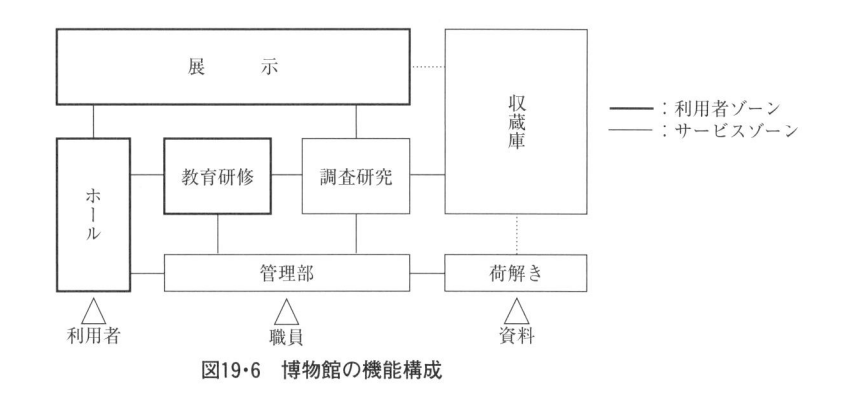

図19・6 博物館の機能構成

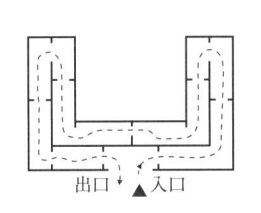

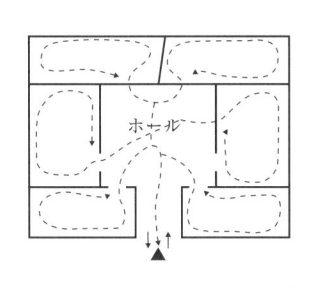

(a) 一筆書き型(接室順路形式)
(b) 中央ホール型(ホール接続形式)
(c) 廊下型(廊下接続形式)

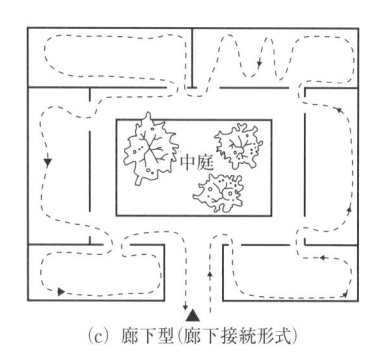

図19・7 展示空間の巡回方式

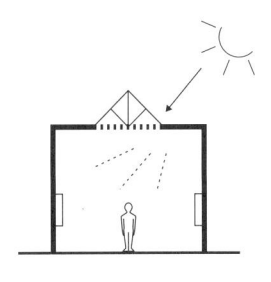

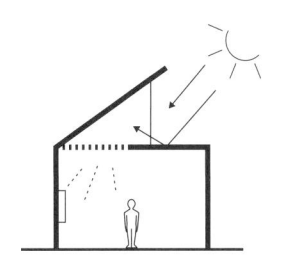

(a) 頂光採光(トップライト)
(b) 頂側光採光(トップサイドライト)
(c) 高側光採光(ハイサイドライト)

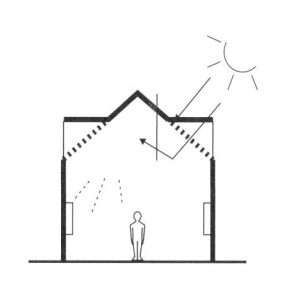

図19・8 展示室の自然採光の方式

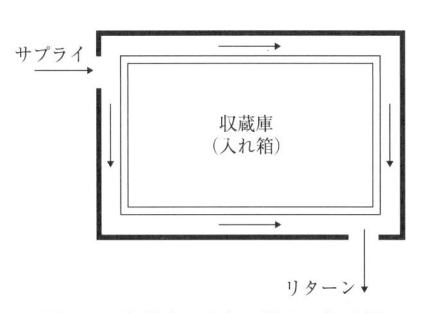

図19・9 収蔵庫の空気の流れの概念図

入れ，その中間の空気層を空調するのがよい．

19・3 スポーツ施設（体育館）

屋内体育館は，スポーツの多元化にともない，競技性能を向上させる高度な設備の充実と計画性が求められるようになってきている．

競技種目と使用内容により，体育館の広さ，天井高は異なるが，一般にはバスケットボールコート1面がとれることを基準として計画する．必要な天井高は，バレーボールがもっとも高く，12.5mである．

【問題1】 地域図書館の分館の計画に関する次の記述のうち，最も不適当なものはどれか．
1. 道路を通行する人など，建物の外部の人から館内の様子が見えるようにする．
2. 利用者の動線と館員やサービスの動線が交錯しないようにする．
3. 将来の利用人口や図書の増加を考え，増築スペースの確保を優先する．
4. 児童室内においては，幼児の利用部分と小・中学生の利用部分とを，書架などで区分する．
5. 貸出しの機能を十分に発揮させるため，開架式とする．

【問題2】 博物館の計画に関する次の記述のうち，最も不適当なものはどれか．
1. 一筆書き型の巡回形式は小規模の博物館に適する．
2. 展示室内に変化をつけるため，床に段差をつける．
3. 休憩スペースとして，外の景色が見えるラウンジを要所に設ける．
4. 人工照明だけでなく，自然採光の良さも取り入れるようにする．
5. 展示室は，入口と出口を分ける．

【問題3】 次の建築物と用語との組合せのうち，最も関係の少ないものはどれか．
1. 病　　院————ICU
2. 美術館————学芸員室
3. ホテル————クリーンルーム
4. 図書館————ブラウジングコーナー
5. 学　　校————メディアセンター

【問題4】 次の各室とその計画上考慮すべき要件の組合せのうち，最も不適当なものはどれか．
1. 診療室のX線室————床材の電気的絶縁性
2. 小学校の普通教室————均等な照度分布
3. 美術館の絵画展示室————日照の確保
4. 地域公民館の集会室————多目的な利用
5. 図書館の閲覧室————来館者の構成

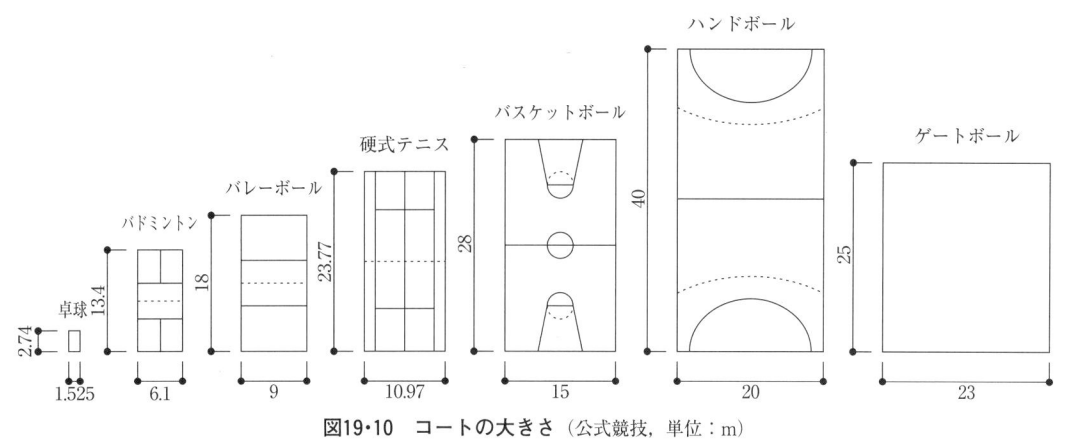

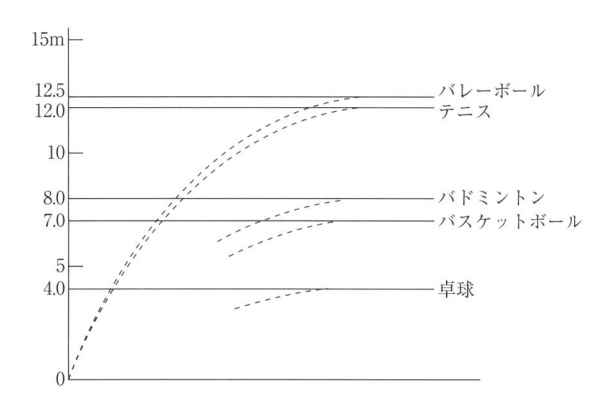

図19・10 コートの大きさ（公式競技，単位：m）

図19・11 天井高の目安

20 空気調和設備

20・1 暖房設備

集中暖房方式と個別暖房方式の二つにわけられる．

a）集中暖房方式（セントラルヒーティング）

建物内の1ヶ所に設置した熱源装置から，各室に熱を供給し，暖房する方式．

① 蒸気暖房：ボイラーで蒸気を発生させ，配管を通って放熱器へ入り，放熱器の壁を通じて潜熱を発散し，蒸気は冷えて凝縮水となりボイラーに戻る．
　　　　　　設備費が安い．大規模な事務所や工場．

② 温水暖房：ボイラーからの温水は，各系統に分配され，温水管を通って，各室の放熱器に入り，室内の空気を温める．温水が給湯と併用することができる．ホテルや住宅．

③ 放射暖房：床・壁・天井の内部に埋め込んだ放熱コイルに温水を通し，床・壁・天井面を発熱面として，その面からの放射熱によって暖房を行う．予熱時間が長いので，間欠的に使用する室には不向きである．大きく分けて，電気式と温水式がある．

④ 温風暖房：温風を吹き出して室内を暖める方式．温湿度の自由な調整が可能で，換気や空気浄化も行える．

各暖房方式の特徴は，表20・1に示す．

b）個別暖房方式

各室で灯油やガスの燃焼，電気による発熱などによって，暖房する方式．

① 燃焼による暖房方式

　1）開放型：ストーブ・ファンヒーターなど．室内の空気を燃焼用に使うとともに，燃焼廃ガスも室内に放出．

　2）密閉型：FF式温風暖房機．熱だけが供給される形式．

　3）半密閉型：石炭ストーブ．燃焼用の空気は室内からとり，燃焼廃ガスは煙突で屋外に放出．

② 燃焼によらない暖房方式

　ヒートポンプ式暖房設備：ヒートポンプでつくられた熱により，室内空気を暖める．外気熱源のため，外気温 7 ℃以下では能力が低下するが，空気を汚染しない点で優れている．

　・ヒートポンプ（heat pump）とは，熱の媒体を介して，水，空気等の低温の物体から高温の物体に熱を与える仕組みをいう．この熱の媒体を熱媒または冷媒といい，冷媒の流れを反対方向に変えることにより，夏は冷房，冬は暖房に使われる．

20・2 冷房設備

冷凍機で冷却した冷媒によって，室内空気を快適状態まで冷却・除湿するものである．

① 蒸気圧縮式冷凍機

圧縮機を使って蒸発と凝縮を連続させ，冷媒液が蒸発して蒸気となる時に奪う潜熱によって冷房効果をあげる．一般には，蒸気圧縮式をヒートポンプと呼んでいる．冷媒はオゾン層破壊の危険性があるフロン（CFC）から代替フロン（HCFC，HFC）に転換したが，代替フロンにも

表20・1 集中暖房方式の特徴比較

	蒸気暖房	温水暖房	放射暖房	温風暖房
使用熱媒	蒸気	水	水	空気
熱媒温度〔℃〕	100～110	40～90	40～60	35～50
放熱体	放熱器	放熱器	床，天井	なし
熱容量	やや小	中	大	小
外気温変化への適応	悪い	良い	悪い	最も悪い
ウォーミングアップ時間	短い	中	長い	短い
相対湿度	低下	低下	低下小	調整可能
換　気(外気導入)	不能	不能	不能	可能
騒　音	スチームハンマー	なし	なし	あり

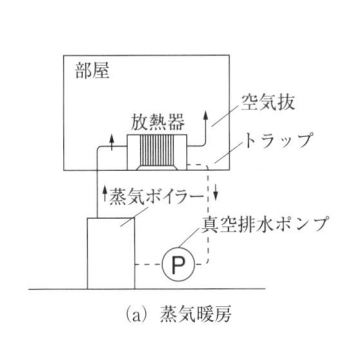

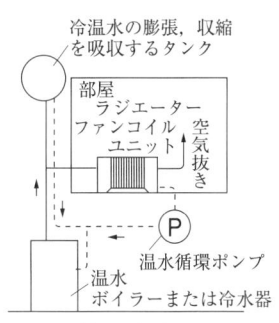

(a) 蒸気暖房

(b) 温水暖房または
ファンコイル式冷房

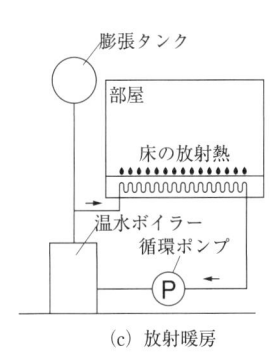

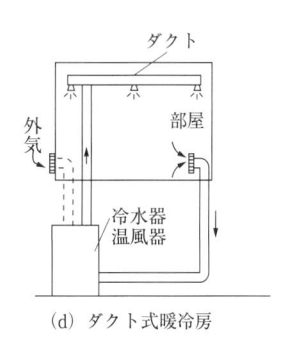

(c) 放射暖房

(d) ダクト式暖冷房

図20・1　集中暖房（冷房）方式

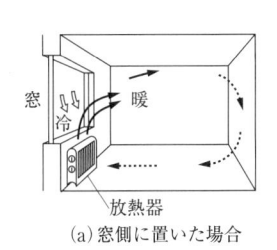

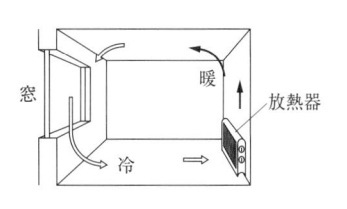

(a) 窓側に置いた場合

(b) 窓から離して置いた場合

図20・2　放熱器の位置と室内気流

（井上宇市監修／小笠原祥五・河窪登志夫・前島健「建築設備」市ヶ谷出版社による）

温室効果があるため，炭化水素等を使ったノンフロン化が進められている．
②吸収式冷凍機
　真空に近い低圧状態では，10℃程度の水も沸騰し熱を奪って冷水をつくることができる．この原理を利用して冷媒に水を，吸収液に臭化リチウム溶液を用いて，動力としての圧縮機を使わずに，吸収液を蒸気や高温水あるいは燃焼ガスを利用して加熱し，化学的な働きにより冷媒を循環させ冷却作用を行う．

20・3　空気調和設備

　空気調和とは，室内や特定の場所の空気を使用目的に応じた適正状態に保つことをいう．前述の冷暖房設備が主に空気の温度を調節するのに対し，空気調和設備は，空気の温湿度，気流速度，空気質などを調整し，浄化する．

冷暖房及び空気調和設備に使用される機器類．
①クーリングタワー：冷却水の熱を放出させるための装置．
②ラジエター：ボイラーから送られてきた温水や蒸気の熱を室内へ主に輻射により放出する装置（図20・3，図20・4）．
③コンベクター：フィンのついた管をケースに収めたもので，自然対流によって熱を放熱する（図20・5）．
④ファンコイルユニット：フィンのついた管（コイル）と送風機，エアフィルターをケースに収め，強制対流によって熱を放熱する．コイルに冷温水を供給し空調を行う（図20・7）．
⑤パッケージユニット：冷凍機，コイル，送風機，エアフィルターを内蔵した空気調和機．冷房専用が主体．ヒートポンプ式で冷暖房可能（図20・9）．パッケージユニットにダクトを接続して各室を空調する方式と，各室に小型ユニットを配置する方式がある．
⑥空気調和装置：室からの還気と一定割合の新鮮空気を混合し，塵埃などをエアフィルターでろ過した後，その空気を加熱・加湿又は冷却・減湿し所定の状態の空気を作りだし，送風機で送り出す装置（図20・10）．

20・4　空調計画

　熱負荷の違いや運転・管理の利便性を考慮し，空調システムを計画し，適正な空気調和を行う．
●ゾーニング：建物内の空間を，熱負荷の違いや運転・管理等からいくつかのゾーンにわけて，ゾーンごとに適正な空気調和を行う．
●ペリメーターゾーン：建物内の外周部のゾーン．
●インテリアゾーン：建物内の中央部のゾーン．
空気調和設備も中央式空調システムと分散式空調システムに分けられる．

a）中央式空調システム（表20・2）

①単一ダクト方式（図20・11）
　1本のダクトで各室を空調する方法．高速ダクトは設備費が割高になる．送風量を定量とする定風量式と，室内の熱負荷の変動に応じて送風量を変量させる変風量式がある．
②二重ダクト方式（図20・12）
　常に2本のダクトでそれぞれ温風と冷風を供給し，室温に応じて混合して供給する方法．

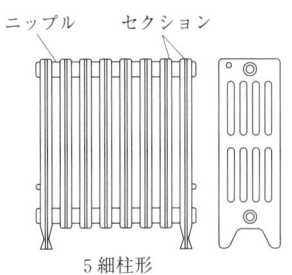

図20・3　ラジエター（鋳鉄製）
　ニップル　セクション
　5細柱形

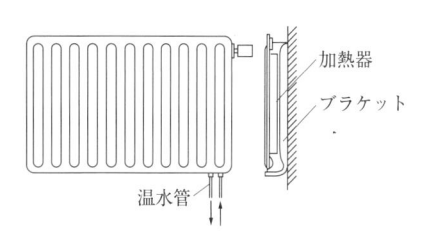

図20・4　パネルラジエター（鋼板製）
　加熱器
　ブラケット
　温水管

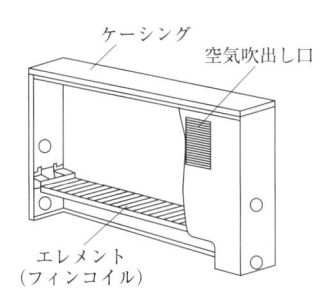

図20・5　コンベクター
　ケーシング
　空気吹出し口
　エレメント（フィンコイル）

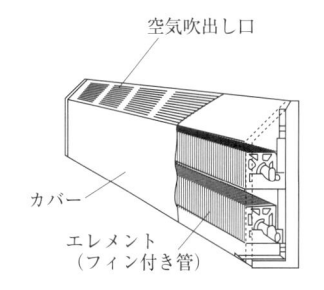

図20・6　ベースボードヒーター
　空気吹出し口
　カバー
　エレメント（フィン付き管）

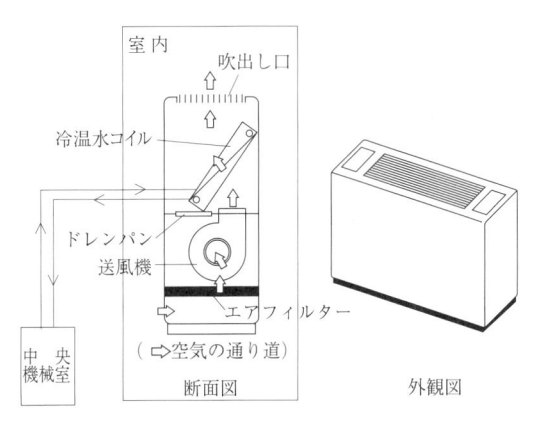

図20・7　ファンコイルユニット
　室内
　吹出し口
　冷温水コイル
　ドレンパン
　送風機
　エアフィルター
　（空気の通り道）
　中央機械室
　断面図　　外観図

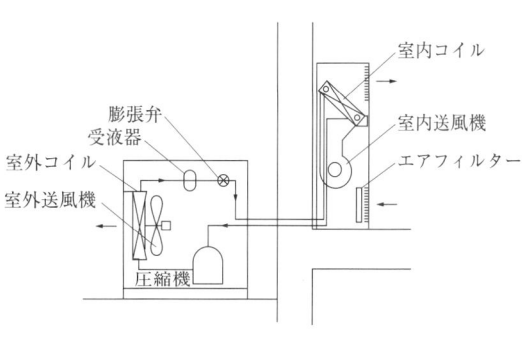

図20・8　ルームエアコンディショナー（スプリット製）
　室内コイル
　室内送風機
　エアフィルター
　膨張弁
　受液器
　室外コイル
　室外送風機
　圧縮機
（建築設備学教科書研究会「建築設備学教科書」彰国社による）

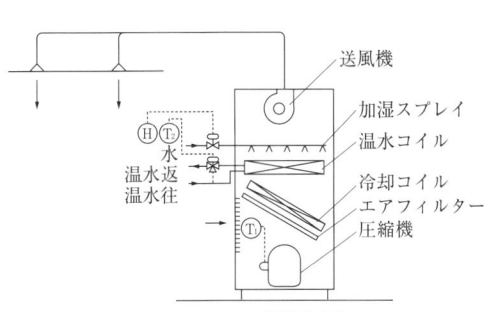

図20・9　パッケージユニット式
　送風機
　加湿スプレイ
　温水コイル
　水
　温水返
　温水往
　冷却コイル
　エアフィルター
　圧縮機
Ⓣ₁：冷房用サーモスタットで圧縮機を制御
　　　Ⓣ₁は室内に設ける場合もある
Ⓣ₂：暖房用サーモスタットで三方弁により温水量を制御
Ⓗ：加湿用ヒューミディスタットで電磁弁により加湿をON-OFF
（建築設備学教科書研究会「建築設備学教科書」彰国社による）

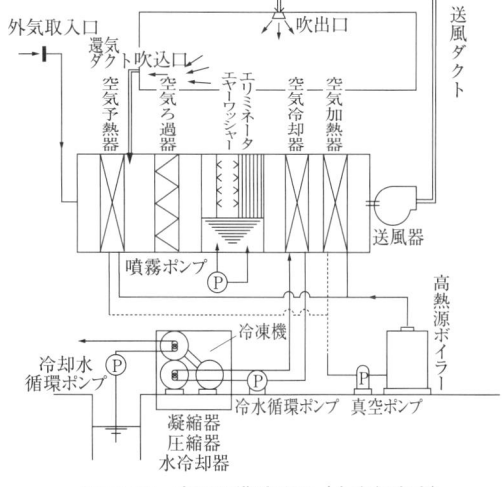

図20・10　空調設備系統図（全空気方式）
　外気取入口　還気ダクト　吹込口　吹出口　送風ダクト
　空気予熱器　空気ろ過器　エリミネーター　エヤーワッシャー　空気冷却器　空気加熱器
　送風器
　噴霧ポンプ
　冷凍機
　冷却水循環ポンプ
　凝縮器
　圧縮器
　水冷却器
　冷水循環ポンプ　真空ポンプ
　高熱源ボイラー

③各階ユニット方式

　　各階に空調機を設置し，階ごとに対応する方法．

④ファンコイルユニット方式

　　各室にファンコイルユニットを設置し，これに機械室でつくった冷水・温水を供給し，冷風・温風を出す方法．単一ダクト方式との併用が多く，個別制御が容易．ダクトスペースが小さくてすむ．

b）分散式空調システム

パッケージユニット方式

①エアコン単独設置式：空調システムを小型のパッケージとし，各室に配置（図20·8）．

②エアコンマルチパッケージ式：1台の屋外ユニットと複数台の屋内ユニットを，冷媒配管でつなぐ方法．

③ダクト接続式：パッケージユニットを設置し，これに各室のダクトを接続し，冷風・温風を送風する方法（図20·9）．

20·5　換気設備

換気には，「6　換気と通風」（30ページ）で示したように，自然換気（風力，重力）と機械換気がある．自然換気だけで十分でない場合，機械換気を行う．

機械換気：機械を用いる換気方式．

　a）第1種換気（図20·14a）：室内圧を任意に制御．

　　　　　　　　　　　　　給気・排気ともに機械換気．

　b）第2種換気（図20·14b）：室内圧は，室外圧よりも高くなる．手術室や清浄室．

　　　　　　　　　　　　　給気は機械換気，排気は自然換気．

　c）第3種換気（図20·14c）：室内圧は，室外圧よりも低くなる．便所・浴室など．

　　　　　　　　　　　　　給気は自然換気，排気は機械換気．

【問題1】　空気調和設備に関する次の記述のうち，最も不適当なものはどれか．
1. 空気調和とは，室内の空気の温度，湿度，清浄度，気流分布などを使用目的に適した状態に同時に調整することをいう．
2. 室の用途，使用時間，空調負荷，方位などにより，空調系統をいくつかに分割することをゾーニングという．
3. ダクト併用ファンコイルユニット方式は，定風量単一ダクト方式に比べて，大きなダクトスペースを必要とする．
4. 変風量単一ダクト方式は，室内負荷の変動に応じて，送風量を変化させることができる．
5. 直だき吸収冷温水機は，夏期，冬期ともに燃料を燃焼させ，冷水又は温水を1台でつくることができる．

【問題2】　冷暖房設備に関する次の記述のうち，最も不適当なものはどれか．
1. 温水暖房には，膨張タンクが必要である．
2. ヒートポンプによる暖房の効率は，一般に，電気ヒーターによる暖房と同じである．
3. 床暖房では，一般に室内の上下の温度差が少ない．
4. 冷房をファンコイル方式によって行う場合にも，ドレン配管は必要である．
5. 除湿機には，冷却コイルと放熱コイルが内蔵されている．

【問題3】　機械換気設備に関する記述のうち，最も不適当なものはどれか．
1. 便所は，臭気が他の室にもれないように，第3種換気設備とした．
2. ボイラー室は，煙突の通風力に悪影響を及ぼさないために，第2種換気設備とした．
3. 発熱の多いコピー室は，熱を早く排出するために，第3種換気設備とした．
4. 食堂の厨房は，火を使用するので不完全燃焼を起こさないように，第2種換気設備とした．
5. 外壁に換気口を設けられない地階の機械室は，第1種換気設備とした．

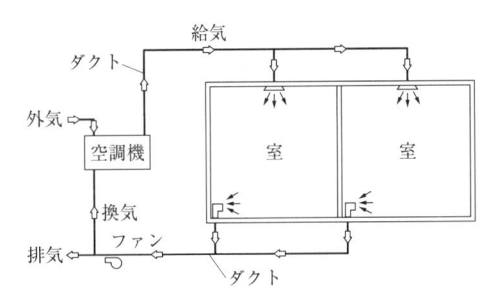

図20・11 単一ダクト方式（定風量式）

表20・2 中央式空調設備の分類

全空気方式	単一ダクト方式	定風量 変風量
	二重ダクト方式	定風量 変風量
水方式	マルチゾーンユニット方式 ファンコイルユニット方式 輻射冷暖房方式	
空気—水方式	空気方式＋ファンコイルユニット方式 インダクションユニット方式 空気方式＋輻射冷暖房方式	

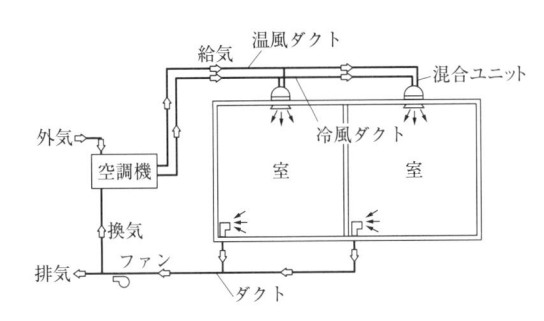

図20・12 二重ダクト方式

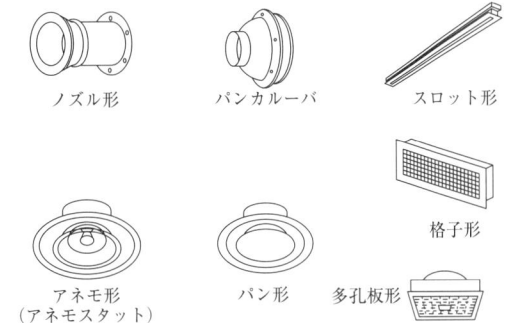

図20・13 吹き出し口の種類
（建築設備学教科書研究会「建築設備学教科書」彰国社による）

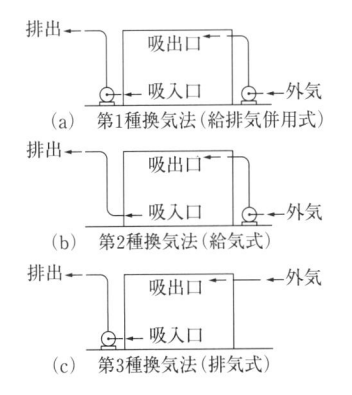

ノズル形　パンカルーバ　スロット形　アネモ形（アネモスタット）　パン形　格子形　多孔板形

図20・14 各種機械換気方式

(a) 第1種換気法（給排気併用式）
(b) 第2種換気法（給気式）
(c) 第3種換気法（排気式）

表20・3 各室の換気量・換気回数

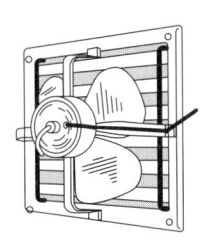

室　名	換気量		換気回数
	m³/人時	m³/m²時	回/時
手術室	1000	30	10
劇場・観覧席	30～50	75	10
事務室	30	12	4
喫煙室・便所	30	30	10
ホテル・食堂	30	25	8

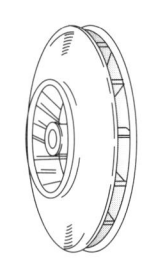

(a) 角型換気扇（軸流型）　(b) ターボファン（遠心型）　(c) 多翼形ファン（遠心型）

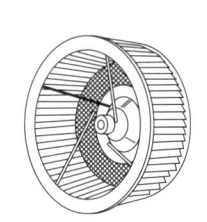

図20・15 ファンの種類

21 電気設備

21・1 電気設備

a) 基礎知識

1) 電流と電圧と抵抗の関係
- 電流：電気の流れる流量……………………………I〔A〕（アンペア）
- 電圧：電気を流そうとするはたらきを表す量…E〔V〕（ボルト）
- 抵抗：電気の流れにくさ……………………………R〔Ω〕（オーム）

電流と電圧・抵抗の関係には，次のような法則がある．

$$\underset{(電圧)}{E} = \underset{(抵抗)}{R} \times \underset{(電流)}{I}$$

これをオームの法則という．

2) 直流と交流

電流には直流と交流がある．
- 直　流：一定電圧で一定方向に継続した電流が流れる．
- 交　流：時間の経過とともに電圧・電流は，周期的に方向が変化する．

　　電力会社から供給される電力は交流であり，東日本では50Hz（ヘルツ），西日本では60Hz（ヘルツ）の異なった周波数の交流が使用されている．
- 周波数：1秒間に何回電圧変化があるかを表す単位……〔Hz〕（ヘルツ）

　建物内では，電灯・電熱・空調設備など大部分の電気設備は交流だが，電話等の通信設備，高級エレベーター等では，直流が用いられている．電話は整流器により直流にかえている．

3) 電力
- 電力：単位時間内に消費される電気エネルギー量…P〔W〕（ワット）

　　　　　　　　　　　　(電力)　　　　(電圧)(電流)(力率)
- ・直流の場合　　　　$P = E \times I$
- ・単相交流の場合　　$P = E \times I \times PF$
- ・三相交流の場合　　$P = \sqrt{3} \times E \times I \times PF$

　　交流の場合，電流と電圧の間に位相差が生じるので，電力は直流のように，簡単に定義することができない．

- 力率：入力の電力の効率（皮相電力）を基準とした時

　　　　実際に役立つ電力（有効電力）の割合…PF（Power Factor）

また交流の場合，電圧・電流が時間的に変化するので，電圧や電流の大きさを表すには，実効値（R. M. S.）を用いる．

（例）100Vの交流は，最大値 $100 \times \sqrt{2} = 141V$ の正弦波交流のことである．

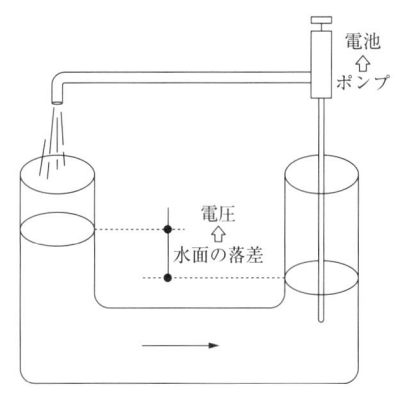

図21・1　電気の仕組み

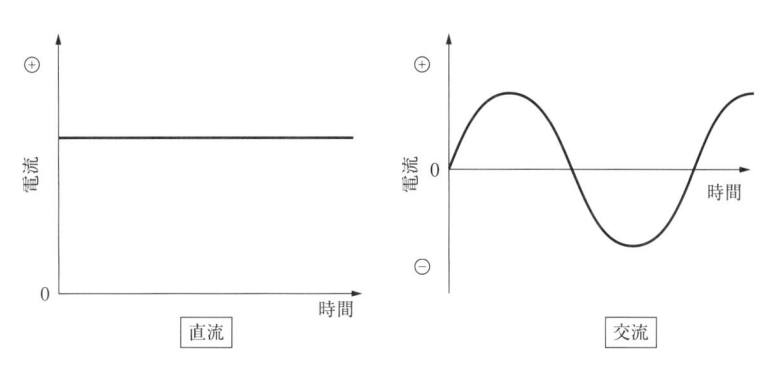

図21・2　直流と交流の電流変化

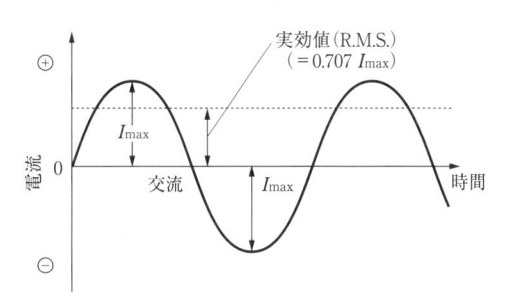

図21・3　交流と波形と実効値

b）配電

1）供給電圧

電圧には，低圧，高圧，特別高圧の3種類があり，表21・1のように定められている．

2）契約電力と供給電圧

発電所から図21・4のような経路で，電気は供給される．

発電所からの電力は，三相交流である．単相交流は，電圧の波形が1本の線で表わされる交流で，位相のずれがないが，三相交流は，3本の線で供給される電圧の波形が1/3サイクルずつずれている．長い送電の間に，電線自身のもつ電気抵抗が原因となって，電気の一部は熱となり，途中で空中に逃げ電圧が小さくなる現象（電圧降下）がある．そのため，発電所から送電する時には，非常に高圧にし，電線を細くし，いくつかの変電所を経て，段階的に降圧して需要家に供給している．

建物に供給される電力は，建物が必要とする電力量が多いほど，高い電圧で供給される．電力会社と需要家との間の契約電力，また電力会社の供給規定により表21・2のような供給電圧が決定される．

3）高圧引込

高圧または特別高圧で受電するため，各建物で変電設備を設け電圧を低圧に下げる．

- 変 電 設 備：電力会社から，高圧または特別高圧で受電した電力を，必要な電圧に降圧する設備．変圧器（トランス），遮断器，進相用コンデンサー，断路器等から構成される．これら機器を屋内外の受変電室に収めたり，屋外のコンパクトな金属箱（キュービクルという）に収めたりする．

- 進相用コンデンサー：電動機等の負荷は力率が低いので，コンデンサーを接続すると力率が100％近くに改善される．

4）低圧引込

住宅や商店，小工場等の建物では，柱上変圧器で低圧単相交流にして引き込まれる．

c）屋内配線

1）配電方式

一般に屋内配線で採用されている配電方式は，図21・5のようなものがある．

2）配線回路

屋内配線の経路を回路という．配線の経路は，図21・6のようになっている．屋内の配線は幹線と分岐回路に分けられ，幹線と分岐回路を接続するものが分電盤である．

一般住宅用の電力は，柱上変圧器で単相低圧交流となり，屋外の配線から引込口，積算電力計（メーター）を経て，分電盤で分岐される．分電盤は，主に開閉器と自動遮断器からなっている．

自動遮断器は，過大な電流が流れて火災等になることを防止するもので，ヒューズや配線用遮断器（ノーヒューズブレーカー）を用いている．

高圧引込の建物は，変電設備で電圧を下げた後，配電盤を設け，そこから数本の幹線に分岐し，各々に分電盤を通して分岐回路により配電している．

3）分電盤の位置

分電盤の位置は重要で，分岐線の片道長さが30m以下となるよう，負荷の中心近くで，操作・保守に便利な場所を選ぶ．

表21·1 電圧の種類

電圧区分	低圧	高圧	特別高圧
直流	≦750V	>750V ≦7000V	>7000V
交流	≦600V	>600V ≦7000V	

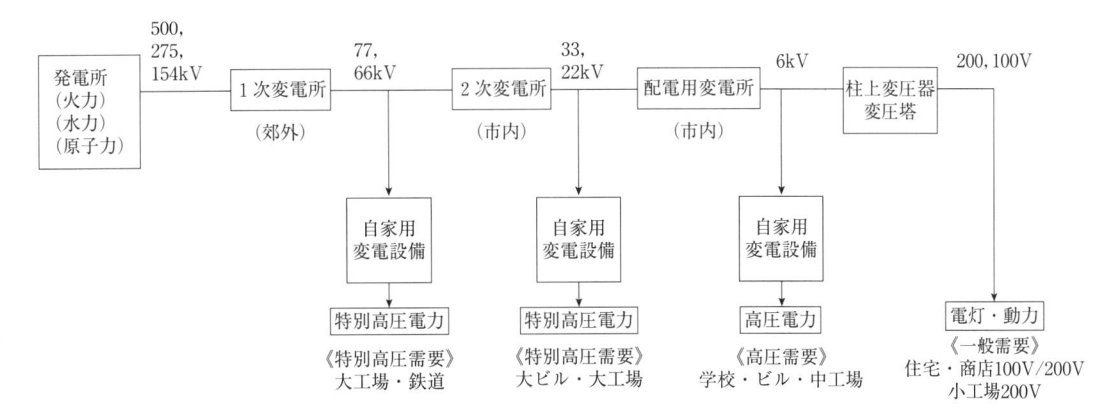

```
発電所                    500,              77,              33,              6kV              200,100V
(火力)  ─→ 1次変電所 ─→ 66kV ─→ 2次変電所 ─→ 22kV ─→ 配電用変電所 ─→ 柱上変圧器 ─→
(水力)     275,                                                              変圧塔
(原子力)   154kV
          (郊外)              (市内)           (市内)
             ↓                   ↓                ↓                 ↓
          自家用              自家用            自家用           電灯・動力
          変電設備            変電設備          変電設備
             ↓                   ↓                ↓
         特別高圧電力       特別高圧電力       高圧電力
         《特別高圧需要》   《特別高圧需要》   《高圧需要》    《一般需要》
         大工場・鉄道       大ビル・大工場     学校・ビル・中工場  住宅・商店100V/200V
                                                               小工場200V
```

図21·4 電気の経路

表21·2 契約電力と供給電圧

契約電力	供給電力		用途
2000kW以上	特別高圧	33kV(50Hz) 22kV(60Hz)	特殊
50kW以上～2000kW未満	高圧	6kV 3kV	受変電設備のある建築物
50kW未満	低圧	200V 100V	住宅,商店,小工場 一般電灯,電動機等

方式	用途,特徴	配電図
100V 単相2線式	一般住宅用引込配線,小規模店舗ビルなど	
100V/200V 単相3線式	100V用電灯,コンセントと,200V用エアコンや大型電熱器の電源が,同じ回路からとれる方式.100V単相2線式に比して電線本数は多くなるが,細い電線ですので,電灯幹線として経済的.	
200V 単相2線式	大型電熱器,X線装置,40W蛍光灯(200V)など	
200V 三相3線式	ビル,工場の動力用 一般電動機に供給	
400V級 三相4線式	大規模ビル,工場などで使われる. 三相4線式400Vの各線から,200V級の単相が得られ電力消費効率がよい.	

図21·5 屋内配電方式

4）分岐回路

　回路は用途別（電灯コンセント・動力等），室別，階別等により分岐されるが，各々の回路が配線材料や配線器具等の許容電流を超えないように，回路を独立させる．容量の大きいエアコンや電子レンジは単独回路とする．また，回路ごとに開閉器（スイッチ）および，遮断器（ブレーカー）を設け，一つの負荷の故障により，他の回路に影響が及ばないようにする．

5）配線器材

　①電線の太さ

　　電線の太さは，許容電流，電圧降下，機械的強度を考慮して決める．一般に屋内配線としては，径1.6mm以上の軟銅線を使用するが，過大な電流が電線に流れると，火災の危険性，電圧降下も大きくなるので，電線の太さ（径）により，許容電流が決められている．住宅の15A分岐回路では，表21·3のものを用いる．

　②電線の種類

　　屋内に使用する絶縁電線は，600Vゴム絶縁電線，600Vビニル絶縁電線，600Vビニル外装ケーブル（Fケーブルまたは，VAケーブル）等がある．

　　電線は地中に埋設することはできないが，ケーブルは地中に埋設できる．しかし，コンクリートに直接埋め込むと，打設時に圧力や衝撃を受けるおそれがあるので，直接埋め込んではならない．

　③電線管等

　　電線管（薄鋼製，硬質ビニル製），アウトレットボックス（器具やコンセントの取付口），コンクリートボックス（コンクリート埋込工事用）等がある．

6）配線工事

　①低圧屋内配線方法

　●がいし引き配線（図21·8(a)）

　　絶縁電線を，がいしで支持する配線方法．

　　配線が見えるので点検しやすい．木造建築物や工場で使用．

　●ケーブル配線（図21·8(b)）

　　ケーブルを使って配線する方法で，従来のがいし引き工事にかわり広く使用されている．ケーブルは外傷を受けない場所ならほとんど使用でき，地中に埋設することもできるが，コンクリートに直接埋め込んで配線してはならない．

　●金属管配線（コンジットチューブ）（図21·8(c)）

　　金属管（コンジットチューブ）に電線を入れて，コンクリート中に埋め込み配管する方法．一般に広く使用される．

　　電線が保護され，火災の恐れがない．電線の引き替えも可能だが，増設・分岐困難．

　　管内の電線数は，本数が多くなると発熱量が増大し，効率が悪く，許容電流が小さくなるので，本数に制限がある．

　●硬質ビニル管配線（図21·8(d)）

　　コンジットチューブと同じく，電線を入れてコンクリート中に埋め込み配管する方法であるが，コンジットチューブより絶縁性，耐酸，耐アルカリ等に優れている点がある．ねじ切りせず，接続剤で接続するため，施工性もよい．

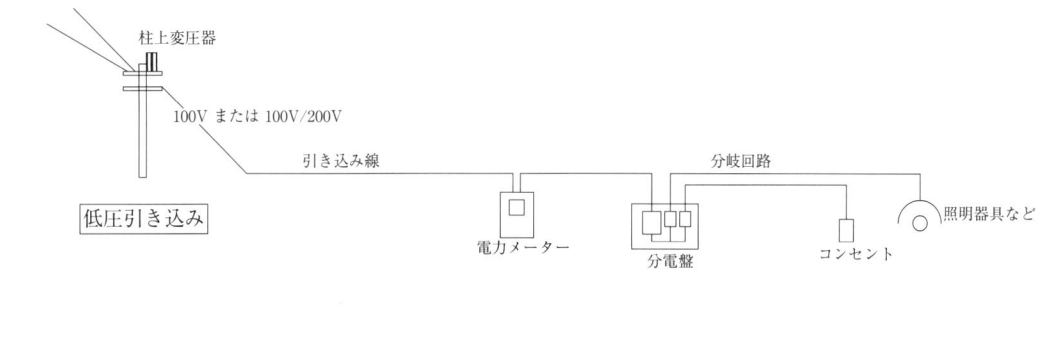

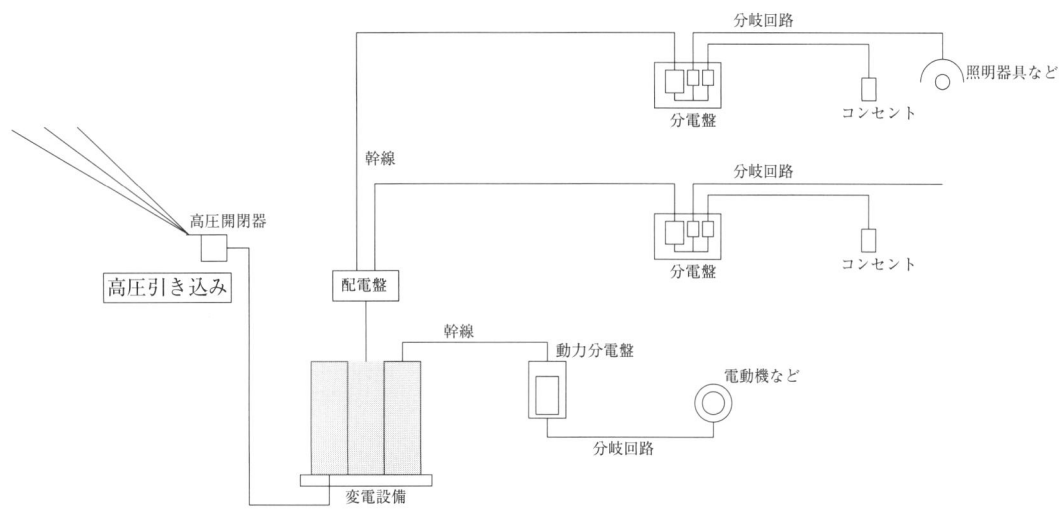

図21・6 配線の経路

表21・3 15A分岐回路の電線の太さ

配線の片道20m以下	全1.6mm
配線の片道20m～30m以下	分電盤から最初の受口まで2mm以上 その他は1.6mm以上とする
配線の片道30mを超過	末端1.6mm，その他2mm以上

(a) 600Vゴム絶縁電線(RB)

(b) 600Vビニル絶縁電線(IV)

(c) 600Vビニル外装ケーブル(VVF)

(d) アウトレットボックス

(e) コンクリートボックス

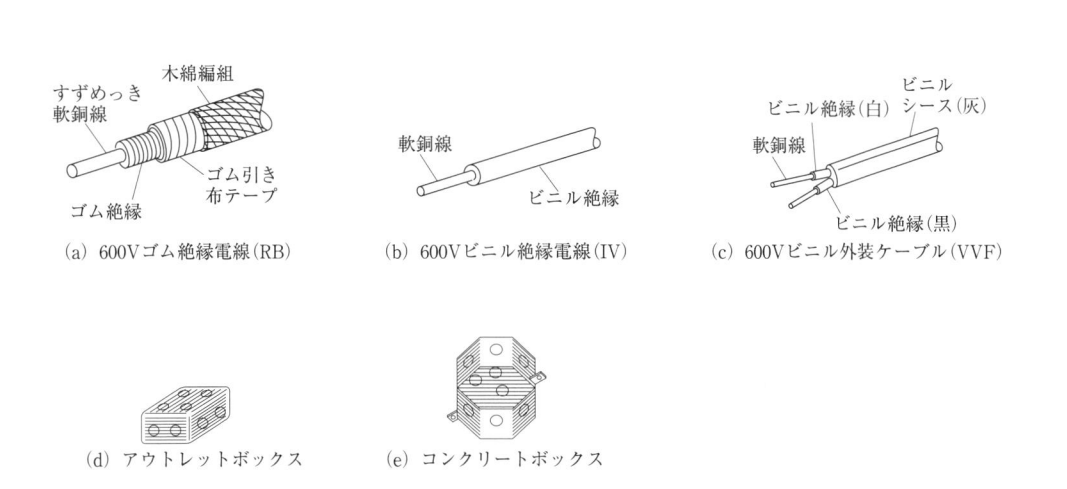

図21・7 電線，電線管接続部品の種類

- 可とう電線管配線（図21・8(e)）

 可とう性のあるフレキシブルコンジットおよび，プリカチューブと一般に呼ばれている電線管を使用する配管方法．

 ある程度のたわみや曲がり等の変形に対応できるので，屈曲部分などに用いられる．

 エレベーターの配線，モーターへの接続など，短い配線に使用．

- 金属線ぴ配線（メタルモールディング）（図21・8(f)）

 金属線ぴ（金属製の樋のようなもの）の中に配線を通し，敷設する．露出配線用で，直接コンクリートに埋め込むことはできない．

- バスダクト配線（図21・8(g)）

 金属性ダクト内に電気関係のパイプ群を束ねて収めたもので，大きな電流が流れる配電盤から分電盤までの，大電流幹線として用いる．

②オフィス床配線方法（図21・9）

- フロアダクト方式

 コンクリート床スラブ内に長方形断面の鋼製ダクトを埋込み，この中にビニル絶縁電線を収める方法．

- セルラダクト方式

 デッキプレートの凹凸した溝形の中空部分を配線スペースとする方式．

- フラットケーブル方式（アンダーカーペット）

 厚さの薄いフラットケーブルを床上に直接布設し，その上にカーペットを敷く方式．

- フリーアクセスフロア方式

 コンクリート床の上にベースプレートを敷いて二重床にし，その間を配線スペースとして利用する方式．

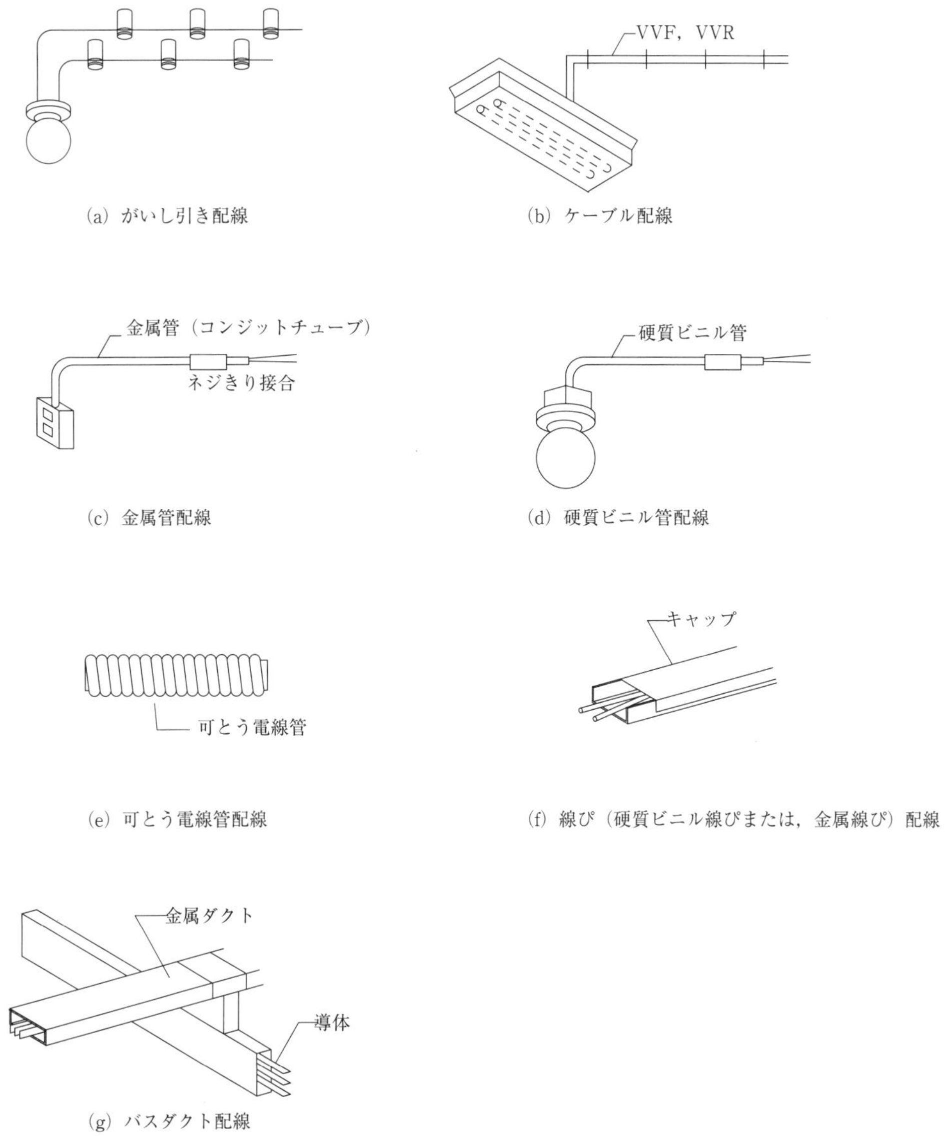

(a) がいし引き配線

(b) ケーブル配線 — VVF, VVR

(c) 金属管配線 — 金属管（コンジットチューブ）／ネジきり接合

(d) 硬質ビニル管配線 — 硬質ビニル管

(e) 可とう電線管配線 — 可とう電線管

(f) 線ぴ（硬質ビニル線ぴまたは，金属線ぴ）配線 — キャップ

(g) バスダクト配線 — 金属ダクト／導体

図21・8　低圧屋内配線の種類

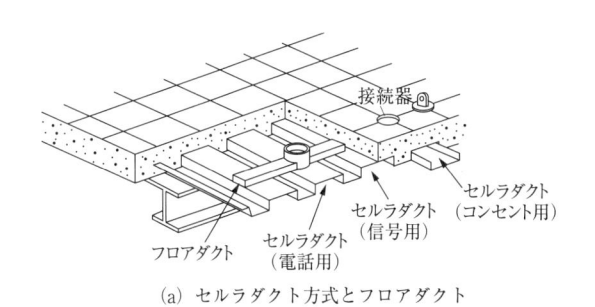

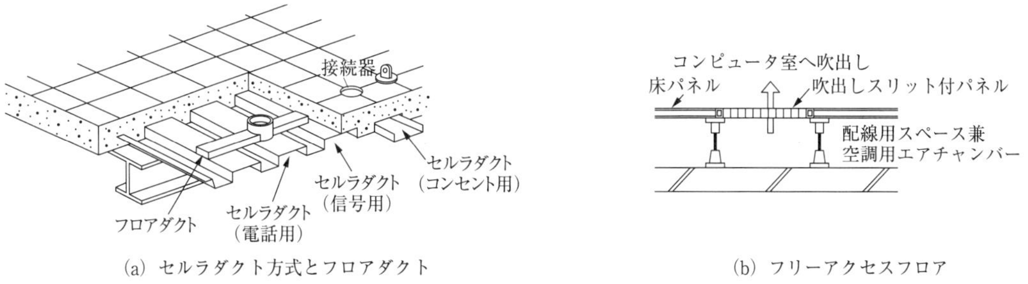

(a) セルラダクト方式とフロアダクト — 接続器／セルラダクト（コンセント用）／セルラダクト（信号用）／セルラダクト（電話用）／フロアダクト

(b) フリーアクセスフロア — コンピュータ室へ吹出し／床パネル／吹出しスリット付パネル／配線用スペース兼空調用エアチャンバー

図21・9　オフィス床配線の種類

21・2　照明設備

a）照明の条件

昼光照明と呼ばれる自然光による採光に対して，電灯による照明は人工照明と呼ばれる．現代の建物は，この人工照明なしでは，機能しなくなっており，よい照明を行うには次の条件を考慮する．

①適度な照度を選ぶこと．
②照度・輝度の分布が適当であり，適度な陰影があること．
③用途に適した光色を選択すること．
④器具のデザイン性・経済性があること．

b）照明方式

1）直接照明・間接照明（図21・10）

照明設備は光源と器具からなり，器具の構造や形により光の分散のしかたが違い，照明効率や陰影のでき具合により，室の雰囲気がかわってくるので，配光により次のように分類される．

①直接照明
　光源からの直接光で室内を照明する．照明効率がよく，設備費が少ないが，室内の明暗差が大きく，目に刺激を与える．

②間接照明
　器具の直接光は，天井面に向けられ，天井からの反射光だけで室内を照明する．光源が直接見えることがなく，照度が均一で，陰影が柔らかくなるが，照明効率が悪くなり，設備費，維持費は高くなる．

③半直接照明
　床面は光源からの直接光，一方，天井面にも柔らかな光で照らす．
　半透明プラスチック等がシェードに用いられる．

④半間接照明
　天井面に向けられた直接光と，半透明または乳白色のシェードの裏側につく光源から，透過してきた光で室内を照明する．

⑤全般拡散照明
　拡散性の半透明材で，光源の全面を被っている器具によるもので，一様な光で，照明の範囲が広いが，照明効率があまりよくない．

　また，室内に単に照明器具を取り付けるのではなく，天井や壁面に照明を埋め込んだり，照明器具を目立たせないよう建物と器具が一体化したような照明を，建築化照明と呼んでいる．ルーバー天井・光天井等がある（図21・11）．

2）全般照明・局部照明

照明計画の方式として，全般照明と局部照明がある．

①全般照明：室全体に均等に光を供給するための照明．
②局部照明：作業面上など，局部的に目的に応じた照明をすること．

この2つの方法を組み合わせることにより，室の雰囲気をつくり出し，照明効率も良くすることができる．この2つを併用する場合，全般照明は局部照明の1/10以上の照度とする．

照明方式	直接照明	半直接照明	全般拡散照明	半間接照明	間接照明
上向き光束	0〜10%	10〜40%	40〜60%	60〜90%	100〜90%
下向き光束	90〜100%	90〜60%	60〜40%	40〜10%	10〜0%
配光					
効率	高い ←──────────────────────────────→ 低い				

図21・10　照明方式の分類

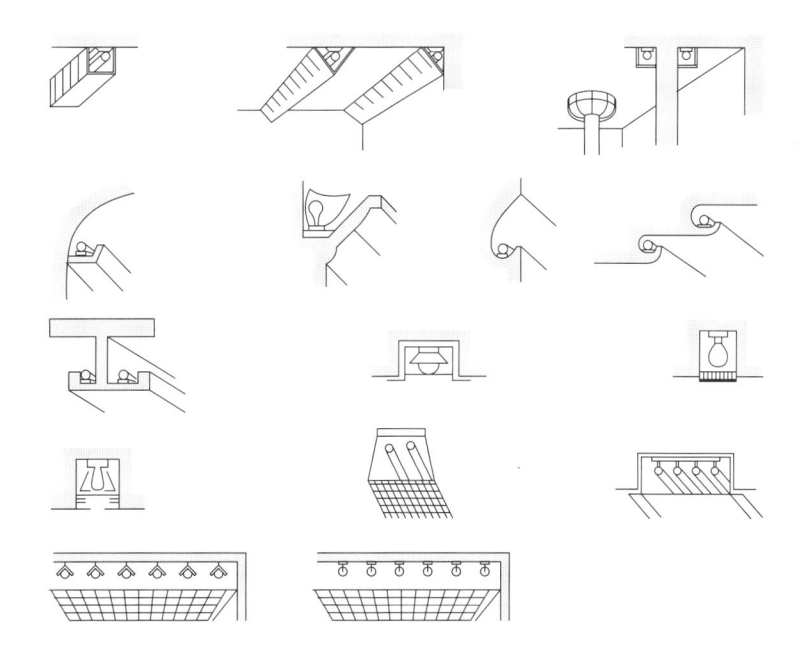

図21・11　様々な建築化照明（伊藤克三・中村洋・桜井美政・松本衛・楢崎正也「大学課程　建築環境工学」オーム社による）

c）光源

光源の種類によりそれぞれ特性があり，室内のものの見え方，消費電力等が異なる．

表21・4のとおり．

白熱灯は，暖かみのある色合いに特徴があり，演色性が最もすぐれる光源．電圧を変えるだけで調光が可能である．

寿命と演色性を改善し，小型化したものにハロゲン球がある．

蛍光灯は，効率の良さ，寿命の良さから，非常に多く用いられている．演色性は，白熱灯より劣るが，最近の三波長型蛍光灯は，演色性が大幅に改善され，電球色・温白色・白色・昼光色といった蛍光ランプがある．

水銀灯は，演色性はよくないが，高効率，長寿命．点灯に時間がかかる．

メタルハライドは，水銀ランプの演色性と効率を改善したもの．やはり点灯には時間がかかる．

低圧ナトリウムランプは，橙黄色の単色光源で，霧や煙の中での透過性が良く，高効率長寿命のため，道路照明等に用いられるが，演色性が極めて悪い．

高圧ナトリウムランプは，低圧ナトリウムランプの演色性を改善している．

- 演 色 性：光源によって物体を照らした時の，その物体の色の見え方の良し悪し．
- 色 温 度：光源を見た時の光源自身の色のこと．絶対温度で表す．
    ①高い…青みがあり，冷たい感じ．
    ②低い…赤みがあり，暖かい感じ．
- 表面温度：光源から熱を発生した時，ランプの表面の温度のこと．

d）照明設計

①所要照度

室にはそれぞれ用途に応じた適切な照度がある．その照度の基準は表21・5のとおり．

②照明器具数，照明配置

所要照度が決まれば，照明器具の選択，個数，配置を決定する必要がある．これを決めるには，光束法と逐点法がある．

1）光束法

広い部屋で，一様な照度が要求される時（全般照明向き）の照明計算法．

器具数，器具1個に負担させる光束を求める式は次のとおり．

$$N = \frac{A \cdot E}{F \cdot U \cdot M}$$

$$F = \frac{A \cdot E}{U \cdot N \cdot M}$$

N：必要器具数……………………〔個〕
A：作業面の面積（室の床面積）…〔m²〕
E：作業面の所要照度……………〔lx〕
F：照明器具1灯当りの光束……〔lm〕
　　（メーカーカタログで見る）
U：照明率…………………………〔％〕
M：保守率…………………………〔％〕

- 照明率：照明器具の配光，天井や壁の反射率，室指数から総合的に考慮して得られる照明の効率．メーカーが提供する照明率表から読みとる（図21・12）．
- 室指数：同じ照明器具を使用しても，室の形や光源の位置により照明の効果は異なる．室指数

表21・4　光源の種類と特性

	白熱電球	蛍光ランプ	水銀ランプ	メタルハライドランプ	高圧ナトリウムランプ
大きさ〔W〕	30～200	余熱始動形 4～40 ラビットスタート形 20～220	40～2000	300～400	250～400
効率〔lm/W〕	あまり良くない 15～20	比較的良い 60～85	比較的良い 40～60	比較的良い 70～95	非常に良い 90～120
寿命〔h〕	短い 1000～1500	長い 7500～10000	長い 6000～12000	長い 6000	長い 9000
演色	良い やや赤味が多い	やや劣る 特に演色性を改善したものは良	劣る 改良形蛍光水銀ランプは普通形蛍光ランプなみ	良い	やや良い 高演色形高圧ナトリウムランプは演色性改善
コスト	設備費は安い 維持費は比較的高い	比較的安い	設備費は安い 維持費は比較的安い	同　左	設備費は高い 維持費は安い
取扱い 保守点検等	容　易	比較的容易	普　通	普　通	普　通
適する用途	照明全般	一般照明 特殊用途向きのものもいろいろある	屋内高天井照明 屋外照明	高天井の屋内，屋外で演色性の良さが要求される場所の照明 体育館投光照明	高天井の屋内 屋外の広場 道路工事
その他	光源輝度が高い ほぼ点光源 色温度が低い（赤味） 表面温度高い	光源輝度が低い 周囲温度によって効率が変化する 色温度が高い（青味） 表面温度低い			

表21・5　各室の照度基準（JIS Z 9110 1970年改正※）

照度段階	照度範囲〔lx〕	場　所
20000	30000～15000	手術台上の無影灯
10000	15000～7000	商店飾り窓（昼間）
5000	7000～3000	視機能検査室
2000	3000～1500	居間手芸，裁縫
1000	1500～700	事務室,手術室,ホテルフロント,帳場
500	700～300	食堂，ホテル宴会場，勉強室
200	300～150	居間団らん，ロビー
100	150～70	喫茶室,レストラン通路,住宅全般
50	70～30	非常階段，屋内駐車場
20	30～15	玄関ポーチ全般
10	15～7	住宅通路
5	7～3	学校構内通路（夜間使用）
2	3～1.5	観客席（上映中）
1	1.5～0.7	深夜寝室，廊下
0.5	0.7～0.3	

※その後1979年に改正されている．

は，室の形状と光源の高さの関係を数値的に表したもの．
● 保守率：照明器具を，ある期間使用した時と新設時との平均照度比率．

2）逐点法（ポイント法）

スタンド等による机上面の照度を求める時に用いられる方法．

光度がI（cd）の光源から，光源直下r（m）にある点Aの照度E（lx）は次式で表される．

$$E = \frac{I}{r^2}$$

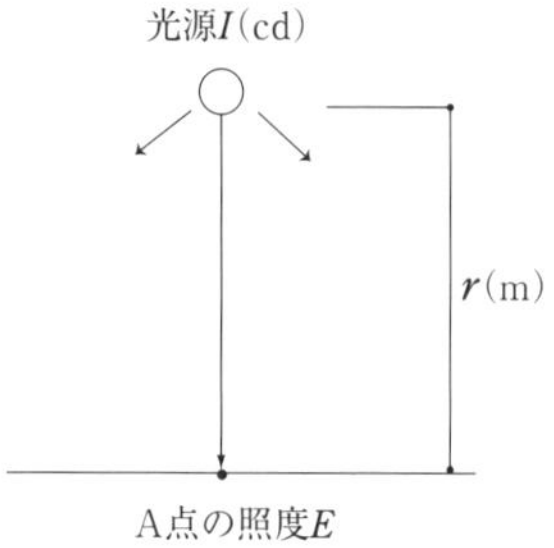

つまり点Aの照度は，光源の明るさI（cd）に比例し，光源からの距離の2乗r^2に反比例する．

e）照明器具の種類

器具の取り付け方により，天井灯では，パイプペンダント，チェーンペンダント，コードペンダント，天井直付（シーリングライト），埋込（ダウンライト）等があり，壁付灯（ブラケット），スタンド，フットライト等がある（図21・13）．

電灯回路は，1箇所で電灯を点滅させる場合は，タンブラースイッチ1コでよいが，2箇所からの場合は，3路スイッチが2コ必要となる（図21・14）．

f）照明設備記号，屋内配線の記号

図21・15を参照のこと．

照明器具	配光曲線 (ランプ光束) 1000lm	保守率 器具間隔 最大限	反射率 室指数	天井 80%			70%			50%			30%		0%
				壁 50	30	10	50	30	10	50	30	10	20	10	0
				床 10%			10%			10%			10%		
				照			明			率					
埋込形（下面プリズムパネル）		保守率 良 .70 普通 .65 不良 .55 器具間隔 最大限 1.25H	0.6（J） 0.8（I） 1.0（H） 1.25（G） 1.5（F） 2.0（E） 2.5（D） 3.0（C） 4.0（B） 5.0（A）	.32 .39 .42 .46 .48 .52 .55 .56 .58 .59	.29 .35 .39 .42 .45 .49 .52 .54 .56 .58	.26 .32 .36 .39 .42 .47 .50 .52 .55 .56	.32 .38 .42 .46 .48 .52 .55 .56 .58 .59	.29 .35 .38 .42 .45 .49 .52 .54 .56 .58	.26 .32 .36 .40 .42 .47 .50 .52 .55 .56	.32 .38 .41 .45 .47 .50 .53 .55 .56 .58	.28 .34 .38 .41 .44 .48 .51 .53 .55 .56	.26 .32 .35 .39 .42 .46 .50 .52 .55 .55	.28 .34 .38 .41 .43 .47 .50 .52 .54 .55	.26 .32 .35 .39 .41 .46 .49 .51 .53 .55	.25 .31 .34 .38 .40 .44 .47 .49 .52 .53
天井じか付け形（乳白カバー）		保守率 良 .70 普通 .65 不良 .55 器具間隔 最大限 1.3H	0.6（J） 0.8（I） 1.0（H） 1.25（G） 1.5（F） 2.0（E） 2.5（D） 3.0（C） 4.0（B） 5.0（A）	.22 .26 .29 .32 .34 .38 .40 .42 .44 .45	.18 .22 .26 .29 .31 .35 .37 .39 .41 .43	.16 .20 .23 .26 .28 .32 .35 .37 .39 .42	.21 .26 .29 .32 .34 .37 .39 .41 .43 .44	.18 .22 .25 .28 .30 .34 .37 .39 .41 .42	.16 .19 .22 .25 .29 .32 .35 .37 .39 .41	.21 .25 .28 .30 .32 .35 .37 .39 .41 .42	.18 .21 .24 .27 .29 .33 .35 .37 .39 .40	.15 .19 .22 .25 .27 .31 .33 .35 .37 .39	.17 .21 .24 .26 .28 .32 .34 .36 .37 .39	.15 .19 .21 .24 .26 .30 .32 .34 .36 .38	.13 .17 .19 .21 .23 .26 .29 .30 .32 .34
天井じか付け形（露出逆富士形）		保守率 良 .80 普通 .75 不良 .70 器具間隔 最大限 1.4H	0.6（J） 0.8（I） 1.0（H） 1.25（G） 1.5（F） 2.0（E） 2.5（D） 3.0（C） 4.0（B） 5.0（A）	.35 .43 .50 .55 .59 .65 .69 .73 .76 .79	.28 .36 .42 .48 .52 .59 .63 .67 .72 .75	.23 .30 .36 .42 .46 .53 .58 .62 .67 .71	.34 .42 .48 .54 .57 .63 .67 .70 .74 .76	.27 .35 .41 .47 .51 .57 .61 .65 .69 .72	.22 .29 .35 .41 .45 .52 .56 .60 .65 .69	.32 .39 .45 .50 .53 .59 .62 .65 .69 .71	.26 .33 .39 .44 .48 .53 .58 .61 .65 .68	.21 .28 .34 .39 .43 .49 .53 .57 .62 .65	.25 .31 .37 .41 .46 .50 .54 .57 .61 .64	.21 .27 .32 .37 .41 .46 .51 .54 .58 .61	.13 .24 .29 .33 .36 .41 .45 .48 .52 .55

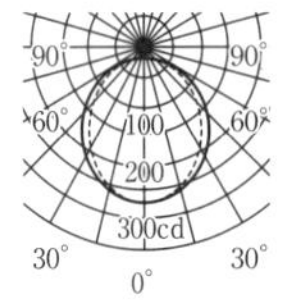

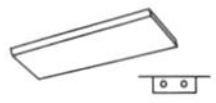

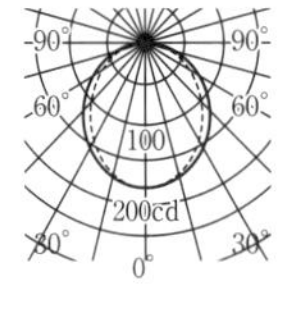

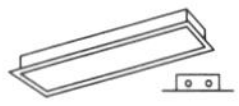

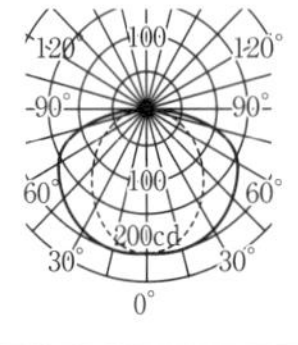

・保守率（良=塵埃少なく，保守の良い場合，普通=普通の場合，不良=塵埃多く，保守の悪い場合）
・配光曲線の実線は，管軸に垂直な鉛直面内（横方向）の配光，点線は管軸に平行な鉛直面内（縦方向）の配光

図21・12 照明率算定表 (伊藤克三・中村洋・桜井美政・松本衛・楢崎正也「大学課程 建築環境工学」オーム社による)

| ブラケット | ペンダント | ダウンライト | シーリングライト | 蛍光灯 |

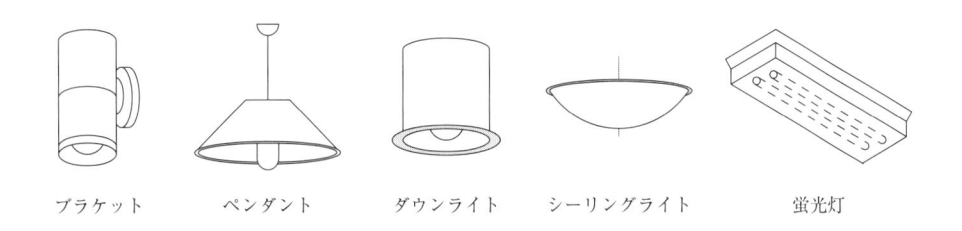

図21・13　照明器具の種類

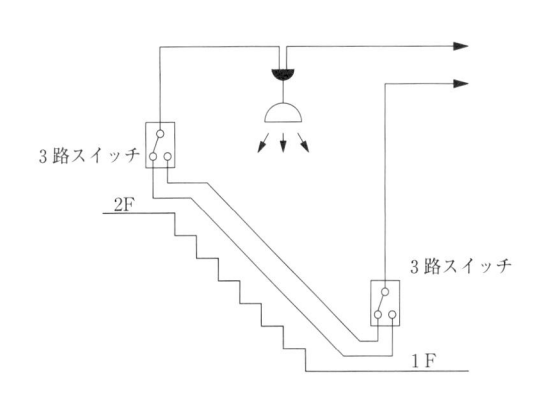

図21・14　電灯の3路スイッチ回路

記号	名　称
●	スイッチ（片切）
●3	3路スイッチ
○	パイロットランプ付スイッチ
⌀	調光スイッチ（ロータリー式）
⦷2	2口コンセント（2P15A×2）
⦷ET	アース付コンセント
⦷WP	防水コンセント
⦷AC	エアコン用コンセント
Ⓣ	テレビ アウトレット
⦿	電話モジュラジャック
Ⓜ	マルチメディアコンセント
ⓘ	インターホン
∞	換気扇
WH	積算電力計
◣	分電盤
Ⓒ	電灯（シーリングライト）
Ⓓ	電灯（ダウンライト）
Ⓟ	電灯（ペンダント）
Ⓢ	電灯（スポットライト）
Ⓑ	電灯（ブラケット）
⬯	蛍光灯

図21・15　屋内配線の記号

21・3 搬送設備

a) エレベーター

1) 速度による分類

① 低速……15～45m/分程度以下，交流電動機，病院，共同住宅，貨物等用．

② 中速……45～105m/分程度，交流電動機または直流電動機ギヤード型．中高層ビル用．

③ 高速……105～600m/分程度，直流電動機ギアレス型．高層，超高層ビル用．

2) カゴの昇降機方式による分類

① ロープ式

かごと重りをロープによって結び，巻き上げ機により駆動．

安全性が高く，長い昇降行程が可能で，速度も低速から高速まである．建築物も広い範囲に渡って用いられ，最近は機械室の要らないマシンレスタイプもある．

② 油圧式

油圧によってジャッキを上下させて，かごを駆動．機械室の配置が，ロープ式に比べて自由であるが，速度や昇降行程に限度があり，低層建築物向き．ロープ式のマシンレスタイプの普及により，あまり使用されなくなってきている．

b) エスカレーター

エレベーターに比べて輸送能力が極めて大きく，大店舗などの主な客用搬送設備となる．

1) 構造…勾配　30°以内，速度　30m/分以下

2) 運搬能力…1200型，9000人/h（速度30m/分）．800型，6000人/h（速度30m/分）

エスカレーターは避難用として計画できない．

c) 小荷物専用昇降機（リフト）

料理や小荷物などの上下運搬に利用される小型の昇降設備で，人は乗ることができない．

【**問題1**】 電気設備に関する次の記述のうち，最も不適当なものはどれか．

1. ルームエアコンなど消費電力の大きいものには，専用の回路が用いられる．
2. 分電盤の取付位置は，操作や保守点検が容易に行える場所とする．
3. 住宅の電源は，一般に，設備容量が小さい場合は単相2線式100V，設備容量が大きい場合は単相3線式100V/200Vを用いる．
4. 低圧屋内配線において，合成樹脂製可とう管は，コンクリート内に埋設してはならない．
5. 受電電圧は，一般に，契約電力により決定される．

【**問題2**】 照明に関する次の記述のうち，最も不適当なものはどれか．

1. 間接照明は，一般に，直接照明に比べて，作業に対する照明の効率は低い．
2. 白熱電球は，一般に，蛍光ランプに比べて，寿命が短い．
3. 光り天井照明は，室内の照度分布が均等で，照明による影が弱くなる．
4. 局部照明と全般照明を併用する場合，全般照明の照度は，局部照明による照度より低くするが，この場合1/10未満にならないように注意する．
5. 水銀ランプは，白熱電球と比べて演色性がよい．

【**問題3**】 右図のような照明状態で，A・B・C各点の明るいものから並べた順序で，正しいものは，次のうちどれか．

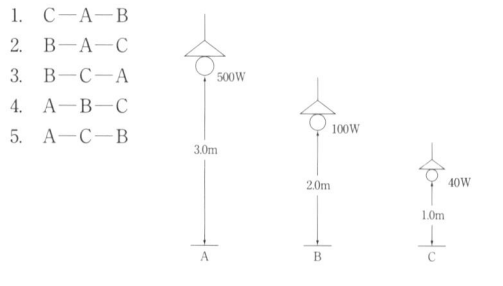

1. C—A—B
2. B—A—C
3. B—C—A
4. A—B—C
5. A—C—B

(A: 500W, 3.0m; B: 100W, 2.0m; C: 40W, 1.0m)

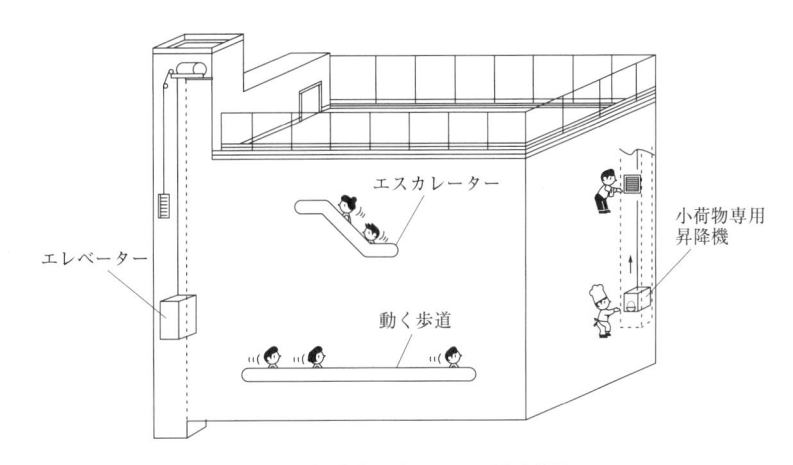

図21・16 建築基準法が適用される昇降機等

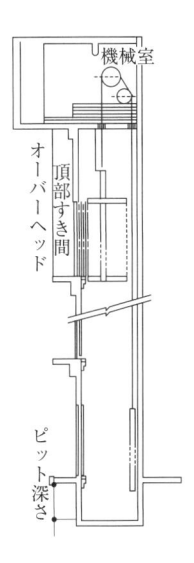

図21・17 ロープ式エレベーターの断面図

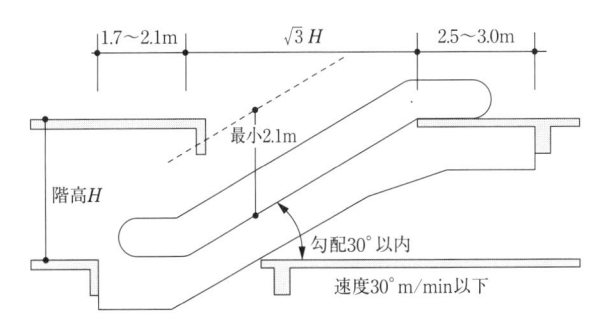

図21・18 エスカレーターの構造

22 消火・防災設備

22・1 消火設備

消火設備は，建築物の内外に設けられた消火栓，スプリンクラー等に送水して，初期消火に用いる設備である．消防法や消防法施行令に基づいて，建物内に設置されなければならない．

a）消火器

水，その他の消火剤を圧力で放射し，初期消火を行う器具．
備品として扱われ，建築設備としては扱われない場合が多い．

b）屋内消火栓設備

消火栓・ホース・ノズルなどを収納した消火栓箱を，建物の必要箇所に設置するもの．消防隊が到着するまで，一般の人が操作し，初期消火にあたる．1号消火栓，2号消火栓の2種類があり，電源回路は，他の電源回路の開閉器や遮断器によって遮断されないように，専用の回路とする．

c）屋外消火栓設備

大規模な建築物，敷地の広い場合に設置される消火栓．
隣接建物の延焼を防止し，消防隊の到着まで一般の人が操作する．

d）連結送水管

屋外に送水口を，屋内に放水口を設け，消防ポンプのホースを連結して，消火配管内に高圧消火用水を送り込み，消防隊が消火活動を行う．この消防隊専用の配管系統を連結送水管といい，ホースの接続口が2つ以上の送水口のことをサイアミーズコネクションと呼ぶ．

e）スプリンクラー設備

天井や小屋裏に消火用配管を行い，適切な間隔で設置された自動散水栓がスプリンクラーで，熱感知器と連動して，自動的にヘッドが開き，放水を開始し，初期消火を行う．

スプリンクラーヘッドには，閉鎖形と開放形がある．閉鎖形が一般的であり，湿式と乾式があって，寒冷地では管内の水の凍結のおそれがある場合，乾式が用いられる．劇場，舞台等の天井が高い部分では，閉鎖式では散水開始時間が遅れるので，火災を感知して手動で一斉に放水する開放形を用いる．

f）ドレンチャー設備

隣接建物が火災を起こした場合，延焼を防止するための設備．
外壁の開口部の軒下や屋根等に設けられる．スプリンクラーと同様の構成であるが，ドレンチャーヘッドには栓がなく，手動で開放して放水する．

g）水噴霧消火設備

天井に設置した水噴霧ヘッドから霧状の水を噴出し，冷却作用と窒息作用で消火する設備．危険物の油火災，電気火災の消火の他，人の避難路の確保や危険物・可燃物の安全のため，水幕をつくり，火災の拡大の延焼を防止するためにも用いられる．

h）泡消火設備

天井に設置したヘッドから化学泡などを放出し，可燃物の表面を被って，窒息作用で消火する設備．
油火災，自動車修理工場，駐車場等に設置．

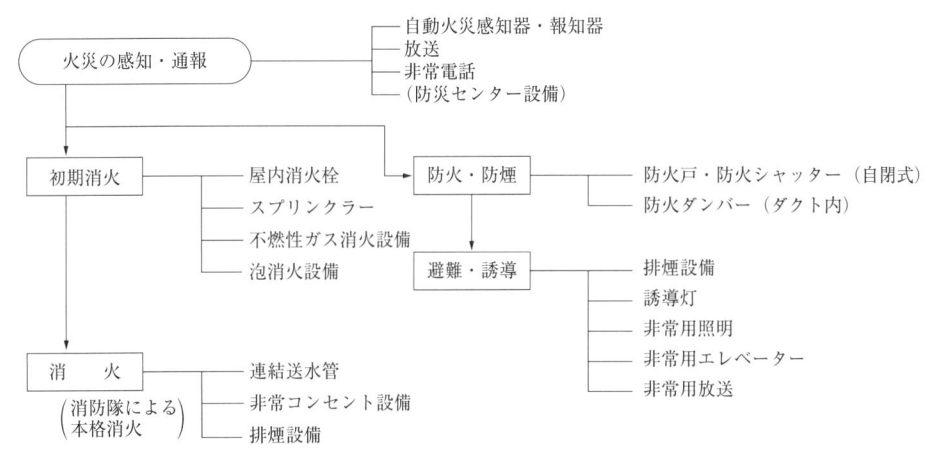

図22・1　消火防災設備の種類

表22・1　屋内消火栓設備の技術基準

	1号消火栓	2号消火栓
消火栓までの距離〔m〕	25	15
放水圧力〔kgf/cm^2〕	1.7～7.0	2.5～7.0
放水量〔ℓ／分〕	130以上	60以上
水源水量[注]〔m^3/個〕	2.6以上	1.2以上

注　同時使用の消火栓（2個を超える場合には，2個とする）
　　1個当りの常時貯水量

表22・2　屋外消火栓設備の技術基準

消火栓までの距離〔m〕	40
放水圧力〔kgf/cm^2〕	2.5～6.0
放水量〔ℓ／分〕	350以上
水源水量[注]〔m^3/個〕	7.0以上

注　同時使用の消火栓（2個を超える場合には，2個とする）
　　1個当りの常時貯水量

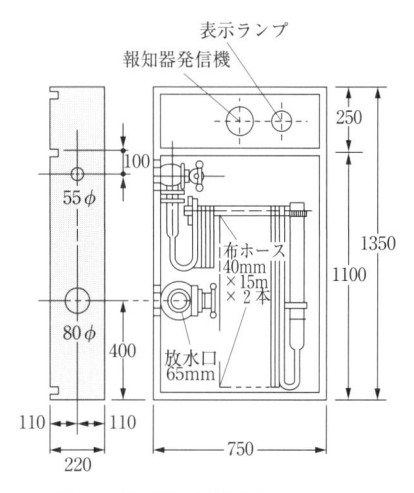

図22・2　放水口併用型1号消火栓（標準型，単位はmm）
（石福昭・泉忠之・船津弘治「大学課程 建築設備（第4版）」オーム社による）

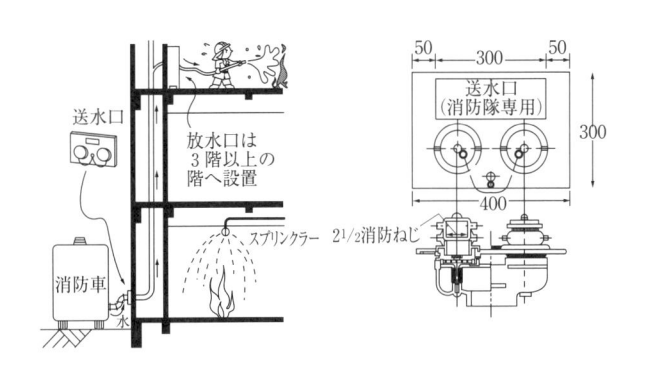

図22・3　送水口の例（寸法はmm）
（右図：石福昭・泉忠之・船津弘治「大学課程 建築設備（第4版）」オーム社による）

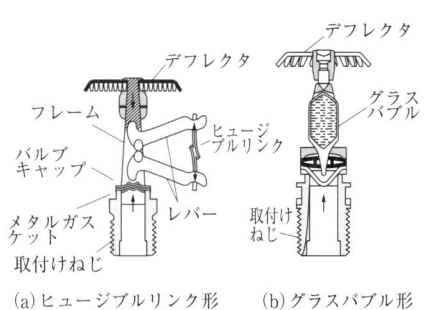

図22・4　スプリンクラーヘッドの種類と構造
（井上宇市監修・小笠原祥五・河窪登志夫・前島健「建築設備」市ヶ谷出版社による）

(a)ヒュージブルリンク形　(b)グラスバブル形

ⅰ）二酸化炭素消火設備・ハロゲン化物消火設備

　ノズルより噴出した二酸化炭素やハロゲン化物の窒息作用と，ガスの気化による冷却作用により消火する設備．

　通信機器室，特殊可燃物貯蔵室，駐車場，美術等の収蔵庫などに設ける．

　ｊ）粉末消火設備

　粉末薬剤を放射し，抑制作用，冷却作用，窒息作用により消火．

　木・紙・布等の可燃物や油脂類の火災に用いられる．

22・2　自動火災報知設備

火災発生時に自動的に火災を感知して，自動で通報や警報を鳴らす設備．

感知器，発信機，受信機，音響装置，電源装置からなっている．

　ａ）感知器

　火災によって生じる熱または煙を利用して，自動的に火災を感知し，これを受信機に報知する装置．感知器には，表22・3のような種類がある．煙感知器は，そのメカニズムから熱には反応しない．また煙感知器と連動の防火戸には，予備電源が必要である．

　ｂ）発信機

　火災が発生した旨を手動により発信するものである．

　ｃ）受信機

　感知器または発信機からの信号により，自動的に出火場所を表示し，規定以上の音圧（中心から１ｍ離れた位置で90dB以上）の音響装置を作動させる．受信機は防災センター等，常時人のいるところに設置し，受信機の電源は，一般の照明回路から分岐せず，専用回路としておく．

　ｄ）その他の設備

　非常通報器は，火災用押しボタンを押すと自動的に119番を通じて消防署に通報する装置であり，非常警報設備は，手動で非常ベル，自動式サイレンを鳴らし，放送する装置である．

　ガス漏れ警報設備は，ガス漏れを検知して警報を鳴らすもので，天然ガスの場合は天井近くに，プロパンガスの場合は床面近くに検知器をつける．

22・3　誘導灯と非常用照明

誘導灯は，火災等の非常時に人々が安全に避難できるように避難方向や出口を表示する装置．

誘導灯には図22・6のような種類があるか，どの誘導灯も一般の建築物では常時点灯していなければならない．

また，非常時に点灯させるため，他の回路から分岐せず，幹線からの専用回路とし，停電時にも非常電源で点灯するようにする（20分以上継続点灯可能な予備電源）．

通路誘導灯では，階段や廊下の床面に所定の照度が必要．

非常用照明は，火災時に停電しても，自動的に点灯し，一定の明るさを確保し，避難に役立たせるものである．照明は直接照明で，床面で１lx以上の照度が確保されなければならない．

また，予備電源は，停電時に継続して30分以上点灯できるもので，電線は耐熱性を有するものを用いる．

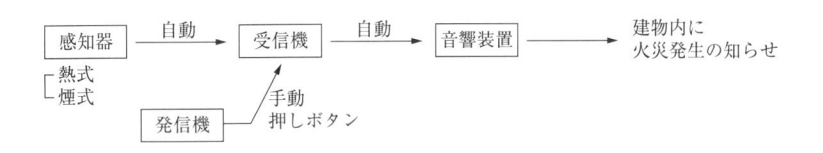

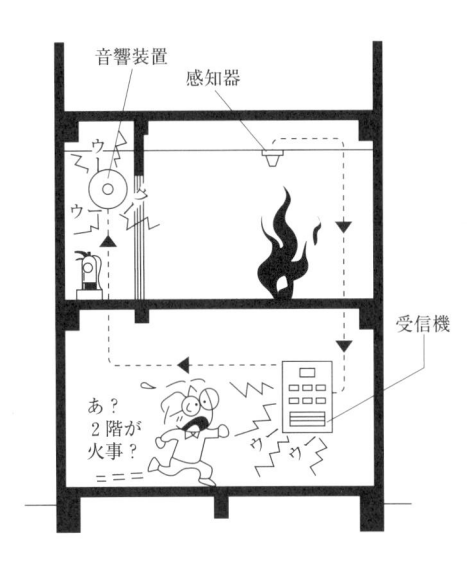

図22・5　自動火災報知設備の構成 (イラスト：石田芳子)

表22・3　感知器の種類

熱感知器	定温式	周囲温度が一定の温度になった時に作動する
	差動式	周囲温度が急激に上昇し，上昇率が一定の率を越えた時に作動する
	補償式	定温式と差動式の両方の機能をもつ
煙感知器	イオン化式	煙の濃度が一定以上になり煙によりイオン電流が変化することで感知する
	光電式	煙の濃度が一定以上になり光源からの光束が煙により散乱入射光量が変化することで感知する

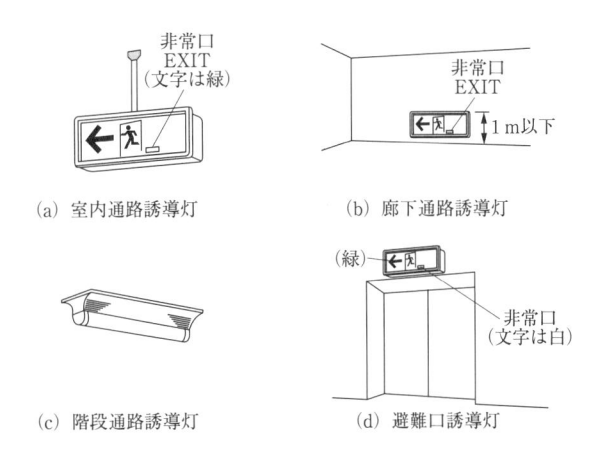

(a) 室内通路誘導灯
(b) 廊下通路誘導灯
(c) 階段通路誘導灯
(d) 避難口誘導灯

図22・6　誘導灯の例 (井上宇市監修・石福昭・泉忠之・船津弘治「大学課程 建築設備（第3版）」オーム社による)

22・4 避雷設備

人や建物への落雷を未然に防止するために，一般の建築物では，高さ20mを超える場合，避雷設備を設置する．

避雷針が建築物を保護できる角度を保護角といい，一般の建築物では60°以下，危険物貯蔵庫では45°以下になるように突針の高さを決める．突針の先端は，白金や金でメッキし，避雷設備の総合接地抵抗は10Ω以下となるようにする．

【問題1】 防災・消防設備に関する次の記述のうち，最も不適当なものはどれか．
1．非常用の照明装置の光源として，白熱灯，けい光灯，水銀灯などがある．
2．スプリンクラー設備は，初期消火に極めて有効である．
3．誘導灯は，一般の建築物では，通常時には消灯の状態で，停電時に点灯する．
4．自動火災報知器の発信機は，火災発見者が手動によって押しボタンを押して，火災信号を受信機に発信するものである．
5．煙感知器は，煙が一定の濃度以上になった時に作動する．

【問題2】 自動火災報知設備に関する記述のうち，最も不適当なものはどれか．
1．自動火災報知器の発信機は，火災信号を自動で発信する．
2．電源は，常用電源のほかに非常電源が必要である．
3．音響装置は，規定値以上の音量が必要である．
4．定温式感知器は，室温が一定温度以上になると作動する．
5．受信機は，感知器又は発信機からの信号によって出火場所を表示し，音響装置を鳴動させる．

【問題3】 下記の搬送設備に関する記述で，不適当なものは，次のうちどれか．
1．エスカレーターの傾斜角度（登りこう配）は，30度以下である．
2．エスカレーターは，エレベーターに比べて，輸送力がすぐれている．
3．エレベーターの速度は，建物の用途に応じて異なる．
4．小荷物専用昇降機は，人の輸送はできない．
5．エスカレーターは，速度が速いので災害時の避難に適している．

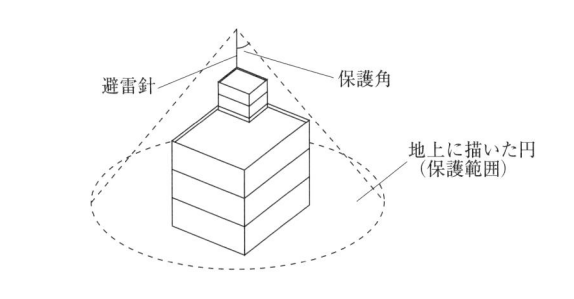

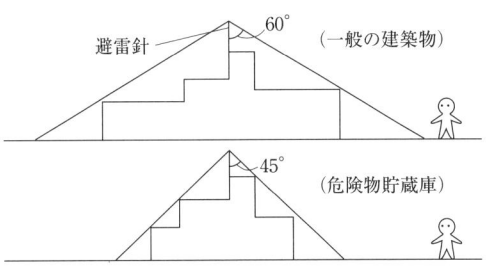

図22・7 避雷設備の例

23　給排水衛生設備

給排水・衛生設備では，人間生活において絶対に欠くことのできない水について，建物内部への供給と排出について考える．

23・1　給水設備

給水設備は，上水道とよぶ生活用水を建物内に導入し，それぞれの必要な箇所へ給水する設備のことである．

a）給水方式

上水道は水道法に基づき，飲用を前提とした水質維持管理された水を用いる．その給水方式には戸建平屋建の建物から超高層建築物までいろいろな方式がある．

- 水 道 直 結 方 式：水道本管の給水圧力によって，建築物の敷地のある場所から建築物内の必要な箇所に給水する方式※．水道本管から最初に止水栓と量水器を設ける．本管からの圧力だけでの給水のため，3階までしか水栓の設置は認めていない．
- 高 架 タ ン ク 方 式：中・高層建築物で最も多く採用されている方式．水道本管から受水槽にいったん水を貯え，この水を揚水ポンプによって建物最高位にある水栓に必要な圧力を確保できるよう高架タンクを設置して，重力により給水する方式．ウォーターハンマー※を起こすことがある．
- 圧 力 タ ン ク 方 式：中層以下の建築物で採用されている方式．高架タンク方式と同様，受水槽にいったん水を貯えてから，給水ポンプで圧力タンク内へ給水し，圧力タンク内の空気を加圧することで各階への水栓に給水する方式．給水圧力の変動が起こる．
- ポ ン プ 直 送 方 式：受水槽内の水を給水ポンプによって直接給水する方法．使用水量の変化に対応して給水圧力を一定に保つことができる．

※水道直結方式以外のポンプを使って給水する場合は，必ず受水槽を設けなければならないが，最近は，直接増圧ポンプ（ブースターポンプ）を接続し高所に給水する新しい給水方式（ブースターポンプ式）もある．

※ウォーターハンマー：給水圧力が高過ぎるとき，水栓の開閉時に配管中に起こる衝撃音．

b）給水量

給水量を算定するには，用途，使用時間，給水人数などを考慮して，建築物の規模と用途により決定する．1人1日の平均使用水量が算出される．また，水を必要とする各種器具には，それぞれその機能に従った必要圧力が定められている．

c）給水設備機器

- 受　　　水　　　槽：貯水容量は，一般的には1日の使用水量の1/2程度とする．
- 高 架 タ ン ク：貯水容量は，一般的には1日の使用水量の1/10～1/8程度とする．
- タンクの設置及び維持基準：上水用の受水槽は，建築物の躯体を利用してはならない．点検および清掃のため，周囲の壁，床面より60cm以上あける．また上

表23・1 建築物の用途別給水量

用途	1人当りの給水量		1日当りの使用時間	
住宅	100～250	ℓ/人・day	8～10	h/day
共同住宅	50～250	ℓ/人・day	8～10	h/day
事務所	100～150	ℓ/人・day	8	h/day
学校	40～100	ℓ/人・day	5～6	h/day
病院	200～1000	ℓ/床・day	10	h/day
劇場	10～15	ℓ/人・day	3	h/day
ホテル	250～300	ℓ/床・day	10	h/day

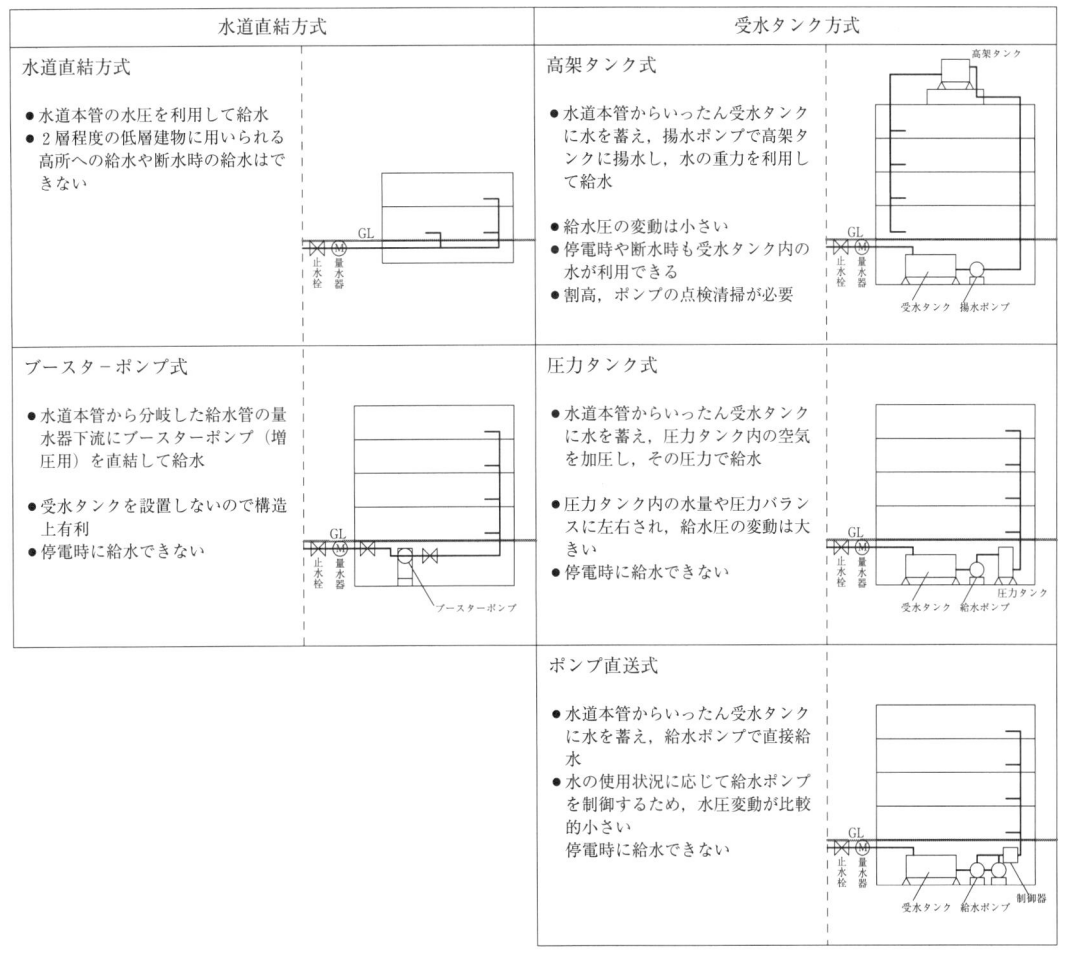

水道直結方式	受水タンク方式
水道直結方式 ● 水道本管の水圧を利用して給水 ● 2層程度の低層建物に用いられる高所への給水や断水時の給水はできない	**高架タンク式** ● 水道本管からいったん受水タンクに水を蓄え、揚水ポンプで高架タンクに揚水し、水の重力を利用して給水 ● 給水圧の変動は小さい ● 停電時や断水時も受水タンク内の水が利用できる ● 割高、ポンプの点検清掃が必要
ブースターポンプ式 ● 水道本管から分岐した給水管の量水器下流にブースターポンプ(増圧用)を直結して給水 ● 受水タンクを設置しないので構造上有利 ● 停電時に給水できない	**圧力タンク式** ● 水道本管からいったん受水タンクに水を蓄え、圧力タンク内の空気を加圧し、その圧力で給水 ● 圧力タンク内の水量や圧力バランスに左右され、給水圧の変動は大きい ● 停電時に給水できない
	ポンプ直送式 ● 水道本管からいったん受水タンクに水を蓄え、給水ポンプで直接給水 ● 水の使用状況に応じて給水ポンプを制御するため、水圧変動が比較的小さい 停電時に給水できない

図23・1 給水方式の種類

　　　　　　　　　　　部は1m以上の空間を確保する．オーバーフロー管は排水管に直
　　　　　　　　　　　結してはならない．間接排水とする．
- 配　管　材　料：配管材料は，長く鉛管が使われてきたが，アルカリ性に弱いため
　　　　　　　　　　コンクリートとの接触がないようにするなど，施工性に少々難が
　　　　　　　　　　あるため，現在はごく限られた所でしか使用されない．
- 弁　・　水　栓：配管の途中や流出入口に設置し，水の流量調節や水を止める装置
　　　　　　　　　　を弁という．水栓も弁の一種である．
　　　　　　　　　①玉形弁：止水性能が最もすぐれている．グローブ弁，ストップ
　　　　　　　　　　弁ともいう．
　　　　　　　　　②逆止弁：水の流れを一方向のみに流れるように，逆方向に流れ
　　　　　　　　　　ようとしたとき，水圧により閉鎖する．チャッキ弁ともいう．
　　　　　　　　　　ポンプの吐出口などに用いる．
　　　　　　　　　③仕切弁：玉形弁より止水性能は劣るが，流水抵抗は小さい．高
　　　　　　　　　　圧水には向かない．
　　　　　　　　　④ボールタップ：大便器のロータンク内に設けられている水栓．
　　　　　　　　　　中空ボール状の浮玉の浮力を利用して，水の上下動により水栓
　　　　　　　　　　を開閉する．
　　　　　　　　　⑤フラッシュバルブ：便器洗浄のために，給水管から直結して給
　　　　　　　　　　水圧によって洗浄する水栓．

d）その他
- クロスコネクションの防止：上水道配管に井戸水や工業用水あるいは公共の浄水場を経ない水
　　　　　　　　　　　　を接続してはならない．上水道配管内に汚染した水が混入しない
　　　　　　　　　　　　ための防止．
- バキュームブレーカー：給水を止める時に給水圧力がなくなり，逆サイホン作用により汚
　　　　　　　　　　　　水が逆流することを防止する装置．
- 吐水口空間の確保：水洗金具の吐水口端とあふれ縁との距離を吐水口空間という．上
　　　　　　　　　　　水の汚染防止のために，50～150mm程度の空間をとらなければ
　　　　　　　　　　　ならない．

23・2　給湯設備

　給湯設備は，洗面所・浴室・台所などへ湯を供給する設備のことである．給水の場合と違って，湯の膨張や飽和空気の発生，あるいは循環作用など，さまざまな点を検討する必要がある．また水から湯への転換は，いろいろな加熱方式がある．

　a）**給湯方式**（表23・4）
　　局部給湯方式：給湯の必要な場所に給湯加熱器を設ける方式．
　　中央給湯方式：機械室を設置し，そこに加熱器を設けて，各給湯必要箇所へ給湯する方式．
　b）**給湯配管**
- 復管式（循環式）：給湯管と返湯管の間を循環ポンプで常に湯を循環させる方式．二管式ともい
　　　　　　　　　う．湯を常に一定温度に保つことができるが，そのぶんボイラーを運転する

図23・2　受水槽の設置 [mm]

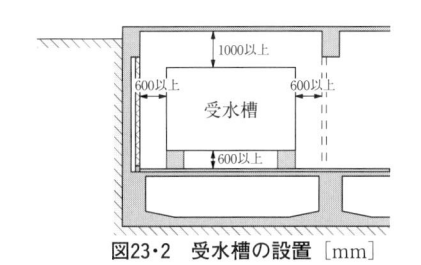

表23・2　必要水圧

用途	水圧 [kPa]
水道管本管	150～200
一般水栓	30
大便器の洗浄弁	70
シャワー	70

表23・3　配管材料の特徴と用途

管の種類	特　徴	使用場所
鋳鉄管	耐久性，強度，耐食性が大きい	屋外埋込用，上水用・排水にも使用
亜鉛メッキ鋼管（白ガス管）	配管用炭素鋼管（黒ガス管）に亜鉛メッキを施したもの　錆にくいが，メッキがはがれて錆やすくもなる	屋内外共使用，給湯・排水にも使用
硬質塩化ビニル管	耐食性が大きく，施工性が良い　断熱性が小さい，50℃以上で軟化	屋内外共使用
硬質塩化ビニルライニング鋼管	亜鉛メッキ鋼管に塩化ビニルで管内を被覆したもの　耐食性，耐熱性が大きい　アルカリに強い　軽量，安価，厚肉管をVP管，薄肉管をVU管という	屋内外共使用
銅　管	耐食性，耐久性が大きいが，高価である　熱伝導率が大きい	屋内外共使用，給湯にも使用　冷暖房コイル，パネルヒーティング等

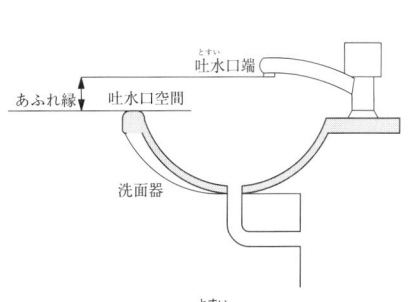

図23・3　吐水口空間

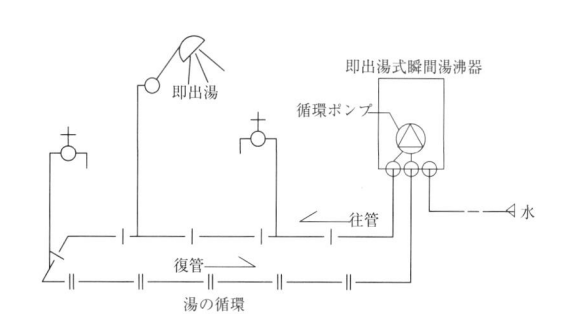

図23・4　復管式給湯配管（住宅の場合）

表23・4　給湯方式の分類

	給湯方式		特　徴	
局部式	瞬間式	浴室や厨房などで湯を必要とする時に沸かしながら給湯　元止め式と先止め式がある．	瞬時に適温の湯を得ることができ，配管からの熱損失が少ない　住宅で多く用いられる　熱源　ガス，石油	給湯用燃焼器具型式（ガス・石油）　燃焼時の給排気方式により　開放型　半密閉型　強制排気型（FE式）　強制給排気型（FF式）
	貯湯式	温水を予め貯湯し，必要な所に配管で給湯する．	短時間に多量の湯を必要とする所に有効　経済的な深夜電力の利用が可能　湯茶供給用として食堂等で用いられる　熱源　ガス，石油，電気，太陽熱	
	気水混合式	蒸気を水と混合するか，または水の中へ直接吹き込んで温水を作る．	工場や病院などで余っている蒸気を利用して多量の熱量を供給できる．	
中央式	直接加熱式	機械室で水を直接ボイラーで加熱することにより給湯用温水を作り，必要箇所に配管で供給する	同時使用率を考慮して加熱装置の容量を小さくできる　空調設備と熱源を兼用できる　維持管理が容易だが設備費が高い　管理技術者が必要　配管が長くなる　直接加熱式は小規模建築物に，間接加熱式は大規模建築物に用いられる	
	間接加熱式	貯湯タンク内の加熱コイルにボイラーで作った高温水や蒸気を供給して給湯用温水を作り，必要箇所に配管で供給する		

元止め式：機器の入り口側（給水側）の水栓を操作して，機器本体に直接ついている湯の出口から給湯する方式．
　　　　　したがって，給湯能力の小さい湯沸器であり，複数の箇所には給湯できない．
先止め式：給湯を必要とする場所から離れた場所に湯沸器を設置し，複数の給湯先まで配管する方式．

ことが多くなるため，経費がかかる．ホテルや病院の中央式給湯で用いられるが，住宅でも即出湯式湯沸器を使用し，二管を配管すれば可能．
- 単　　管　　式：給湯管のみで，使用開始後，すぐには指定温度の湯は給湯されない．設備費は安価ですむ．
- 自 然 循 環 式：復管式で対流作用による重力式自然循環方式．配管径が太くなる．
- 強 制 循 環 式：循環ポンプを用いて強制的に湯を循環させる方式．加熱装置と給湯必要箇所の距離が離れている場合などに適しており，また指定温度の湯をすぐに送ることができる．

c）加熱装置
- ボ　イ　ラ　ー：重油，軽油，ガスなどを熱源とする，古くからある加熱装置．貯湯槽を別に必要とする．
- 貯湯式湯沸器：ガス，電気，太陽熱などを熱源とする．電気は深夜電力利用が普及している．
- ガス瞬間湯沸器：スピーディーに指定の給湯温度の湯が供給できる．湯沸器の給湯能力は号数で表示する．たとえば，11号の湯沸器とは，水温10°Cのとき，35°Cの湯が毎分11ℓでる．

23・3　排水・衛生設備

建築物に，供給される水があるということは必ず排水がともなう．生活からでる排水の他に，生産活動からでる排水，また敷地内に降った雨や雪の排水など，さまざまな排水が発生し，その処理方法を考えなければならない．

a）排水の種類
- 汚　　水：大便器，小便器などの人間の排泄物を含む水．
- 雑排水：台所，洗面所，浴室，洗濯機などからでる水．
- 雨　　水：雨水や湧水など．
- 直接排水と間接排水（図23・5）．
  直接排水：器具等の排水管末を直接排水管等に直結する方式．
  間接排水：器具等の排水管末を排水受口に放出した後，トラップを経て排水管に接続する方式．

b）排水の処理方法（図23・6）
- 公共浄化処理施設：汚水や雑排水を，公共下水道を経由して終末処理場で浄化処理した後，川や海に放流するまでの一連の施設をいう．汚水，雑排水，雨水をいっしょにして終末処理場で処理する合流式と，汚水，雑排水は終末処理場で処理し，雨水は直接河川に放流する分流式がある．
- 合併処理浄化槽：公共浄化処理施設のない地域では，敷地内において，浄化槽を設置して処理する．汚水と雑排水を同時に処理することのできる浄化槽．
- 単独処理浄化槽：汚水のみを単独で処理する浄化槽．

c）排水の構成材（図23・8）
- ト　ラ　ッ　プ：排水管内に常に一定の水を満し，下水管からの臭気や害虫の侵入を防ぐ．管内にたまっている水を封水といい，深さは5〜10cm程度とする．

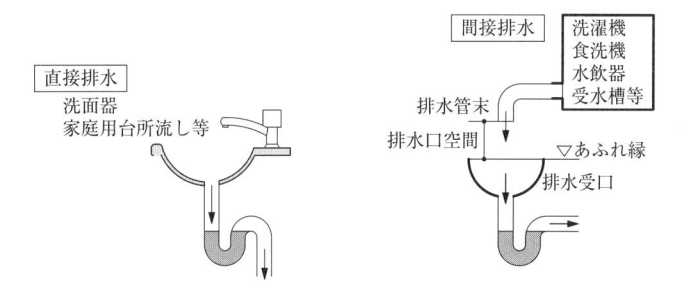

図23・5　直接排水と間接排水

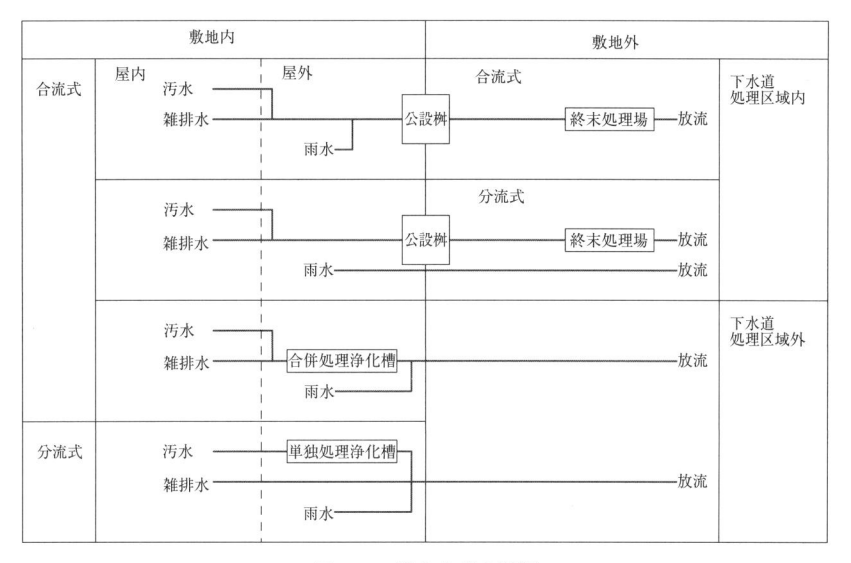

図23・6　排水方式の種類

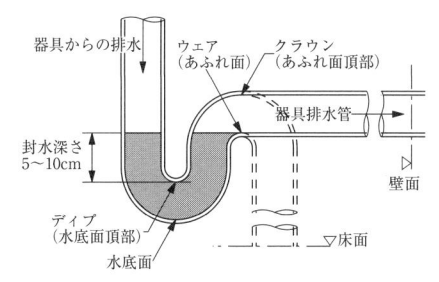

図23・7　トラップ各部名称

| (a)Sトラップ
洗面器 | (b)Pトラップ
洗面器 | (c)Uトラップ
横走り管 | (d)ドラムトラップ
厨房用流し | (e)わんトラップ
（ベルトラップ）
床排水
実験用流し |

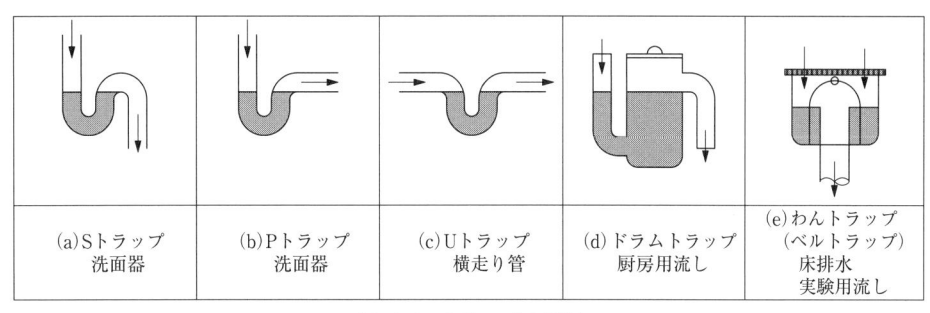

図23・8　トラップの種類

- S ト ラ ッ プ：大便器，洗面器などに使用されている．自己サイホン作用によって封水破壊を起こし，トラップの機能を果さなくなることがある．
- P ト ラ ッ プ：洗面器などに最もよく使われている形で，Sトラップに比べて自己サイホン作用による封水破壊は起こりにくい．
- U ト ラ ッ プ：横走り管の途中に使用するが，排水の流れを妨げることもある．
- ド ラ ム ト ラ ッ プ：厨房の流しなどで使われる．封水部分の水量が多いため，封水が切れにくい．トラップ内の掃除が容易なため，厨房用流しに適している．
- わんトラップ（ベルトラップ）：浴室などの床排水に用いられる．上部のわん型のふたを落し込むことでトラップとしての機能をもつ．
- その他の特殊トラップ：グリストラップはレストランの厨房の床排水に油脂を集めるため．ヘアートラップは，美容院の洗髪器に毛髪を集めるため．

d）トラップの封水破壊（図23·9）

- 自己サイホン作用：排水の勢いが強いとき，排水管が満水状態で流れるときに起こりやすい．特にSトラップで起こることが多い．
- はね出し作用：いっきに多量の水を排水すると，管内の空気圧が急上昇して封水がはねだして破壊する．
- 吸 出 し 作 用：立て排水管と横枝管の接合近くで，管内の圧力変動により負圧となって，トラップ内の封水が吸引されて，封水破壊が起こる．
- 毛 管 現 象：トラップ内に毛髪などがたれ下がり，毛管現象によって封水が徐々に流れてしまう．

e）通気管（ベントパイプ）の設置（図23·10）

　排水管内は，排水がない時は空気があり，その空気の圧力が排水の流れによって変化し，トラップの封水破壊や排水の流れの阻害要因となることがある．そのため排水管内に通気し，常に大気圧になるようにしなければならない．また排水管の換気も行い，下水からのガスの自然換気を行う．

- 各個通気方式：各排水器具ごとに通気をとる方式．
- ループ通気方式：2個以上の排水器具のトラップを守るため，排水系統の最上流の器具から排水横枝管に接続された直後の下流で一括して通気する方式．
- 伸頂通気方式：排水立て管の上部を延長して通気管として大気に開放する方式．
- 雨水立て管，ドレイン立て管は，排水管や通気たて管と兼用してはならない．
- 通気立て管の上部は，延長して単独に大気開放するか，もしくは最高位の器具あふれ縁より15cm以上高い位置で伸頂通気管に接続する．
- 通気管末端が建築物の出入口，窓等の開口部付近にある時は，開口部上部より0.6m以上立ち上げる．立ち上げ困難な時は水平3m以上離す．
- 通気横枝管のある位置は，排水が入り込まない高さにするため，あふれ縁より15cm以上立ち上げなくてはならない．

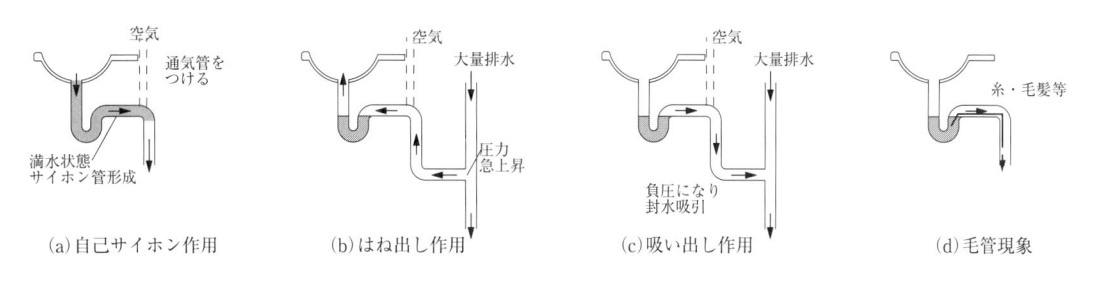

(a) 自己サイホン作用　(b) はね出し作用　(c) 吸い出し作用　(d) 毛管現象

図23・9　トラップの破壊現象

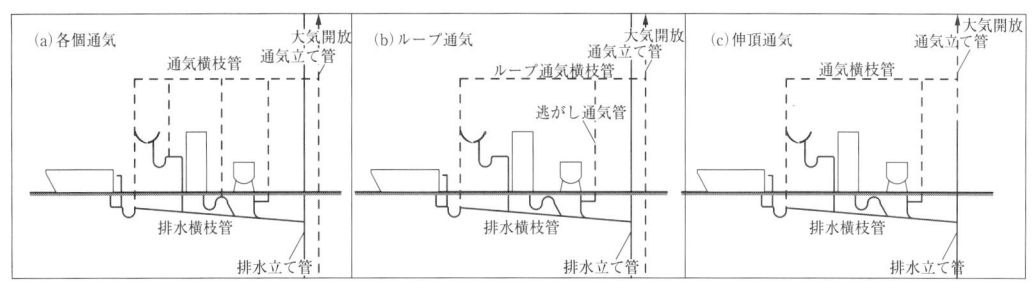

(a) 各個通気　(b) ループ通気　(c) 伸頂通気

図23・10　トラップと通気管の方式

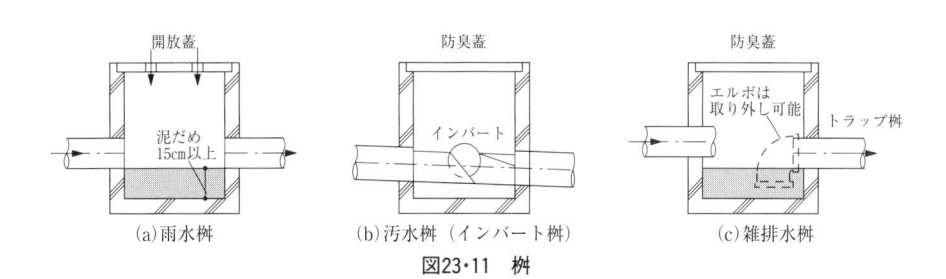

(a) 雨水桝　(b) 汚水桝（インバート桝）　(c) 雑排水桝

図23・11　桝

形式	タンク式				フラッシュバルブ式（洗浄弁）
	洗い出し式	洗い落とし式	サイホン式	サイホンゼット式	
洗浄方式	浅い水たまりに汚物をためておき，洗浄時の水勢で汚物を排出	汚物を水の中に落とし，洗浄時の水勢で汚物を排出	洗浄時に，便器内が満水になり，サイホン作用により吸引して，汚物を排出	水を噴水孔（ゼット穴）から噴き出し，サイホン効果をより強力にして吸引し，汚物を排出	タンクを設けず，給水管の水を直接便器に給水し，汚物を排出
特徴	浅い水たまりなのではねかえりが少ない 臭気の発生が多い	水たまり面が狭いので汚物が付着しやすい はねかえりが少ない 臭気の発生は洗い出し式よりも少ない	水たまり面が広く，排水力が強い 臭気の発生も少ない	水たまり面が広く，水封も深く，汚物の排水力が強い 付着がほとんどない 臭気の発生も少ない	給水圧力70kPa以上必要多人数が使用するところの連続使用が可能 洗浄の騒音が大きい 場所をとらない
図		洗い落とし式	サイホン式	サイホンゼット式	

図23・12　大便器の洗浄方式

f）排水桝（図23・11）

敷地内の地中埋設排水管は，配管の方向や勾配が大きく変わる場所には，管を接続し清掃のために桝を設置する．

- 雨　水　桝：底に泥だめを設ける．会所桝ともいう．
- インバート桝：底に半円形の溝を設け，汚物や固形物が滞留することなく流れるようになっている．
- 雑 排 水 桝：雨水桝と同じ仕組みだが，封水部分を設けてトラップにして下水本管からのガスや臭気の侵入を防いでいる．

g）衛生器具（図23・12）

- 大　便　器：和式と洋式がある．洗浄方式では，洗出し式からサイホン式まで様々な方式がある．また給水方式には，洗浄弁式，ハイタンク式，ロータンク式があり，多人数の連続使用が可能なのは洗浄弁式（フラッシュバルブ）である．
- シスターン（cistern）：水栓便器の洗浄用水を蓄えるためのタンク．便所内に置かれ，低いものをロータンク，高いものをハイタンクという．
- 小　便　器：壁掛け形とストール形がある．子供も利用することの多い公共施設には，ストール形が望ましい．

h）し尿浄化槽（図23・13）

公共浄化処理施設のない地域では，し尿処理は各敷地内において，し尿浄化槽を設置しなければならない．し尿浄化槽は単独処理浄化槽と合併処理浄化槽に大別される．

- BOD（生物化学的酸素要求量）：水中に含まれる有機物（腐敗する物質）が微生物によって分解される過程で消費される酸素量で，水質汚濁の状態を評価する値として用いられる．浄化槽の汚濁物質の除去率の最低値も規定されている．

i）給排水・ガス設備記号（図23・14）

【問題1】　給水設備に関する次の記述のうち，最も不適当なものはどれか．
1. 給水方式には，直結方式，高架方式，圧力方式等がある．
2. 上水系統の配管と井水系統の配管とは，直接接続してはならない．
3. 水道直結方式は，水道本管の水圧によって台所等の必要な個所に給水する方式であり，揚水ポンプは不要である．
4. 高置タンク方式においては，最も上にある水栓，器具などの必要圧力を確保できる高さに高置タンクを設置する．
5. 集合住宅においては，1日の居住者1人当りの単位給水量を600ℓ程度として計画する．

【問題2】　給水設備に関する次の記述のうち，最も不適当なものはどれか．
1. クロスコネクションとは，上水の給水・給湯系統とその他の系統が，配管・機器により直接接続されることをいう．
2. 一般的な事務所ビルにおける，1日の1人当りの平均的な使用水量は，100ℓ程度である．
3. 給水設備における圧力タンク方式は，水道引込管から水を直接圧力タンクに貯水し，給水ポンプでタンク内の空気を圧縮・加圧させ，その圧力で給水する方式である．
4. シャワーの必要給水圧力は，一般に，0.07MPa（0.7kgf/cm^2）以上である．
5. 給湯循環ポンプは，湯を強制的に循環させるもので，給湯栓を開いた場合に，すぐに湯が出るようにするために設ける．

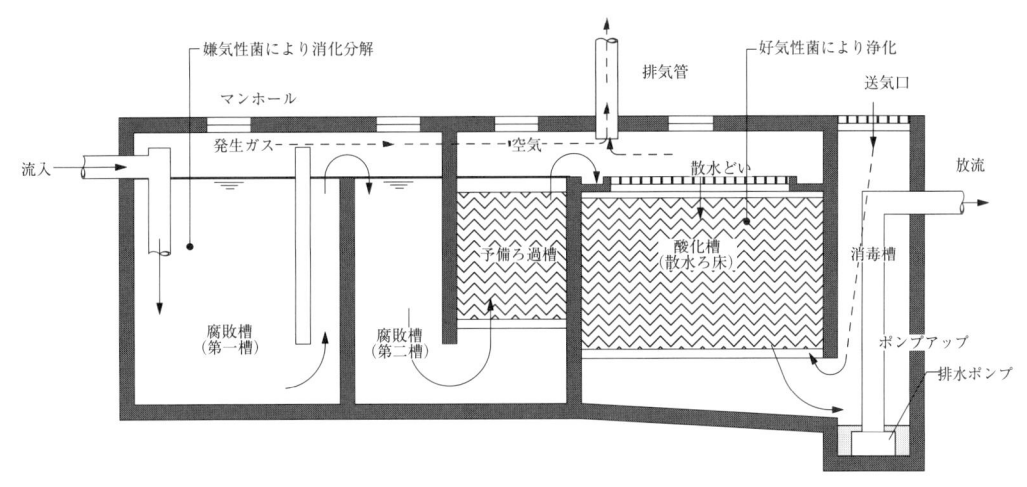

図23・13　散水ろ過式し尿浄化槽の断面図

記　号	名　称	記　号	名　称
——— — ———	給水管	⌀	給水栓
——— | ———	給湯管	⬤	湯水混合栓
———————	雨水管	○+	ガスヒューズコック
━━━━━━━	雑排水管	⊕	床掃除口
━━━>━━━	汚水管	○	汚水桝
- - - - - - -	通気管	⊗	雑排水桝
———G———	ガス管	Ⓣ	トラップ桝
———R———	冷媒配管	- -⊠- -	集水桝・浸透トレンチ
———D———	ドレイン配管	⊗	ゲート弁

図23・14　給排水・ガス設備記号

【問題3】　排水設備に関する次の記述のうち，最も不適当なものはどれか．
1．通気管は，排水管内の圧力変動を緩和するために設ける．
2．自然流下式の排水立て管は，一般に，上層階より下層階のほうを大きくする．
3．排水トラップを設ける目的は，排水管内の下水ガス，臭気，害虫などの室内への侵入を防止することである．
4．汚水タンクの通気管は，単独で屋外に開放する．
5．雨水排水管（雨水排水立て管を除く）を敷地内の汚水排水管に接続する場合には，トラップますを設ける．

【問題4】　し尿浄化槽の中を汚水の流れる順序で正しいものは，次のうちどれか．
1．腐敗槽　→　酸化槽　→　ろ過槽　→　消毒槽
　（嫌気性細菌）（好気性細菌）（分　離）（滅　菌）
2．腐敗槽　→　ろ過槽　→　酸化槽　→　消毒槽
　（嫌気性細菌）（分　離）（好気性細菌）（滅　菌）
3．腐敗槽　→　酸化槽　→　ろ過槽　→　消毒槽
　（好気性細菌）（嫌気性細菌）（分　離）（滅　菌）
4．ろ過槽　→　腐敗槽　→　酸化槽　→　消毒槽
　（分　離）（好気性細菌）（嫌気性細菌）（滅　菌）
5．腐敗槽　→　ろ過槽　→　酸化槽　→　消毒槽
　（好気性細菌）（分　離）（嫌気性細菌）（滅　菌）

24 建築史

24・1 日本建築史

時代			できごと	神社建築	寺院建築	住宅建築		その他
	区分	年代				支配者階級	民家	
原始	縄文						竪穴式住居	
	弥生						高床式住居	掘立て柱
古代	古墳			神社建築の 基本形成 　神明造り　平入り 　大社造り　妻入り 　住吉造り　妻入り				
	飛鳥	538 645	仏教伝来 大化の改新		仏教建築 　法隆寺金堂 　法隆寺五重塔 　法起寺三重塔 　（大仏殿）			難波京 （最初の都市計画） エンタシス（ふくらみ） 雲形の斗と肘木 藤原京
	奈良	710	平城京に都を移す		薬師寺東塔 　法隆寺夢殿 　東大寺正倉院(校倉造り) 　唐招提寺金堂	公家住宅 法隆寺伝法堂		
	平安	794	平安京に都を移す	春日造り 流造り 八幡造り	和風化（和様） 　室生寺五重塔 　醍醐寺五重塔 　平等院鳳凰堂 　中尊寺金色堂	寝殿造り始まり 紫宸殿 清涼殿		軽快・開放 縁 蔀戸（しとみど） 一棟一室
中世（封建前期）	鎌倉	1192	鎌倉幕府開く		禅宗が入る 大仏様（天竺様） 　浄土寺浄土堂 　東大寺南大門 禅宗様（唐様） 　円覚寺舎利殿 新和様 　石山寺多宝塔 折衷様 　歓心寺金堂	武家造り （寝殿造りの変化） 主殿造り（初期書院）		小室引違い戸
	室町	1334 1338	建武の新政 室町幕府開く 応仁の乱		禅宗の最盛期 折衷様 　鶴林寺本堂 　瑞巖寺本堂	庭園建築　書院造りの成立 （楼閣）　鹿苑寺金閣 　　　　　慈照寺銀閣		角柱舞良戸 畳の敷きつめ 床・違い棚
近世（封建後期）	安土 桃山	1590	秀吉全国統一			書院造りの完成 城郭　　勧学院客殿 安土城　（茶室の出現） 犬山城天守		木割書
	江戸	1603	江戸幕府開く	霊廟建築 日光東照宮 （権現造り）	東大寺大仏殿（再建） 清水寺本堂（懸造り， 江戸時代修造）	西本願寺書院 姫路城大天守 二条城二の丸（書院造り） 数寄屋造り：書院造り+茶室建築 桂離宮 修学院離宮 京都御所		雨戸 面皮柱
近代	明治	1868	明治維新			・町屋 ・農家		擬洋風 コンドル
	大正	1912	第一次世界大戦 参加				中門造り 曲り家	分離派建築 帝冠様式
	昭和 戦前	1941	太平洋戦争				本棟造り 合掌造り	国際様式 機能主義建築
	昭和 戦後	1945	終戦				くど造り	現代建築 ポストモダン

(a) 竪穴式　　(b) 高床式

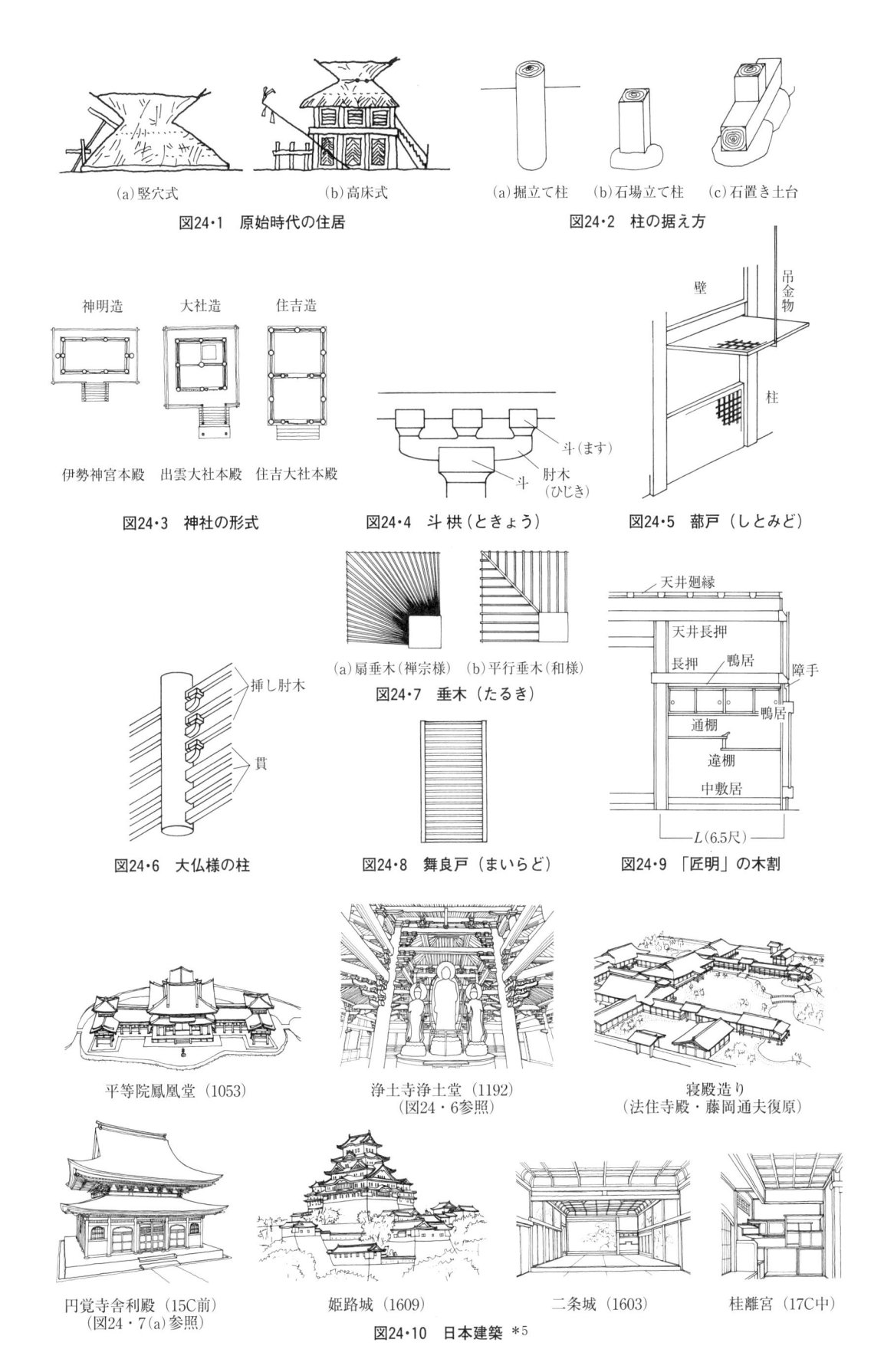

図24・1　原始時代の住居

(a) 掘立て柱　(b) 石場立て柱　(c) 石置き土台

図24・2　柱の据え方

神明造　　大社造　　住吉造

伊勢神宮本殿　出雲大社本殿　住吉大社本殿

図24・3　神社の形式

斗（ます）
斗
肘木（ひじき）

図24・4　斗栱（ときょう）

壁
吊金物
柱

図24・5　蔀戸（しとみど）

(a) 扇垂木（禅宗様）　(b) 平行垂木（和様）

図24・7　垂木（たるき）

挿し肘木
貫

図24・6　大仏様の柱

図24・8　舞良戸（まいらど）

天井廻縁
天井長押
長押　鴨居　障子
鴨居
通棚
違棚
中敷居
L（6.5尺）

図24・9　「匠明」の木割

平等院鳳凰堂（1053）

浄土寺浄土堂（1192）
（図24・6参照）

寝殿造り
（法住寺殿・藤岡通夫復原）

円覚寺舎利殿（15C前）
（図24・7(a)参照）

姫路城（1609）

二条城（1603）

桂離宮（17C中）

図24・10　日本建築　*5

24・2 西洋建築史

時代		様式	特徴	事例
古代	BC30〜AD5世紀	エジプト	記念建造物, 多柱式広間, パピルス柱	ピラミッド（キザ）, アモン大神殿（カルナク）
	BC30〜AD5世紀	ギリシア	オーダー, 彫刻的な力強い神殿中心 エンタシス, アゴラ（広場）	パルテノン神殿（アテネ）
	BC3〜AD5世紀	ローマ	ヴォールト, ドーム, アーチ技術による大空間フォーラム（集会市場）	パンテオン, コロセウム（ローマ）浴場（ローマ）
中世	AD4〜7世紀	初期キリスト教	バジリカ式教会（木造）	サンタ・マリア・マジョーレ（ローマ）
	4〜15世紀	ビザンチン	ペンデンティブドーム（正方形平面にドーム）	アヤ・ソフィア寺院（イスタンブール）サン・マルコ寺院（ベネチア）
	7〜	イスラム(サラセン)	モスク（回教寺院）	アルハンブラ宮殿（グラナダ）コルドバの大モスク
	9〜12世紀	ロマネスク（ローマの様な）	石造ヴォールト, クロスヴォールト	ピサの大会堂（イタリア）サンタンブロージュ教会（ミラノ）
	12〜16世紀	ゴシック	ポインティドアーチ, フライニングバットレスを用いたヴォールト, 強い垂直性 中世キリスト教建築の完成	パリ大聖堂（ノートルダム寺院）（フランス）ケルン大聖堂（ドイツ）ウェストミンスター寺院（ロンドン）ミラノ大聖堂（イタリア）
近世	15〜17世紀	ルネッサンス	ギリシア・ローマ様式の復興 規則性・水平性の重視 建築家の誕生	フィレンツェ大会堂（イタリア）パラッツォ・メディチ（フィレンツェ）パラッツォ・ファルネーゼ（ローマ）
	16〜18世紀	バロック	不規則, 奔放 曲線, らせん, 凹凸, 遠近法	サンピエトロ寺院（ローマ）ヴェルサイユ宮殿（フランス）
	18世紀	ロココ	滑らかな曲線, 優雅, ロカイユ装飾	アマエリンブルク宮殿（ミュンヘン）
	18〜19世紀	ネオクラシズム（新古典）	古典, 古代の再認識	大英博物館, イギリス国会議事堂 オペラ座
		折衷主義	過去の様式を目的に応じて使いわける	リージェント・ストリート
近代	19世紀後半	アーツ・アンド・クラフト アール・ヌーボー ゼツェション等	手仕事を主とした美術工芸運動 植物などをモチーフにした有機的曲線 過去の様式からの分離	赤い家（ロンドン）カステルベランジェ（パリ）ストックレー邸（ブリュッセル）
	1920〜1930	インターナショナルスタイル	合理主義的造形 バウハウス等	バウハウス校舎（ワルター・グロピウス）ファンスワース邸（ミース・ファン・デル・ローエ）
	1930〜1960	近代建築 現代建築	機能主義 CLAM	サヴォイ邸（ル・コルビュジエ）マイレア荘（アルバ・アアルト）落水荘（フランク・ロイド・ライト）キンベル美術館（ルイス・カーン）シドニーオペラハウス（ヨン・ウォッツォン）ケンブリッジ大学歴史図書館（ジェームス・スターリング）香港上海銀行（ノーマン・フォスター）関西国際空港（レンゾ・ピアノ）オレゴン州庁舎（マイケル・グレイブス）ヴァナ・ベンチューリ邸（ロバート・ヴェチューリ）
	1960〜1980	レイトモダン ポストモダン	感性の重視, 歴史的様式による過去への連想, 形態と機能の再認識	
	1980後半〜	ポストモダン以後	近代建築の脱構築 ハイテクノロジー, エコロジー	

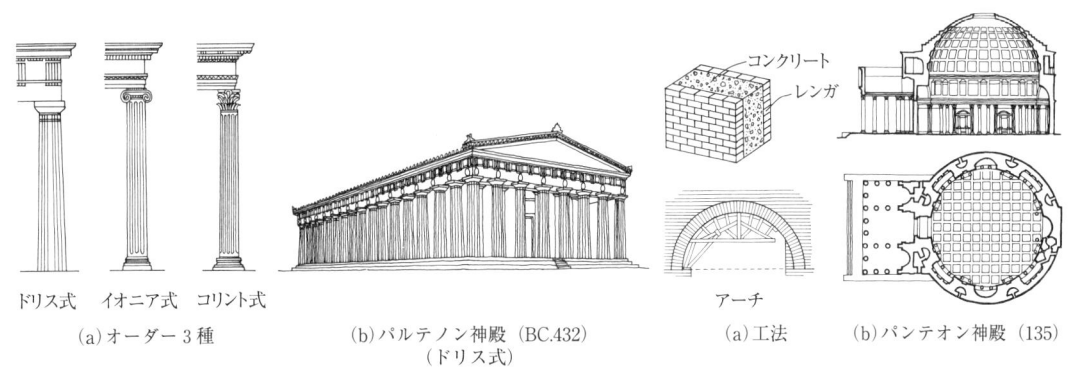

(a) オーダー3種　　(b) パルテノン神殿（BC.432）
　　　　　　　　　　　　　　（ドリス式）

ドリス式　イオニア式　コリント式

図24・11　ギリシア建築

(a) 工法　　(b) パンテオン神殿（135）

コンクリート
レンガ
アーチ

図24・12　ローマ建築

(a) アヤ・ソフィア　(b) ペンデンティブドーム

図24・13　ビザンチン建築

図24・14　イスラム建築

(c) 尖塔アーチ
（ポインティドアーチ）

(a) 太い柱，半円アーチ，厚い壁　(b) サンタンブロージュ教会

図24・15　ロマネスク建築

(a) パリ大聖堂（ノートルダム寺院）(b) フライングバットレス

図24・16　ゴシック建築

図24・17　ルネッサンス建築（フィレンツェ大会堂（1461））

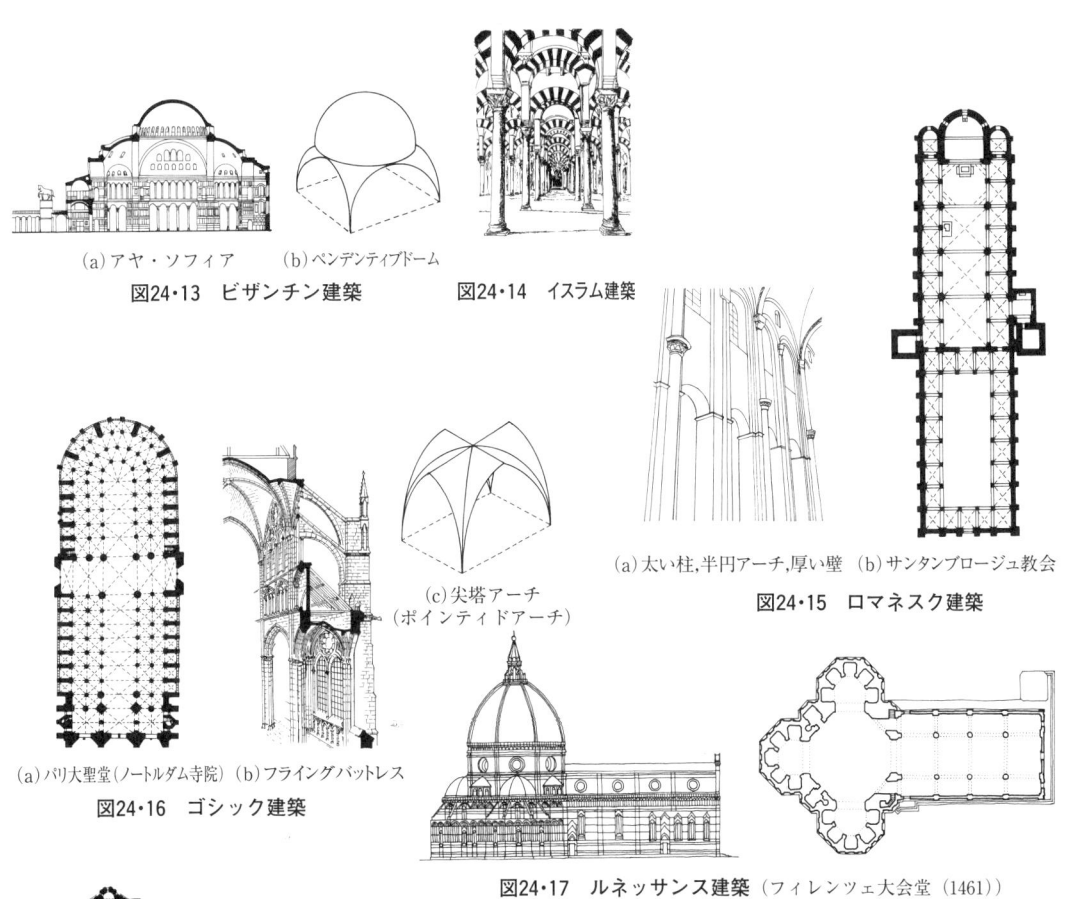

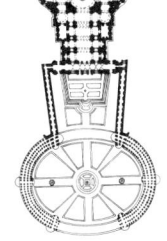

図24・18　バロック建築
（サンピエトロ寺院）

図24・19　ロココ建築（ロカイユ装飾）

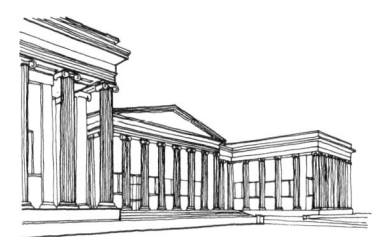

図24・20　ネオ・クラシシズム建築
（大英博物館（1847））

171

24・3 近代建築史

a）近代建築運動

19世紀中ごろから20世紀始めにかけて近代を開く新しい芸術運動が次々に興った．産業革命後の新しい社会意識や新しい建築材料，鉄・ガラス・コンクリートの利用に対して，建築の先駆者の様々な試みがなされた．

①アーツアンドクラフト運動：W．モリスによる機械生産に対する手仕事を主とした美術工芸運動．

②アール・ヌーボー：植物等をモチーフにした優雅な曲線が特徴で，ブリュッセル，パリを中心に展開された．

③ゼセッション（分離派）：過去様式から分離し，合理性を重視した新芸術運動．

④表現主義：合理主義や幾何学的形態にとらわれない，自由な造形表現．

⑤ディ・スティール：直角・壁・単純な色彩の組み合わせで，純粋な空間を造形する．

⑥バウハウス：芸術と技術の統合をめざした工芸学校．ワルター・グロビウスが中心となった．

⑦アントニオ・ガウディ：自然から抽出した合理的形態で幻想的な空間を表現する．

⑧CIAM（近代建築国際会議1928～59年）：ル・コルビュジエをはじめ近代建築の開拓者によって結成され，近代社会に共通する建築課題を抽出し討議した．

⑨1960年代以降も産業構造を背景にしたモダニズムの有効性を継承しつつ，より豊かな空間造形を求めてポストモダニズムの動き，さらにデコンストラクショナリズム，ハイテクノロジー，エコロジーへの配慮をめざした試みが続けられている．

b）日本の近代・現代建築

①明治に入り西洋の建築様式がもたらされ，民間の大工は見よう見まねで和洋混合の擬洋風建築をつくった．御雇外国人建築家コンドル達により日本人建築家が育成され歴史的様式主義の建築を普及させた．

②大正時代にはドイツ表現主義の，昭和初期にはバウハウス，CIAMなどの近代建築思想や合理主義の影響を受けたが，ナショナリズムの興隆に伴い，帝冠様式が現れた．

③戦後は機能主義による近代建築が隆盛した．その後，バブル経済期にはポストモダンが流行したが，崩壊後，環境へのやさしい配慮をした計画が求められるようになっている．

【問題1】 建築物とそれに関連する用語との組み合わせとして，最も不適当なものは次のうちどれか．
1．法隆寺金堂（奈良）————雲形組物
2．伊勢神宮内宮正殿（三重）————春日造り
3．円覚寺舎利殿（神奈川）————禅宗様
4．日光東照宮社殿（栃木）————権現造り
5．桂離宮（京都）————数寄屋造り

【問題2】 建築家とその建築作品の組合せのうち，誤っているものはどれか．
1．ミース・ファン・デル・ローエ—ファンスワース邸
2．アルヴァ・アアルト————マイレア荘
3．アントニオ・ガウディ————ユニテ・ダビタシオン
4．フランク・ロイド・ライト————落水荘（カウフマン邸）
5．ルイス・カーン————キンベル美術館

【問題3】 次の建築物の組合せのうち，建築された年代の著しく異なるものはどれか．
1．薬師寺東塔（奈良）————パンテオン神殿（ローマ）
2．東大寺南大門［再建］（奈良）————パリ大聖堂（フランス）
3．ロンシャン教会堂（フランス）————神奈川県立近代美術館（神奈川）
4．日光東照宮社殿（栃木）————桂離宮（京都）
5．サヴォア邸（フランス）————落水荘（アメリカ）

表24・1 設計者と建築物の組合せ

設計者	建築物	設計者	建築物
T.J.ウォートルス	旧造幣寮鋳造場	辰野金吾	日本銀行本店
片山東熊	旧赤坂離宮		東京駅
村野藤吾	日生日比谷ビル 世界平和記念聖堂	前川国男	東京文化会館 京都文化会館
谷口吉郎	藤村記念堂 秩父セメント工場 帝国劇場	丹下健三	国立屋内総合競技場 広島平和記念資料館 東京都庁舎
大谷幸夫	国立京都国際会館	佐藤武夫	旭川市庁舎
山下寿郎	霞ヶ関ビルディング	坂倉準三	神奈川県立近代美術館
浦辺鎮太郎	倉敷アイビースクエア	ワルター・グロピウス	バウハウス校舎
J.パクストン	クリスタルパレス（水晶宮）	ル・コルビュジエ	国立西洋美術館 サヴォア邸 ロンシャン教会堂
フランク・ロイド・ライト	旧帝国ホテル グッケンハイム美術館 落水荘（カウフマン邸） ロビー邸	アルヴァ・アアルト	マイレア荘
		アントニン・レーモンド	群馬音楽堂 リーダーズダイジェストビル
アントニオ・ガヴデイ	サグラダファミリア教会	ヨルン・ウォッツォン	シドニー・オペラハウス
ミース・ファン・デル・ローエ	ファンスワース邸 レイクショアドライヴアパート イリノイ工科大学	W.K.ハリスン他	国際連合本部ビル

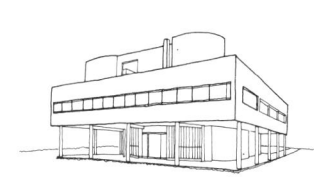

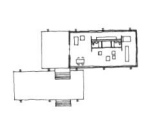

サヴォア邸（1931） 　　　ファンスワース邸（1950） 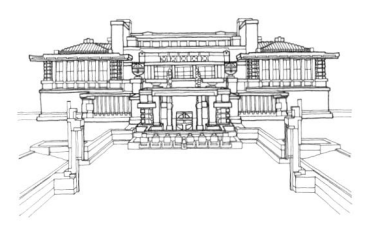　　　旧帝国ホテル

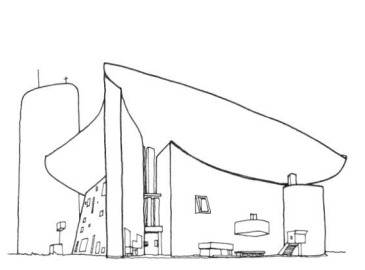

ロンシャン礼拝堂（1956） 　　　カサ・ミラ（1910） 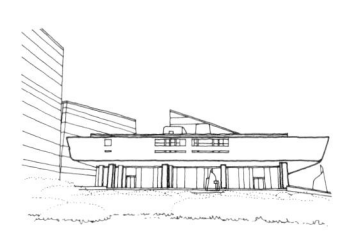　　　東京文化会館

カウフマン邸（落水荘）（1936） 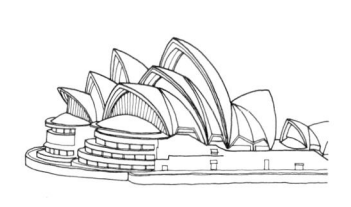　　　シドニー・オペラハウス（1973） 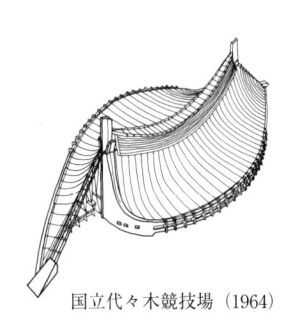　　　国立代々木競技場（1964）

図24・21　近代建築　＊5

1 建築環境, 2 外部気候は問題がありません.

3 室内気候

【問題1】正解 3
1. 室内の温度は, 17～24℃, 相対湿度は40～60%, 風速0.5m以下とする.
  同温度であれば, 相対湿度が高くなると, 絶対湿度も高くなる.
3. 絶対湿度が同じ場合は, 温度が異なっても等量の水蒸気を含むが, 相対湿度が同じ場合は, 温度の低い空気は高い空気よりも水蒸気量は少ない.

【問題2】正解 3
3. 気象庁では, 周囲の影響をなるべく受けない高さで風速を測定しているが, 市街地の地上の風速は, 周囲の様々な影響を受けるため, 一般に気象庁発表の1/2～1/3程度であるといわれている.

【問題3】正解 4
4. 湿度は30%～70%の範囲が適当である.

【問題4】正解 1
1. 図1より, この湿り空気が20.2℃になると相対湿度100%を超えるので20℃になれば結露する.
2. 図2より, この湿り空気の絶対湿度は, 約0.015kg/kg'である.
3. 図3より, この湿り空気の湿球温度は, 22℃である.
4. 図4より, この湿り空気の露点温度は, 約20.2℃である.
5. 図5より, 乾球湿度35℃. 相対湿度40%の湿り空気の絶対湿度, 約0.0145kg/kg'. A点の絶対湿度は, 約0.015kg/kg'である. よって, 1kgに含まれている水蒸気量はA点の方が多い.

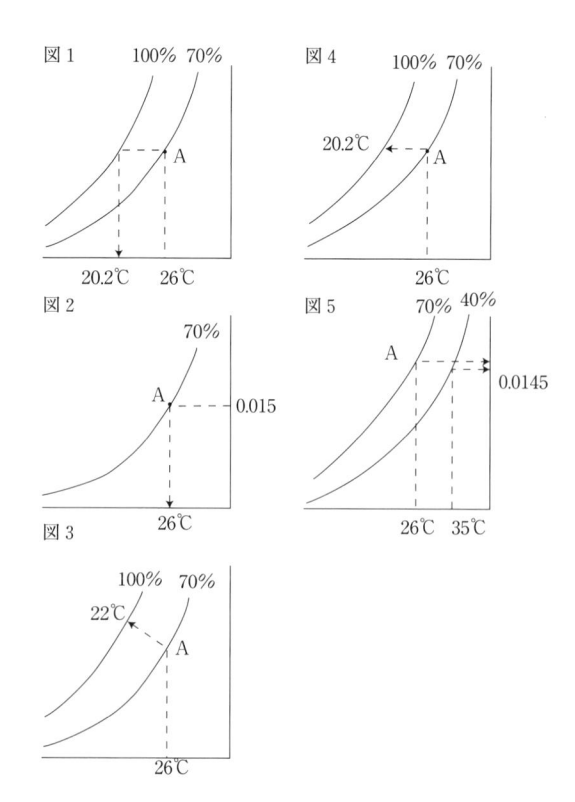

[問題]の解答編

4　伝熱

【問題1】正解　4

1. 中空層の熱抵抗：壁や屋根に空気層を設けると断熱に有効である．
2. 熱貫流抵抗：熱貫流率の逆数で，熱流の伝わりにくさを示す値．
4. 熱伝達抵抗とは，空気と材料間の熱の伝わりにくさを意味し，壁にあたる風速が大きくなるほど熱損失は大きくなり，熱伝達抵抗は減る．
5. 熱伝導率は材料の熱の伝わりやすさを示す値で，熱伝導率の逆数を熱伝導比抵抗といい，材料の熱の伝わりにくさを示す．

　各層の熱伝導抵抗の値（中空層を除く）は，その材料の厚さ（単位はm）を材料の熱伝導率で除して求めるものである．

【問題2】正解　3

熱伝導：固体内（壁体内）の熱伝播のこと．
熱伝達：空気と壁面間の｛流体の対流による熱移動／電磁波の放射と吸収による熱移動
熱伝導率：λ（kcal/m・h・℃，又はW/m・K）
　　固体（壁体の材料）の熱の伝わりやすさを表す係数であり，熱伝導率が大きいほど熱が伝わりやすい．
熱伝導比抵抗：$1/\lambda$（m・h・℃/kcal，又はm・K/W）
　　熱の伝わりにくさを示す．熱伝導率λの逆数
熱伝導抵抗：（m²・h・℃/kcal，又はm²K/W）
　　熱伝導比抵抗×材料の厚さ
熱伝達率：α（kcal/m²・h・℃，又はW/m²・K）
　　空気と壁表面間の熱の伝達のしやすさを示す係数
熱伝達抵抗：$1/\alpha$（m²・h・℃/kcal，又はm²・K/W）
　　熱の伝達のしにくさを示す．熱伝達率αの逆数．
熱貫流：熱伝達と熱伝導を経て，壁体を通して空気から空気に熱が移動する現象のこと．熱貫流は空気から壁体へ（伝達），壁体内を通過（伝導），壁体表面から空気へ（伝達）という組合せになる．
熱貫流率：K（kcal/m²・h・℃，又はW/m²・K）
　　壁全体としての熱の通りやすさを表す係数であり，各材料の熱伝導率λと厚みおよび両面の熱伝達率αから求められる．熱貫流率Kの逆数（1/K）を熱貫流抵抗R（m²・K/W，またはm²・h・℃/kcal）とよび，壁体を通しての熱の通りにくさを表す数値である．

壁体の熱貫流率を求めるためには，壁体の熱貫流抵抗を求める．

高温側の熱伝達率：α_1　→　熱伝達抵抗 $\dfrac{1}{\alpha_1}$

低温側の熱伝達率：α_2　→　熱伝達抵抗 $\dfrac{1}{\alpha_2}$

材料の熱伝導係数：$\dfrac{\lambda}{d}$　→　熱伝導抵抗係数 $\dfrac{d}{\lambda}$

　　→壁体を構成するすべての材料の総和　$\Sigma\dfrac{d}{\lambda}$

よって，壁体の熱貫流抵抗 $\dfrac{1}{k}=\dfrac{1}{\alpha_1}+\dfrac{1}{\alpha_2}+\Sigma\dfrac{d}{\lambda}$

熱貫流は，熱貫流抵抗の逆数なので，$K=\dfrac{1}{\dfrac{1}{\alpha_1}+\Sigma\dfrac{d}{\lambda}+\dfrac{1}{\alpha_2}}$

【問題3】正解　3

1. アルミ箔を張ることで，放射熱による熱の移動を防ぐ効果があり，張らない場合の2倍以上の断熱性能がある．
2. 屋内側の気密性を高くして，逆に屋外側の気密性を下げることで屋内への侵入を減らすことができる．
3. 熱伝導率の大きな材料は，熱が伝わりやすい．断熱層を，熱伝導率の大きな材料に替えると，日射熱の内部壁材に伝わる割合が増大し，屋内へ侵入する熱を減らす方法としては不適当である．

【問題4】正解　5

　周壁（床，天井を含む）の断熱性能と熱容量は，室内気候にとって重要な要素である．特に暖房の間欠運転においては，周壁の容量による蓄熱効果は，室温を一定に保ち快適性確保に有効である．

※グラフの読み方
　熱容量が大きい→暖房開始からの室温は緩やかに上昇
　熱容量が小さい→暖房開始からの室温がすぐに上昇
　断熱性能がよい→暖房停止後，徐々に室温低下
　断熱性能悪い→暖房停止後，急速に室温低下

【問題5】正解　3

　熱伝導率（W/m・K）は次のとおりである．畳0.13，木材（ラワン・まつ）0.17，普通れんが0.62，ガラス0.79，普通コンクリート1.63．

【問題6】正解　3

3. 空気層は断熱効果が大きいが，気密性に大きく影響され，すき間があれば効果は著しく劣る．

5　結露

【問題1】正解　3

1. 家具裏の壁体の温度が低下し，家具裏の壁面は結露しやすい．
2. 断熱材の室内側に防湿層を設けることは，壁体内への水蒸気の流入を防ぐため，内部結露の防止に有効．
3. カーテンを吊るすと室内の暖められた空気が遮られ，窓ガラスの表面温度が低下し，同時に室温も上がるので，逆に結露しやすくなる．結露は，温度差と空気中の水蒸気量が大きいほど生じやすい．

【問題2】正解　4

2. 外壁の表面結露の防止には，断熱材を設けることが望ましい．
3. 内部結露防止には，断熱材の室内側に防湿材を設けることが必要であり，また，適度な厚さの空気層（25mm程度）を設けることが重要である．
4. 浴室は負圧換気とすることにより，浴室外からの空気が入り込み，換気扇により浴室内の水蒸気を排出することができる．浴室を正圧換気とすると，他の室内に浴室の水蒸気を送ることになり，結露しやすくなる．
5. 窓を気密化すると，自然換気回数が減少するため，結露しやすくなる．

【問題3】正解　2

　非暖房室の窓の気密性を高めると，その部屋の換気量は少なくなり，室内の水蒸気を排出しづらくなるので，結露しやすくなる．結露を防止するポイントとして，換気量を多くして水蒸気を排出し，同時に温度差を少なくすることがあげられる．

6　換気と通風

【問題1】正解　2
1．重力換気…室内外の温度差によって行う換気方法．$\sqrt{h}$に比例する．
2．3．必要換気量（m³/h）：在室者が発生するCO_2の増加に対し，これを許容値以下（0.1％）に抑えるめに必要な換気量．
　　室内CO_2の許容濃度が0.1％未満となるように，成人1人当り休息時で約33m³/h，軽作業時で約50m³/h程度と考える．
　　5 m³/h程度では少なすぎる．したがって，不適当．
5．第2種換気設備は，給気に送風ファンを用い，排気は窓や排気ガラリから自然に行う方式で，除塵装置を備えた送風機による給気や，ダクトによって汚染されない空気の給気などによって，室内への汚染空気の流入を防ぐのに適している．

【問題2】正解　5
3．機械換気：第1種（給・排気とも機械で行う併用式），第2種（給気のみ機械で行う給気式），第3種（排気のみ機械で行う排気式）換気設備．
4．換気回数とは，その室に必要な新鮮な空気の量をその室の容積で割った値である．
5．自然換気による通風の計画は，夏季の最多風向に合わせた方位に給気口を設けることで，効率があげられる．冬期は室温を逃がさないようにするため，外気を積極的に取り入れることはしない．

【問題3】正解　3
①必要換気量 $Q = \dfrac{K}{Pa - Po}$
　K：在室者の呼吸によるCO_2の発生量（m³/h）…（ハ）
　Pa：CO_2濃度の許容量　　　　　　　　　　…（ニ）
　Po：外気のCO_2濃度　　　　　　　　　　　…（ホ）
よって，必要換気量 $Q = \dfrac{0.022}{0.001 - 0.0004} ≒ 36.7$m³/（h・人）
②必要換気回数　$N = Q/V$　V：室体積（イ）
以上より，必要換気回数 $N = \dfrac{36.7 \times 5}{95} = 1.93 \cdots ≒ 2$（回/h）

【問題4】正解　1
1．換気回数とは，1時間に室の空気が新鮮な外気と入れ替わる回数のことをいい，1時間当りの換気量を室容積で割った値である．
$N = \dfrac{Q}{V} = \dfrac{75}{150} = 0.5$回/h　　必要換気回数　N（回/h）
　　　　　　　　　　　　必要換気量　　Q（m³/h）
　　　　　　　　　　　　室容積　　　　V（m³）

この部屋の換気回数は0.5/hである．
4．自然換気…風力換気（風圧力）と重力換気（室内外の温度差）に区分．

【問題5】正解　5
1．3．室内空気汚染の原因：①在室する人間（CO_2，体臭等）②有害物質（有毒ガス・粉塵等）③障害要素（水蒸気・熱等）．
5．一酸化炭素（CO）濃度の許容量は，0.001％（10ppm）以下なら無害．基準令第129条の2の3第3項参照

【問題6】正解　5
ヘリウムは，水素についで軽い気体元素で無色無臭であり，空気中にごく少量含まれているものだが，室内の空気汚染には関係がない．

7　日照，8　日影

【問題1】正解　1
1．隣棟間隔係数は次式で示される．
　$\varepsilon = L/H$
　ε：隣棟間隔係数
　L：隣棟間隔〔m〕
　H：日影を生じさせる部分の最高高さ〔m〕
隣棟間隔係数とは，住棟の隣棟間隔を決めるに当たって，主に日照の確保のために示される係数で，緯度が低い地域ほど隣棟間隔係数が小さくなる．
隣棟間隔係数は，緯度によって異なり，冬至の4時間日照を確保する場合，大阪では約1.6，東京では約1.9，札幌では約2.7である．
2．天空日射：大気層で乱反射しながら地表に達する日射をいう．
3．太陽高度が1年中で最も低く，日影の長さが1年を通して最大になり，日照条件の最も悪い，冬至4時間日照を確保することを基準とする．

【問題2】正解　3
天空日射量は，太陽光が空気中の塵や水蒸気により乱反射や拡散することで増大するので，大気透過率が高くなると減少する．

【問題3】正解　2
日影時間は，日照時間と関係し，緯度によって変化する．

9　日射

【問題1】正解　1
1．天空日射量は，太陽光が大気中で乱反射され，間接的に地上に達する日射量のことをいい，太陽光は直達日射と天空日射の2種類により地上に達する．
4．塵埃が多くなれば，それによる散乱で天空日射量は増大する．逆に直達日射量は減少する．

【問題2】正解　5
4．秋分から春分までの約6ヶ月間は日照がない．
5．南向き鉛直壁面の直達日射量は，夏よりも冬が多くなることから，日射受熱量も冬が多くなる．

【問題3】正解　4
（イ）冬至の南面壁（9時間30分）
（ロ）春秋分の南面壁（12時間）
（ハ）夏至の南面壁（7時間）
（ニ）冬至の北面壁（0時間）
（ホ）夏至の北面壁（7時間20分）

【問題4】正解　3
春・夏・秋季とも，各方位面のうち最大の日射量を受けるのは水平面で，冬季のみ南壁面が最大となる．

10 採光

【問題1】 正解 3
1．形，面積，材質が同じ場合，天窓は側窓に比べて，約3倍の効果がある．
3．一般に，空気中の光の散乱により間接的に地上に達する全天空日射量は，快晴時より薄曇りの時の方が高くなる．冬季には北向き側窓への直達日射はなく天空光のみとなるため，直射光を除いた全天空照度は，通常，快晴時よりも薄曇りの時のほうが2〜3倍ほどその値が大きくなり，薄曇りのときの方が北向き側窓による採光は大きくなる．
4．水平ルーバーは，透過光を水平よりやや上向きにして天井を照らすことにより，拡散させ照度を均等にする．
5．窓の大きさ・位置，および窓までの距離は，昼光率と密接な関係がある．

【問題2】 正解 3
1．冬季に，北向きの側窓から直射光は得られない．全天空照度は直射光を除くと，快晴時より薄曇り時の方が太陽光の乱反射や拡散などにより2〜3倍大きくなる．
2．窓の外に建物や樹木など日照を遮るものがあった場合，屋外の照度に対する室内の照度は低下する．したがって昼光率が変化するので，誤り．
3．室内照度分布は，南向き側窓の方が，北向き側窓と比べて，屋外の昼光率により刻々と変化するため変動が大きい．
4．昼光率は，窓に近いところが高く，室の奥の方が低くなる．
5．天窓は，側窓の1/3程度の面積があればよい．

【問題3】 正解 4
4．直射日光による照度は，60000lx（ルクス）程度である．
5．ブラインド・ルーバーは，室内照度の均一化に効果大である．

【問題4】 正解 4
直接昼光率算定の要素は，下の図のとおりである．
全天空光による屋外照度の変化は，算定には関係がない．
直接昼光率＝ある点の照度／ある点の水平面全天空照度×100で表すこともできるが，この場合，屋外照度が変化すれば，ある点の照度も同じ割合で変化し，昼光率には関係がない．

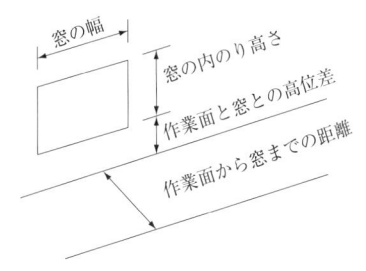

（窓の幅／窓の内のり高さ／作業面と窓との高位差／作業面から窓までの距離）

11 色彩

【問題1】 正解 1
1．明度は，色の反射率の度合いをいい，物体の表面色の明るさを表す尺度．完全な黒を0，完全な白を10とし，この間を感覚の差が等しくなるように11段階に分ける．
2．色の重い・軽い：明度が影響→明度が高い色は軽く，低い色は重く感じる．
3．色の硬い・柔らかい：明度・彩度が影響→明度・彩度が高い色ほど柔らかく感じる．
4．色の派手・地味：彩度が影響→彩度が高い色ほど派手に感じる．
5．補色関係にある色を並べると，互いに彩度を高め合って，より鮮やかに見える．この現象を色相対比という．

【問題2】 正解 3
1．マンセル表色系は，A.H.マンセルによって考案された色の分類表示法で，あらゆる色彩を，色相，明度，彩度の3つの属性によって数値的に表す．
3．面積対比：同じ色でも，大きな面積のものは小さな面積のものより明度，彩度が高く見える．したがって，一般には色見本帳よりも壁に塗ったほうが彩度は高く見えるので誤り．

【問題3】 正解 5
一般に，1.「注意」には，黄色を用いる．
2．3．「安全・衛生・進行」を表す色としては，緑が用いられる．
4．5．「防火・停止・禁止・高度の危険」には，赤が用いられる．

12 音環境

【問題1】 正解 1
1．残響とは室内において，音源から音を発したとき，室の壁や天井，床などからの反射を何度も繰り返し，音源が停止した後にも室内に音が残る現象をいう．直接音と反射音のために一つの音が二つ又は，それ以上の音に聞こえる現象は，反射（エコー）である．
3．4．5．残響時間とは，音源が停止時の大きさから60dB下がるのに要する時間で，室容積・室内全表面積・室内表面の平均吸音率から計算することができる．
　①残響時間は，室の容積が大きく，聴衆が少なく吸音率の低い材料を使用すれば長い．
　②残響時間は，室の容積が小さく，聴衆が多く吸音率の高い材料を使用すれば短い．
2．講演などの話を明瞭に聞き取るためには，残響時間は短い方がよい．一方，音楽を豊かに聞くための部屋は響きが多いことが要求されるので，残響時間は長い方がよい．

【問題2】 正解 4
高音ほど音の減衰が大きいので，透過損失は増大する．

【問題3】 正解 1
一般に密度が高く，重量が大きい材料ほど遮音効果は大きい．

【問題4】 正解 5
音をよくさえぎる，つまり音を透過させないためには重く，緻密な材料ほど良い．軽くてあらい材料は吸音性は良いが，音をよく透すことになる．

【問題5】 正解 1
周波数：[Hz] 音を波形としてとらえた場合の振動数のこと．dBは音の強さのレベルの単位．
風速m/s，風圧力kg/m^2，風力m^3/h

【問題6】 正解 3
輝度＝ニト［nt］…光源から，ある方向へ出る単位面積・単位立体角当りの光束，定義にしたがって，cd/m^2，又はlm/m^2・srとも書き表す．lm（ルーメン）は光束の単位．

【問題7】正解　3

熱伝導率の単位は，W/(m・K)，またはkcal(m・h・℃)であり，W/(m²・K)またはkcal/(m²・h・℃)は，熱貫流率の単位である．

※用語と単位

用語と単位	解　説
熱伝導率 kcal/(h・m・℃) W/(m・K)	物質の中（壁体内部）の熱の伝わりやすさの度合い．逆数を熱伝導比抵抗という．
熱伝達率 kcal/(h・m²・℃) W/(m²・K)	壁体表面における空気から壁体への熱の伝わりやすさの度合い．
熱貫流率 kcal/(h・m²・℃) W/(m²・K)	壁を熱が通り抜ける度合いを示す．（壁体両面の熱伝達と壁体内部の熱伝導の過程を含む）
熱貫流抵抗 (m²・h・℃)/kcal	熱貫流率の逆数
音の強さのレベル dB（デシベル）	ある音の強さと基準音の強さの比の常用対数の10倍．基準の強さ　$I_0 = 10^{-12}$ (watt/m²)
音の大きさのレベル phon（ホン）	A・dBの1000Hzの純音と同じ大きさに聞こえる他の周波数の音圧レベルを全てAホンであるという．
圧力損失 mmH₂O Pa（パスカル）	圧力の単位で示され，SI単位ではPa（パスカル）
音圧 dym/cm Pa（パスカル）	圧力損失と同じく，圧力の単位で示され，SI単位ではPa（パスカル）
日射量 kcal/(m²・h) W/m²	ある面が単位面積・単位時間当りに受ける熱量．
光束 lm（ルーメン）	光源の明るさを示す量
照度 lx（ルクス） lm/m²	面に受ける光の量．受照面の単位面積あたりの入射光束．
光度 cd（カンデラ）	光源からある方向に発する単位立体角あたりの光束．
輝度 cd/m²	ある方向から見たときの光源面の明るさを示す量．
昼光率 ％	全天空の照度に対するある点の照度の割合．
透湿率（湿気伝導率） g/m・h・mmHg	材料の中の水蒸気の移動のしやすさを示す．
速度圧 kg/m²	風などの流体の圧力

13　計画一般

【問題1】正解　5

風向と風速は，通風計画に関連するが，春と秋よりもむしろ夏と冬の状態を考慮するほうが妥当で，このなかでは最も必要性が少ない．

【問題2】正解　3

車の出入の頻繁な駐車ビルでは，幹線道路に直接出入口を設けることは，交通量を妨げ，好ましくない．交通量の少ない街路に接するようにすべきである．

【問題3】正解　2

内装材料は設計の仕上計画の段階で空間の使われ方や，防災や心理的な効果，かつ，予算も考慮して考えるべきもので，基本設計の段階では考えなくてもよい．

【問題4】正解　4

採用する構造方式の種類によっては，平面計画に影響を与えることが大きいので，平面計画は構造計画と並行して進める必要がある．

【問題5】正解　2

1．バリアフリー：建物内外の色々な障壁を取り除いていこうという考え方．
2．スプロール化：都市人口増加に伴い，市街地が周辺の農村地域に向かって無秩序に拡大してゆく現象．道路や下水道，社会施設が未整備のままに都市化が進行することは，望ましい都市の形成を妨げることになる．スプロール化は，高齢者や身体障害者等に配慮した建築の用語として最も関係が少ない．
3．ハートビル法：1994年9月施行された「高齢者，身体障害者が円滑に利用できる特定建築物の建築促進に関する法律」の通称．
4．シルバーハウジング：建設省と厚生省が供給している「ケア付き高齢者向け公的賃貸住宅」をいい，配置された相談員が指導・援助に当たる．
5．ノーマライゼーション：高齢者や身体障害者が，住みなれた地域で自立して，普通の（normal）人びとと共に日常生活を営むことができるように，住宅や福祉社会の整備を行うという考え方である．正常化・標準化の意味．

14　各部の計画

【問題1】正解　1

1．車椅子使用者の屋内斜路の勾配：1/12～1/16以下（1/20程度が望ましい）
2．住宅の電灯スイッチの床からの高さ：1.2～1.3m程度が望ましい
3．病院の病棟の中廊下の幅：1.6～2.5m（車椅子が2台すれ違える幅）
4．和風浴槽の深さ：0.6～0.65m（浴槽の縁の高さは，一般には洗い場の床面から30cm以内とするのが望ましい．高齢者の使用を考慮すると35～50cm）
5．小学校の普通教室：天井の高さ…3.0m，床面積…50m²以上，南面採光．

【問題2】正解　5

病室の大きさは医療法第16条1項第3号の規定により個室で6.3m²以上，2床室以上の病室では1床当り4.3m²以上となっている．したがって4人室では17.2m²以上ということになる．

事務室1人当りの床面積は5～10m²，小学校の普通教室1.4～1.8m²/人，レストランの客席1.1～1.7m²/人，銀行の営業室6.0m²/人，中学校の理科教室3.0m²/人，公共図書館の一般閲覧室1.8～3.5m²/人．

【問題3】正解　4

車椅子利用者用カウンターの高さは，70～75cm程度が適当である．

【問題4】正解　4

施設面での考慮が求められるのは，
①車椅子での移動時の床面の段差・ステップ・框などの高低差の解消．
②車椅子ででで入りを邪魔しない開口部の幅（手動式で800mm以上，電動式は900mm以上）と扉の開き勝手（引戸のほうが望ましい）．
4．回り階段の場合，視覚障害者などが方向感覚を失いやすいため，階段には直階段，または折れ階段が望ましい．

15 構法・材料・生産

【問題1】 正解　3
A．ツーバイフォーは2インチ×4インチの部材を主軸として，壁・床などをパネル（枠組壁）化する工法である．
B．ログハウスは丸太を水平に積み重ね，交差する部材をかき込み組み上げていく工法（＝校倉）である．
C．コンクリートブロック造は，コンクリートブロックをモルタル等で接着し，積み重ねる構造（＝組積造）である．
D．数寄屋造りは書院造りに茶室の要素を取り入れ，江戸時代に完成した在来工法（軸組構造）のひとつである．
　類似問題では，このほか次のような組み合わせが出題されている．プレハブ住宅―工場生産，和風住宅―真壁構造，洋風住宅―大壁構造．

【問題2】 正解　4
　屋根勾配は土地の気候を考慮して，また，材料によって左右される．一般に，継目のない大型の材料を用いる屋根ほど緩勾配とし，吸水性のある材料を用いる場合は急勾配とする．おおよその目安は次のとおりである．
　　アスファルトシングル葺　3/10～4/10
　　天然スレート葺　　　　　4/10～6/10
　　金属板瓦棒葺　　　　　　2/10～3/10
　　日本瓦引掛け桟瓦葺　　　4/10～5/10

【問題3】 正解　1
1．不特定多数の人を収容する室の扉は，避難の点から，外開きが望ましい．
2．雨仕舞を考慮するならば，扉は外部からの雨の進入を防ぐために外開きがよい．
3．アコーディオンカーテンは，開閉が自由で簡易的な間仕切なので，遮音性や気密性は期待できない．
4．浴室の扉は，防水上内開きがよい．
5．患者用便所のブースの扉は，安全性や介添えの人の入る広さの確保などを考えて外開きとするが，公共用では内開きが一般的である．

【問題4】 正解　4
1．4．プレカット方式：工作機械を使用して，事前に部材の継手・仕口の加工を工場などで正確に行っておく方式．プレカットは，在来軸組工法においても部材の継手や仕口を機械により切削加工する．
2．ツーバイフォー工法：2×4（5×10cm），2×6（5×15cm），2×8（5×20cm），2×10（5×25cm），5×12（5×30cm），4×4（10×10cm）の部材を使用．
3．木造軸組工法：在来工法とも呼ばれるように，伝統的な継手・仕口を施して，柱・はり・筋かいなどの主要構造部材の接合を行う工法．

16 住宅

【問題1】 正解　3
1．ダイニングキッチン（DK）：配膳・後片付けの作業効率がよく，床面積も節約できるが，調理時の煙・臭い・音などが室内に充満する欠点もある．
2．サービスヤード：厨房や台所に付随して必要とされる，屋外のスペース．
3．ツインベッドを用いる夫婦寝室は，各ベッドの片側と足下に，人が通る空間がなければならない．また，収納スペースと収納物の出し入れのための余裕も必要であるので，最低でも内法面積12m²とする．9m²では狭すぎる．したがって，不適当．
4．浴槽の縁の高さは洗い場の床面から30～50cm程度とし，手すりを設ける．
5．手すりの高さ：廊下・階段の手すりの高さは，75～80cm程度とする．

【問題2】 正解　1
※老人室の計画の要点
①家族の目が届きやすい位置（居間の近くなど）および，便所・浴室・洗面所などへの動線が短くなるように配置計画を考慮する．
②日照・通風に配慮し，居室（居間と寝室）を2室程度とり，各室に段差を付けないように配慮する．
③車椅子利用者に際し，床の高低差，扉の開き勝手・有効幅等を考慮する．
1．レバーハンドル式は，握る力の弱い老人や身体障害者にもドアが開けやすく，ノブ式よりも適している．
3．出入口の有効寸法は800mm以上，電動式は900mm以上とする．

【問題3】 正解　4
1．テラスハウスは，各住戸に専用庭を有する低層連続住宅である．
2．階段室型：採光・通風がよく，プライバシーも確保しやすい．
3．スキップフロア型：通路面積が節約でき，プライバシーも確保できる．
4．メゾネット型：一住戸が二層にわたるので，共用部分の面積が節約でき，専用面積が広くとれ，居住性もよく，プライバシーも確保できる．
5．ポイントハウス：塔状型住宅で，景観に変化をもたらしてくれる．

【問題4】 正解　2
1．2000戸程度の住宅団地は，近隣分区から近隣住区を構成する規模に相当し，公園緑地施設としては，街区公園または近隣公園を計画するのが妥当である．
2．大規模ニュータウン土地利用比率
　　住宅用地――――40％
　　公共施設用地―10％
　　道路用地――――25％
　　緑地用地――――25％

17 商業施設

【問題1】 正解　3
1．事務所ビル計画におけるコア方式の型のうち，センターコア方式の平面は床面積が大きい場合に採用されることが多い．レンタブル比が高い計画がしやすく，貸ビルとして経済的な建築ができる．ただし，階段室がコアの中にあるため，2方向避難を確保しにくい．
2．フリーアクセスフロア：配線・配管用の空間を設けた，OA用二重床．建物完成後もパソコン等のOA機器の模様替え可能．
3．一般に，同向配列は対向配列に比べて事務机間の通路部分が多くなるので，所要面積が20～30％程度増加する．
4．天井高：天井が低いと圧迫感を感じるので，通常2.6～3m程度とする．

【問題2】 正解　1
1．レストランの客席部分の1人当りの床面積は1.1～1.7m²，平均1.4m²程度でよい．

2．1人当りの所要面積：延べ面積に対し11m²，基準階面積に対し5～8m².
3．店舗の通路幅：客用…1.8m以上，店員用…1.0m以上が望ましい．
4．貸事務所のレンタブル比：（貸室面積/延床面積×100）で求められ，通常，建物全体で65～75％，基準階で80％程度必要になる．

【問題3】正解　4

3．シティホテルのリネン室とは，客室に備えるシーツやタオルなどを収納しておく室である．
4．コンベンションホールとは，国際会議などの会議のできる空間を中心とした建築物のことであり，クリーンルームとは，室内空気が汚染されないように調整する設備を備えた室のことで，手術室や精密機械を扱う工場などに計画される．

【問題4】正解　1

1．駐車場法施行令において，はり下の高さは，駐車部分では2.1m以上，車路部分は2.3m以上必要．
2．駐車場の柱間隔：直角駐車の駐車面積は2.5m×6.0m/台程度なので，柱間の寸法が7.5mであれば3台駐車することができる．
3．通路を含む1台当りの駐車面積は直角駐車27m²，60°駐車30m²，45°駐車で32m²程度．

18　社会施設

【問題1】正解　4

1．保育室：均一照度となるよう庭，ベランダに面した南面採光が望ましい．
2．幼稚園の便所：ブースの高さは，大人が上からのぞける1.1m程度とする．
3．人と車の動線：原則として，動線は分離させなければならない．
4．小学校低学年と高学年では心身の成長度が著しく異なる．それぞれの領域を一緒にした場合，高学年が遊び場の広い範囲を占有するなどの問題が生ずるため，領域を区分することが望ましい．
5．小学校低学年では，ほとんどの教科を各自の学級教室でおこなう「総合教室型」であり，高学年では，音楽室や技術などに専用の教室で行う「特別教室型」が適している．

【問題2】正解　5

5．近年，生活指導の重要性が幼児保育の中で意味をもつようになってきたため，便所を保母の目が行き届きやすい保育室の中に設けたり，保育室にできるだけ近い位置に配置したりするようになってきている．したがって，不適当．

【問題3】正解　4

1．コレクティブハウスとは，居住者が相互に助け合い，調理や洗濯などの作業や建物の管理や運営を共同で行うための施設を持った集合住宅である．
4．保育所：乳児は幼児と生活サイクル（授乳・仮眠活動の内容・範囲）が異なるため，保育室も別々に計画し，乳児は乳児室とほふく室に区分するのが望ましい．

【問題4】正解　5

教科教室型は，各教科ごとに専用の教室があり，生徒が時間割に従って，それらの教室を移動するため，小学生には不向きな方式といわれている．教科教室型は，中学校以上に適し，小学校は総合教室型が適している．

19　文化施設

【問題1】正解　3

地域図書館の分館は，中央図書館に比べ一般に小規模なので，駅前や繁華街など人通りの多い場所が望ましいとされており，その地域の利用状況などをある程度把握できることから，将来計画に重点をおいた増築スペースを確保する必要はない．

【問題2】正解　2

展示室では，来館者が段差を上下する心理的な不安を持たずに展示物を見ることに集中できるように，展示室内はできるだけ歩きやすくするべきであり，床に段差をつけることは好ましくない．

【問題3】正解　3

3．クリーンルーム：大気中の浮遊塵，または室内発生塵などが可及的速やかに除去され，常にその領域内の空気が高度の清浄状態に保たれている室．薬品工場，精密機械工場等に設けられる．ホテルに関係するキーワードとしては，シーツや枕カバーなどを収納しておくリネン室がある．
4．ブラウジングコーナー：図書館の，新聞・雑誌等の閲覧スペースのことで，人の出入りが多く短時間の利用が多いので，入口付近に置かれる．
5．メディアセンター：従来の学校図書館の機能を拡大，発展させたもので，図書だけでなく，スライド，ビデオ，コンピュータソフトなど，学習にあたって有効なあらゆる素材を利用しやすい形で整え用意しておくスペース．

【問題4】正解　3

美術館の絵画展示室では，作品保護の目的から直射日光を避け，人工照明により必要照度を得ることが多い．日照の確保は考慮しない．

20　空調調和設備

【問題1】正解　3

2．ゾーニング：ペリメーターゾーンとインテリアゾーンに区分する．
3．4．単一ダクト方式は，空気調和機から単一のダクトで送風する方式である．この方式には，常に一定風量を送る定風量方式と，吹出しユニットごとにサーモスタットの指示によって風量を増減できる可変風量方式とがある．ダクト併用ファンコイルユニット方式は，各室内に設置したファンコイルユニットのコイル内に，冷水や温水を通して，送風機で室内空気を回流させるとともに，別に設けた一次空調機からダクトによって外気を室内に供給することを併用するもので，単一ダクトのように調節空気すべてをダクトによって空調機から送る方式よりもダクトスペースは小さくてすむ．したがって3．は不適当．

中央式空調システム

全空気方式	単一ダクト方式	定風量 変風量
	二重ダクト方式	定風量 変風量
水方式	マルチゾーンユニット方式 ファンコイルユニット方式 輻射冷暖房方式	
空気-水方式	空気方式＋ファンコイルユニット方式 インダクションユニット方式 空気方式＋輻射冷暖房方式	

【問題2】正解　2

2．一般にヒートポンプによる暖房効率は，電気ヒーターを使う場合の3〜5倍である．ただし，外気温度が低いほど効率は低下する．
4．ファンコイルユニット方式で冷房を行う場合，冷房時にコイルから生ずる結露水の排水のため，ドレン配管が必要である．

【問題3】正解　4

厨房は，調理の際に火を使用するので，給気と排気を機械により行う第1種換気設備とする必要がある．
第2種換気設備　→　給気のみ機械換気
第3種換気設備　→　排気のみ機械換気

21　電気設備

【問題1】正解　4

2．分電盤：負荷の中心に近く，保守・点検の容易な位置に設ける．
3．住宅の電源：100V単相2線式又は100V/200V単相3線式を使用．冷暖房機器など設備容量が大きい場合に，単相3線式100V/200Vが用いられる．
4．合成樹脂製可とう管は，コンクリート内に埋設してもよいが，コンクリート打設時に管が移動しないように鉄筋に固定し，スラブへの配管では，管径をスラブ厚の1/4以下にする必要がある．他にコンクリート内に埋め込んで使用できるものとしては，金属製電線管（コンジットチューブ）がある．
5．受電電圧は契約電力によって異なり，一般に契約電力50kW未満が低圧，50kW〜2000kW未満が高圧，2000kW以上が特別高圧となる．電力会社や地域の状況によって異なる場合もある．

【問題2】正解　5

1．正しい
2．白熱電球の寿命は，蛍光ランプ（3000時間）の約1/2の1500時間程度であるが，輝度が高く，演色性がある．
3．光り天井照明は天井全体が明るく，高照度の均一な光が得られる．
4．全般照明と局部照明を併用する場合には，著しい明暗が生ずると目が疲れやすく，作業能率が低下するので，全般照明は局部照明の1/10以上の照度とする．
5．水銀ランプは，白熱電球に比べると演色性が悪い．

【問題3】正解　5

明るさは，光源の明るさに比例し，光源からの距離の2乗に反比例するので，
A：$500 \times 1/3^2 = 55.5$
B：$100 \times 1/2^2 = 25$
C：$40 \times 1/1^2 = 40$
明るさは　A＞C＞B

22　消火・防災設備

【問題1】正解　3

1．非常明照設備：災害・事故により停電した時に，予備電源で点灯させる．
2．スプリンクラー設備：初期火災の放水・散水による消火設備．
3．誘導灯は，避難時に避難口及び避難方向を指示し，通路等の床面に有効な照度を与えるための誘導照明設備で，通常は，常用電源で常時点灯していなければならない．停電時に非常電源に切り替わり点灯する．
4．自動火災報知設備は，火災の発生を防火関係者に自動的に報知する設備で，熱や煙の感知器，中継器，受信機，音響装置，発信機，非常電話発信等で構成されている．このうち，発信機は，火災発見者が手動によって押しボタンを押して火災信号を受信者に発信するものである．
5．煙感知機：イオン化式・光電式があり，煙の濃度が上昇すると作動する．

【問題2】正解　1

自動火災報知器の発信器は，火災が発生した旨の信号を受信器に手動により発信する．

【問題3】正解　5

1．エスカレーターのこう配は30°以下（建基令129条の11）
2．8階程度の百貨点の場合，一般にエスカレーターはエレベーターの10〜20倍の輸送力をもつ．
3．百貨店60〜120m/min，病院15〜45m/minなど，建物の用途により異なる．
4．小型荷物用エレベーターのこと，リフトともいう．
5．エスカレーターは避難には適さない．

23　給排水衛生設備

【問題1】正解　5

1．給水方式には，水道直結方式，高置タンク方式（高置水槽方式），圧力タンク方式（圧力水槽方式）等がある．
2．上水（給水・給湯）系統とその他の配管は直接接続してはならない．
3．水道直結方式：水道本管の水圧によって給水する方式．
5．単位給水量：集合住宅…200〜350ℓ/日，病院…250〜1000ℓ/日．600ℓ程度として計画するという5．の記述は，不適当．

【問題2】正解　3

2．単位給水量［ℓ/（日・人）］，住宅では200〜250ℓ，事務所では男子1人当り50ℓ・女子1人当り100ℓとして60〜100ℓである．
3．圧力タンク方式は，水道本管から引込管により水を受水タンクに貯水し，さらに給水ポンプで圧力タンクに送り，圧力タンク内の空気を圧縮させて加圧し給水するものである．水道引込管から水を直接圧力タンクに貯水する方式ではない．したがって，不適当．

【問題3】正解　2

1．通気管は①排水管内の圧力変動を緩和し，トラップの封水を保護，②排水管内の換気，③排水管内を大気圧にして流れを円滑にする目的がある．設置形式として，各個・回路・環状・伸頂式などがある．
2．自然下流式の排水立て管の管径は，最大排水時の流量に基づいて決める．排水時に最も大きな負荷のかかる，最下層階の部分を基準にして求めた管径とする．上層階より下層階のほうを大きくするというのは不適当．
3．排水トラップ：封水による排水管内のガス・臭気・害虫の進入防止．
4．汚水タンクの通気管：開口部から十分離して，単独で大気中に開放する．
5．トラップます：汚水の逆流を防止する目的で設けなければならない．

【問題4】正解　2

汚物は，腐敗槽で嫌気性菌により安定され，予備ろ過槽を通り，酸化槽で好気性菌により完全に浄化され，消毒槽でクロールカルキ等で殺菌消毒のうえ放流される（昭和44年建設省告示1726号により構造が指定されている）．

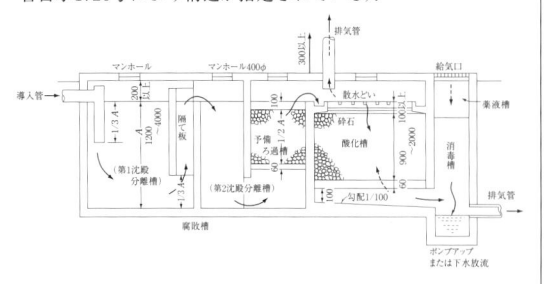

24　建築史

【問題1】正解　2

1．法隆寺金堂

　裳階（もこし）と入母屋屋根（しころ葺き）の平屋建ての建築物．

　雲形組物は，法隆寺の金堂や五重塔に見られる斗きょう（深い軒を支える柱上の組物）で，これは，中国から伝わった古い形式が飛鳥時代の日本建築に取り入れられたものであると考えられる．

　法隆寺金堂の建立年代は，奈良時代前期であるが，このような雲形組物などの古い時代のディテールが見られることから，飛鳥様式を伝える建築といわれている．

2．伊勢神宮内宮正殿

　唯一神明造り（切妻平入り，総檜造，棟持ち柱等）の特徴を持つ．

　棟持ち柱は，棟木を直接支える掘立柱の形式のこと．

　春日造りは，春日大社に代表される方一間の小さな同形同大の本殿が4棟並んで建ち，妻入り社殿に庇を付けた形式のこと．

3．円覚寺舎利殿

　禅宗の仏寺建築様式で唐様ともいう．花頭窓・えび虹梁．

4．日光東照宮社殿

　武将・偉人などを祭る霊廟建築．石の間造ともいう．

5．桂離宮

　江戸時代初期に建てられた書院造りに茶室建築の形を取り入れ，軽快で自由な様式で造営された雁行配置の別荘建築であり，数寄屋風書院住宅または数寄屋造．

【問題2】正解　3

アントニオ・ガウディは，聖ファミリア教会やカサ・ミラを設計しており，ユニテ・ダビタシオンは，ル・コルビュジエの設計した集合住宅．

【問題3】正解　1

1．薬師寺東塔ができたのは奈良時代，730年である．一方，パンテオン神殿は，ローマ時代，120～124年頃建てられたものであり，両者の間には著しい年代差がある．

2．東大寺南大門の位置と平面とは，奈良時代創建時のままであるが，現存している南大門は鎌倉時代（1199年に上棟）に再建されたものである．

　パリ大聖堂は，フランス・ゴシック様式のもので，1163年に起工され1250年頃に大部分が完成された．両者の建築は同時代である．

3．ロンシャン教会堂は，1956年（ル・コルビュジエ設計），神奈川県立美術館は，1951年（坂倉準三設計）．共に20世紀の建築である．

4．日光東照宮社殿は，江戸時代の建築で1616年に没した徳川家康のために建立され，1636年に完成した．

　桂離宮も江戸時代の建築であり，1615年に造営が始められて，1663年頃にはほぼ完成されたもので，両者は同時代である．

5．サヴォア邸は，1930年（ル・コルビュジエ設計），落水荘は1936年（F.L.ライト設計）に建てられた，同時代の建築である．

■引用・参考文献（＊は出典を略記した）

〈建築のテキスト〉編集委員会編『初めての建築環境』学芸出版社
〈建築のテキスト〉編集委員会編『初めての建築計画』学芸出版社
奥俊信，山中俊夫『図解テキスト　二級建築士　建築計画』学芸出版社（＊3）
〈建築のテキスト〉編集委員会編『初めての建築設備』学芸出版社
織田誠一郎・佐野暢紀『図解　建築計画』学芸出版社（＊5）

小原二郎監修『インテリアのアメニティ設計』松下電工
尾島俊雄他『建築学体系9　都市環境』彰国社
尾島俊雄『熱くなる大都市』日本放送出版協会
小玉祐一郎「住まいの中の自然」丸善
福井英一郎他『日本・世界の気候図』東京堂出版
高橋浩一郎『気象なんでも百科』岩波ジュニア新書
（社）日本建築学会編『建築設計資料集成1．環境』丸善
（社）日本建築学会編『設計計画パンフレット2．住宅の保温設計』彰国社
彰国社編『自然エネルギー利用のためのパッシブ建築設計手法事典』（絵内正道執筆部分），彰国社
藤井正一『住居環境学入門』彰国社
（社）日本建築学会編『設計計画パンフレット18．換気設計』彰国社
国立天文台編『理科年表　平成7年版』丸善
（社）日本建築学会編『設計計画パンフレット16．採光設計』彰国社
（社）日本建築学会編『建築環境工学用教材　環境編』丸善
板本守正他『改訂新版　建築環境工学』朝倉書店
（社）日本建築学会編『設計計画パンフレット4．建築の音環境設計』彰国社
桜井美政他『建築環境工学概論』明現社
みねぎしやすお『建築設計講座　住居の設計』理工図書
日本建築学会編『第2版　コンパクト建築設計資料集成』丸善
谷口汎邦『住宅Ⅰ』市ケ谷出版社
井上宇市監修／小笠原祥五・河窪登志夫・前島健『建築設備』市ケ谷出版社
建築設備学教科書研究会『建築設備学教科書』彰国社
柏原士郎他『建築計画』実教出版
伊藤克三・中村洋・桜井美政・松本衛・栖崎正也『大学課程　建築環境工学』オーム社
井上宇市監修．石福昭・泉忠之・船津弘治『大学課程　建築設備（第3版）』オーム社
石福昭・泉忠之・船津弘治『大学課程　建築設備（第4版）』オーム社
空気調和・衛生工学会編『空気調和・衛生工学便覧』11版第3巻

◆執筆者紹介

＊福田健策

1948年生まれ，工学院大学専門学校建築科卒業，一級建築士，スペースデザインカレッジ所長，株式会社KAI代表取締役．住宅設計，店舗デザイン，家具デザインなど数多くの設計・デザイン業務を手がけるとともに，建築士・インテリアデザイナーを養成する学校を主宰する．著書に『二級建築士製図の基本』『〈専門士課程〉建築構造』『〈専門士課程〉建築法規』『〈専門士課程〉建築施工』などがある．

＊高梨亮子

1952年生まれ，1975年早稲田大学理工学部建築学科卒業．一級建築士，スペースデザインカレッジ講師，有限会社ウィル設計室主宰．住宅，診療所建築等の設計監理の他，増改築，リフォームの計画も手がけている．

第二版〈専門士課程〉建築計画

2004年 3月20日　第1版第1刷発行
2006年 2月20日　改訂版第1刷発行
2009年 5月20日　第3版第1刷発行
2022年 3月20日　第3版第7刷発行

著　者　福田健策・高梨亮子
発行者　井口夏実
発行所　株式会社　学芸出版社
　　　　京都市下京区木津屋橋通西洞院東入　〒600-8216
　　　　tel 075-343-0811　　　fax 075-343-0810
　　　　http：//www.gakugei-pub.jp
　　　　イチダ写真製版／山崎紙工
　　　　装丁　前田俊平
　　　　　　　　　　　　　ⓒ福田健策・高梨亮子　2004
　　　　Printed in Japan　ISBN978-4-7615-2332-9

JCOPY 〈(社)出版者著作権管理機構委託出版物〉
本書の無断複写(電子化を含む)は著作権法上での例外を除き禁じられています．複写される場合は，そのつど事前に，(社)出版者著作権管理機構(電話 03-5244-5088, FAX 03-5244-5089, e-mail: info@jcopy.or.jp)の許諾を得てください．
また本書を代行業者等の第三者に依頼してスキャンやデジタル化することは，たとえ個人や家庭内での利用でも著作権法違反です．